Traude Bührmann (Hg.)

# Lesbisches BERLIN

## Die Stadtbegleiterin



Orlanda

# DIE STADTBEGLEITERIN

# *Wo kommst du eigentlich her?*

*Caspar Gutsche*

Eine naheliegende Frage, trifft eine in Berlin auf eine Unbekannte. Kann schließlich andauernd passieren. Theoretisch.
Ich fahre mit der U-Bahn. Senke – wie alle den Schein wahrend – den Blick. Gern würde ich die Frau gegenüber irgendetwas fragen. Schon überlege ich, wo sie wohl herkommt. Doch merke ich gleich: es geht nicht. Ich kann mich nicht einfach vor sie hinstellen, um mal eben zu fragen, ob sie aus Berlin ist. Sie kuckt ja nicht einmal hoch. Obwohl sie nicht liest, oder so. Dabei habe ich bei all meinen ausführlichen Vereinigungsbemühungen oft genug von in Westberlin Lebenden gehört, daß kaum eine, die frau in diesem Teil so traf, ursprünglich aus Berlin war, vor dem plötzlichen Zuwachs durch die Unsrigen. Was für tiefe Gefühle von Solidarität und Heimat das ausgelöst haben muß, die Begegnung zweier Landsfrauen auf einer Insel – beide aus dem fernen Ostwestfalen, oder dem näheren Peine, als Beispiele. Anders im Osten. Die waren meistens von da. Gut, ist vorbei. Kommt auch nicht wieder. Häng' selbst nicht so dran. Hab's ja erlebt. Bloß bin ich tatsächlich von da. Kann ich doch nicht so tun, als wäre es nicht so. Auffallende Stille, wenn ich dann ungefragt losplappere: Komme aus Ostberlin und du? Fragt ja keine mehr. Keine Insel – keine Frage. Gibt wohl keine Unterschiede mehr. Ist ja alles offen jetzt.
Logisch, früher habe ich auch immer nur gesagt: Ich bin aus Berlin. Kannte auch kein anderes Berlin. Das war selbstverständlich. Und die meisten Ostberlinerinnen waren Berlinerinnen. Mußte eine gar nicht erst fragen. Dafür habe ich es manchmal fertiggebracht, die Fremde ganz spontan zu fragen, ob sie mit mir einen Kaffee trinken will, obwohl ich keine Idee hatte, wo denn eigentlich. Etwa in einer muffligen Eckkneipe? War das leicht, die Unbekannte zu mir nach Hause einzuladen! Ich hatte immer Kaffee. Und Zeit.
Heute muß ich eher aufpassen, den richtigen Eingang zu meinem Hinterhof zu finden. Bloß nicht an Cafés und Restaurants orientieren. Wo die jede Woche herkommen, möchte ich mal wissen. Und mein Kaffee ist um Längen besser. In der letzten Zeit kam es schon vor, daß ich nicht mehr wußte, ob ich hier richtig bin. Dabei bin ich nun wirklich von hier. Aber letztlich kom-

me ich doch gut zurecht und immer wieder zu Hause an. Meistens allein, aber immerhin. Ist auf jeden Fall besser, als die Code-Wörter falsch zu gebrauchen. Was war ich verblüfft, als die freundliche Unbekannte aus dem Ruhrgebiet zielstrebig ihre Zahnbürste auspackte und feststellte, die letzte U-Bahn hätte sie nun verpaßt. Was für ein Mißverständnis! Ich hatte sie doch nur zum Essen eingeladen – kann ja noch mehr außer Kaffee – weil sie mich so offen anstrahlte. Auch meinen forschenden Direkt-in-die-Augen-Blick konnte sie gut aushalten. Weder die Frage, wo sie herkommt, ließ sie zusammenzucken, noch verursachte meine Bemerkung „Ostberlin" beklemmendes Schweigen. Da denkt doch eine wie ich, die ist bestimmt neugierig genug, sich das gleich mal vor Ort anzuschauen.
Jetzt weiß ich besser Bescheid! Sollte ich jemals eine Unbekannte gleich im Bett empfangen wollen, werde ich entweder sagen: Bitte bring etwas zu Essen mit. Für danach. Kann schließlich sein, sie kommt zufällig von hier. Muß ich doch sagen, was ich will. Oder wenn sie nicht von hier ist, lade ich sie mit hungrigem Blick zum Essen ein.

# *Liebe Leserin,*

ob auf der Durchreise, im Urlaub oder geschäftlich in Berlin, ob neu hinzugezogen oder seit Ewigkeiten ansässig: Herzlich willkommen zur zweiten Auflage des lesbischen Berlins!

„Lohnt sich das denn überhaupt … ?“ oder: „Was gibt es denn noch?“ wurde ich manchmal zu Sinn und Zweck dieses Buches gefragt. Dank sei allen Autorinnen, Fotografinnen, Zeichnerinnen und Informantinnen, die eine Antwort auf diese Frage geben. Die verschiedenen Blickwinkel – wohlwollend, ironisch, neutral, begeistert –, aus Perspektiven von innen heraus, von oben herab oder aus der Distanz zeigen schließlich ein facettenreiches lesbisches Berlin, in das es sich zu vertiefen lohnt: neue Gruppierungen, alte Einrichtungen, schillernde Persönlichkeiten. Das Ergebnis scheint mir jetzt, kurz vor Druckbeginn dieser aktualisierten Auflage, wieder erst der Anfang zu sein. Und ist es auch – bei den rasenden Stadt-Metamorphosen.

Dazu fällt mir Monique Wittigs Definition der Flying Lesbians ein: *Als Sängerinnen und Musikantinnen verdanken die Flying Lesbians ihren Ruhm der Tatsache, daß sie in der Raserei, die die Gloriose Zeit einleitete, die erste Gruppe von fahrenden Lesben waren …*

Lärmend bis gelassen ziehen Lesben heute von einem Stadtteil zum anderen. Flitzen, fliegen, hasten, lassen sich nicht aus der Ruhe bringen, verpassen U-Bahnen, kommen zu spät zum Rendezvous: die U-Bahn sei steckengeblieben oder es hätte sich jemand vor den einfahrenden Zuge geworfen.

Die Zeit zieht ihre Kreise. Von der Gemütlichkeit einer guten Stube zur Gemütlichkeit eines niedrigen Schiffdecks. Von einem bodenständigen Ort zu einem schwimmenden. Die Verrauchtheit des Raumes hat sich über Orts- und Jahrzehntewandel hinübergerettet. Verruchtheit taucht sporadisch und recht flüchtig auf.

An einem Mittwoch im Mai 1972 trafen sich in Gittas Guter Stube in Charlottenburg Lesben, froh, endlich einmal in der Woche einen festen Platz für sich zu haben. Im Jahr 2002 gehen die Dykes zu „ambulanten“ Diven-

Partys, froh, nicht an einen festen Ort gebunden zu sein. Wenn es ihnen gefällt, bleiben sie, ansonsten hoppen sie weiter zu einer anderen Party in die Schoko, ins SO 36 oder in die Kalkscheune, froh, der Langeweile zu entrinnen, „die leicht an einem Ort entsteht, wo immer dieselben sind".

Wie der Untertitel des „Lesbischen Berlins" verkündet, ist dieses Buch eine Stadtbegleiterin. Sie führt durch verschiedene Zeiten, Ansichten, Stimmungen und Stadtteile. Wir haben die Bezirke ausgewählt, die für Lesbengeschichte/n bedeutend sind: Charlottenburg, Schöneberg, Tiergarten, Mitte, Prenzlauer Berg, Friedrichshain, Kreuzberg. Die Bedeutung der Stadtteile hat sich im Laufe der Jahre von West nach Ost verschoben, manchmal retrograd.

Bei den Stadtrundgängen sind die Orte ausgewählt, die Lesben initiiert haben, wo sie tätig sind und/oder die sie frequentieren: Ausgeh-Orte wie Kneipen, Cafés, Bars, Discos, Salons; kulturelle und geschichtliche Orte;

Beratungsorte; Sport und Tanz. Es wird auch auf Persönlichkeiten hingewiesen, die das Lesbische Berlin geprägt haben und es heute tun: Politikerinnen, Künstlerinnen, Bardamen, Salonièren, sozial und kulturell Engagierte, Philosophinnen, Spinnerinnen. Über die Artikel, Gespräche und Bilder werden Geist und Entwicklung der jeweiligen Orte lebendig. Manche sind offen lesbisch, andere erscheinen als Frauenprojekte, sind hetera/lesbisch, schwullesbisch oder schwul-bi-trans-hetero gemischt.

Was die Frauenprojekte betrifft, ist die lesbische Präsenz nicht immer offensichtlich. Sie ist von Projekt zu Projekt, von ABM-Stelle zu ABM-Stelle verschieden, aber auch von Ost zu West. Wurden in den 1970ern die Frauenprojekte in West-Berlin hauptsächlich von Lesben ins Leben gerufen und besucht, richten sich die in Ost-Berlin entstandenen Frauenzentren der 1990er an ein allgemeines Frauenpublikum, zusätzlich werden Lesbentage, Lesbengruppen und Lesbenveranstaltungen angeboten.

Über die aktuellen lesbischen Events in den jeweiligen Kombinationen berichten ausführlich die Programmzeitungen BLATTGOLD und SIEGESSÄULE. Beim Durchblättern wird eine häufig zur Entscheidungsfähigkeit gezwungen. Das Gefühl, etwas zu verpassen, kann einer an manchen Abenden jede Entscheidung vermiesen.

Die beste Möglichkeit, Berlin in all seinen Facetten kennenzulernen, ist die Kombination von Fahrrad und S-Bahn. Viele S-Bahnhöfe haben Fahrstühle, so daß die Fahrräder nicht immer die Treppen rauf- und runtergeschleppt werden müssen. Die günstigsten BVG-Tarife sind Wochen-, Monats oder Tageskarten. Zu empfehlen sind auch manche Buslinien, besonders die Doppeldecker. Von der ersten Reihe vorne im Oberdeck liegt einer die Stadt zu Füßen. Die Busse 100 und 200 vom Bahnhof Zoo zum Prenzlauer Berg (über Siegessäule, Haus der Kulturen der Welt, Brandenburger Tor oder Potsdamer Platz, Unter den Linden, Alexanderplatz) geben besonders Neuankömmlingen einen ersten Eindruck der berühmten Ost-West-Achse Berlins. Auch für die Berlinerin kann diese Blicktour immer wieder anregend sein.

Für die Sommertage bieten sich außerdem Bootsfahrten durch Stadt und Umland an. Sie starten u.a. in Kreuzberg am Landwehrkanal, Kottbusser Damm, am S-Bahnhof Treptow, an der Museumsinsel in Mitte und an der Charlottenburger Luisenbrücke. Geprägt wird der Blick auf die Stadt

natürlich auch vom Geldbeutel: kann ich mich bei Rucolasalat und Vino in einem aufwärmenden Ristorante-Ambiente niederlassen oder muss ich mit einer Imbissbude und öffentlicher Bank in der Sonne vorlieb nehmen.
Da wir uns, wie bereits erwähnt, im Zeitalter der Raserei befinden, kann der ein oder andere Öffnungstermin bei Erscheinen des Buches schon überholt sein. Wenn eine Tür also verschlossen ist, möge das die BeSuchende nicht entmutigen. Denn was ist eine Lesbe? Eine sich immer verändernde Realität!
Viel Vergnügen bei den Streifzügen durchs LESBISCHE BERLIN.

*Traude Bührmann im Mai 2002*

Der Verlag dankt den Buchhändlern Michael Laser und Charalampos Ioannou von CHRONIKA für die Initialzündung für dieses Buch.

Die namentlich nicht gekennzeichneten Beiträge
sowie die Übersetzungen der Texte von Suzette Robichon Triton
und Giovanna Padova sind von der Herausgeberin verfasst.

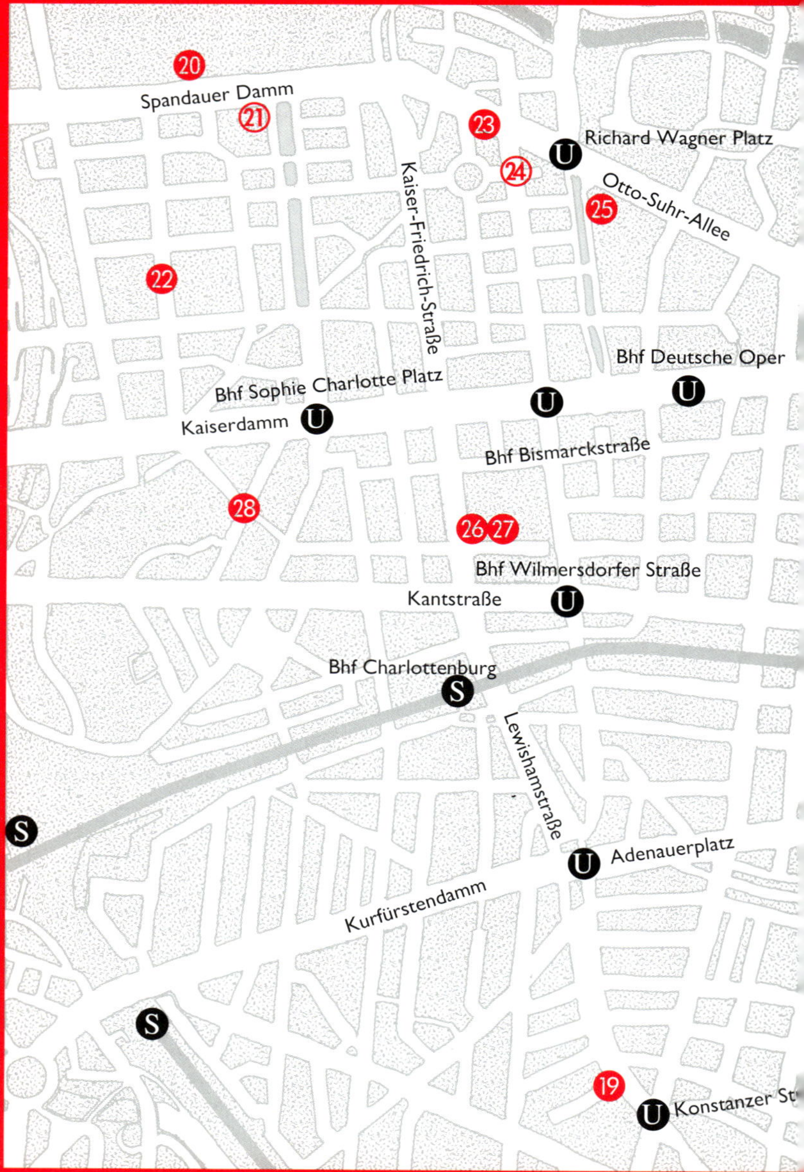

20
Spandauer Damm
21
23
Richard Wagner Platz
24
Otto-Suhr-Allee
25
Kaiser-Friedrich-Straße
22
Bhf Deutsche Oper
Bhf Sophie Charlotte Platz
Kaiserdamm
Bhf Bismarckstraße
28
26
27
Bhf Wilmersdorfer Straße
Kantstraße
Bhf Charlottenburg
Lewishamstraße
Adenauerplatz
Kurfürstendamm
19
Konstanzer St

# CHARLOTTENBURG

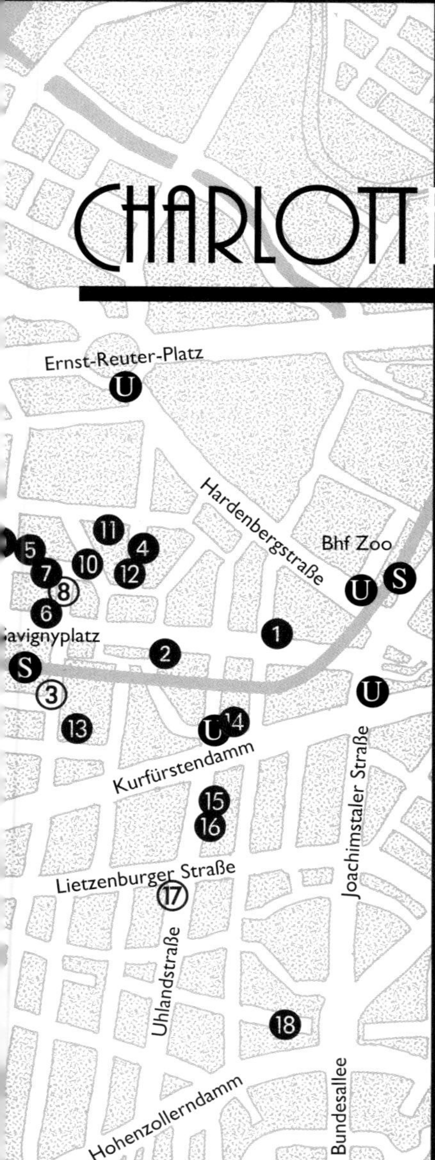

# *Kunst, Cafés und Literatur rund um den Savignyplatz*



AUSSTIEG: ZOOLOGISCHER GARTEN

So manch eine hat ihre Geliebte schon am Gleis 3 oder 4 verabschiedet. So manch eine hat fröstelnd im Morgengrauen auf ihre Angebetete gewartet, die mit dem Nachtzug aus Bern, Brüssel oder Bingen kam. Nina Hagen besang das Damenklo vom Bahnhof Zoo, doch die sich Gerade-Wiedergefundenen brauchen unbedingt einen Milchkaffee und müssen „erst mal ankommen". Wie üblich, begrüßen sie auf dem Weg ins SCHWARZE CAFÉ die posierenden, sich tief in die Augen blickenden Damen im Fassadenputz des THEATER DES WESTENS – von unten herauf, von oben herab, dominahaft, voller Verlangen.

❶ *Theater des Westens*

❷ *Schwarzes Café*

Das SCHWARZE CAFÉ, Kantstraße 148, hat sein Zwanzigjähriges bereits hinter sich. Es wurde 1978 von fünfzehn Frauen gegründet und hatte damals eine bemerkenswerte Besonderheit: die männlichen Besucher mussten eine Mark mehr bezahlen als auf der Getränke- und Speisenkarte vermerkt. Diese Mark ging als Spende ans Frauenhaus. Über diese als „Gewaltausgleich" deklarierte Tatsache wurde nicht diskutiert, sie war selbstverständlich. *Fahren Sie ab, Madame,* hieß eins der Programme, das das Frauenkabarett „Die Witwen" auch hier gab. Über mehrere Jahre begeisterte es das Frauen- und Lesbenpublikum in Westberlin und der BRD. Aus dem Witwen-Alphabet: „A wir sagen A, aber nicht Bombe, B wenn Sie Bahnhof verstehen, verstehen Sie nicht unbedingt falsch, C Courage: Geisteshaltung, die wir brauchen, um zu-, aus-, ab-, und einzutreten …"

COURAGE③ nannte sich die erste feministische Frauenzeitschrift Berlins. Die Redaktionsräume befanden sich in der Bleibtreustraße 48, hinter der S-Bahn-Unterführung links.

Courage erschien von 1976 bis 1985, nahm alle aktuellen Frauenthemen auf, berichtete über Projekte, Kongresse, Kultur und Gerichtsprozesse, hielt die Szene auf dem laufenden. Nachdem Lesben gleich zu Anfang gegen ihre Unsichtbarkeit in der Zeitschrift protestiert hatten, gab es im Mai 1977 eine Lesbennummer. Sämtliche Nummern sind im Spinnboden-Lesbenarchiv und im FFBIZ archiviert und einsehbar.

1976 gründeten acht Frauen aus der Frauen- und Lesbenbewegung mit 4 000 Titeln in der Kantstraße 125 den FRAUENBUCHLADEN LILITH④ mit kleinem Café. 1979 zog der Laden in die Knesebeckstraße 86/87 um. Bei den Lesungen trafen sich die Literatur-Fans. Im Lilith-Verlag erschienen die schöngestalteten Bücher „Sonecka" von Marina Zwetajewa und Unica Zürns „Anagramme". Der Buchladen war auch die Adresse des Amazonen-Verlages, der seit 1976 explizit Lesbenbücher herausgab; Klassiker wie: „Lesben-Nation" von Jill Johnston oder Monique Wittigs „Aus deinen zehntausend Augen Sappho". Sandi Halls „Feuer auf der See" war 1984 die letzte Veröffentlichung.

❺ *Buchhandlung Born*

Ein knappes Jahr nach Schließung des Frauenbuchladens Lilith eröffnete Christine Hennecke 1998 ihre Buchhandlung BORN in der nahegelegenen Pestalozzistraße 4. Neben ausgewähltem allgemeinen Sortiment liegt der Schwerpunkt auf Literatur für Frauen, wobei Lesbenbücher einen breiten Raum einnehmen. Die erfahrene Buchhändlerin ist auch passionierte Leserin und versteht unter verkaufen in erster Linie beraten. Dafür nimmt sie sich gerne viel Zeit. Welche also ein bestimmtes Buch sucht oder sich über die Neuerscheinungen informieren will, wird hier in einladenden Räumen kenntnisreich und freundlich bedient. Das „Blattgold", der monatliche Überblick für Frauen, ist hier erhältlich.

❻ *Buchladen Prinz Eisenherz*

Auch der schwule Buchladen Prinz Eisenherz, sozusagen um die Ecke, in der Bleibtreustraße 52, verfügt über ein gut sortiertes „Lesben-Regal" sowie internationale Lesbenzeitschriften, die deutsche „Lespress", das Berliner „Blattgold" und die schwullesbischen Zeitschriften „Siegessäule“ und „Queer“. Ebenfalls in der Nr. 52 befindet sich seit 1984 Barbara Kranz' RIO-MODESCHMUCK-DESIGN für alle, die sich und andere gerne mit klassischen Colliers, vergoldeten Ketten, Ohrgehängen, Fingerringen, Kulturperlen und Strass schmücken. Zweimal jährlich entwirft die gebürtige Lübeckerin Kollektionen, die weltweit verkauft werden, und gibt ihnen so verlockende Namen wie „Petite Fleur“, „Affair“ oder „Starlight“. Nebenan, in der Bleibtreustraße 53, einen Schritt in die Vergangenheit, wurde 1978 die FRAUENGALERIE ANDERE ZEICHEN® von Ebba Sakel und Tille Ganz als Forum für Kunst und Aktion von Frauen eröffnet. Bei den Ausstellungen, Malkursen, Lesungen und Happenings ging es vor allem darum, mit Künstlerinnen und Betrachterinnen neue feministische Kunstformen zu entwickeln. 1984 wurde der Laden in ein Eigentumsobjekt umgewandelt: Finissage für Andere Zeichen.

*❼ RIO-Modeschmuck-Design*



Ein neuer Künstlerinnen-Ort entstand 1985 in der nahegelegenen Schlüterstraße 70. Wir überqueren einen lauschigen kopfsteinbepflasterten Hof zum VERBORGENEN MUSEUM im Hinterhaus. Werke vergessener Malerinnen und Fotografinnen werden hier gezeigt und dokumentiert, aber auch Ausstellungen aktueller Künstlerinnen, Lesungen und Konzerte organisiert. Die Atmosphäre ist den Räumen entsprechend kommunikativ, persönlich bis geborgen.

*❾ Verborgenes Museum*

*CSD-Parade*

CHARLOTTENBURG

❿ *Café Savigny*

⓫ *Neue Bar*

Erstmal eine Pause, einen guten Cappuccino, vielleicht ein zweites Frühstück im CAFÉ SAVIGNY in der Grolmannstraße 53/54. Schwule, Lesben und Heteros geben sich hier gerne ein Rendezvous, internationale Zeitungen und Zeitschriften liegen aus. Oder wie wär's mit einem frischen Salat oder Pasta-Gericht auf der Sonnenterrasse der NEUEN BAR in der Knesebeckstraße 16 (s.S. 28 Charlottenburg proudly presents), die von Mai bis September ab 12 Uhr mittags geöffnet ist, ansonsten ab 17 Uhr. Erinnert sei hier an die erste „Rockfete im Rock" in der nahegelegenen Alten TU-Mensa in der Hardenbergstraße, zu der wider Erwarten tausende Frauen strömten und zum ersten Mal zur Musik der ersten deutschen Frauenrockband, den „Flying Lesbians" in den 1. Mai 1974 tanzten: *„Frauen kommt her, wir tun uns zusammen/Gemeinsam sind wir stark!/So lang du allein, wirst du getreten/So lang du allein, kannst du dich nicht wehren/So lang du allein, mußt du dich fügen/Tag und Nacht …"*

⓬ *Over the Rainbow*

Gegenüber der Neuen Bar lädt das Reisebüro OVER THE RAINBOW, Knesebeckstraße 89, ein, die gegenwärtige schwullesbische Szene unter anderen Sonnen kennen zu lernen, neben bekannten Orten wie San Francisco oder Lesbos werden auch noch unbekanntere „einschlägige" Destinationen angeboten, wie Südafrika oder Provincetown. Als Reiseveranstalter vermittelt OVER THE RAINBOW schwullesbische Häuser. In dem großzügig mit wechselnder Ausstellung gestalteten Reisebüro legen die MitarbeiterInnen besonderen Wert auf eine persönliche Beratung in relaxter Atmosphäre: der Urlaub beginnt hier.

*Ab hier teilen sich die Wege:*
*Diejenigen, die weiter auf Kunst- und Literaturwegen wandeln wollen, folgen dem Rundgang A. Und diejenigen, die Lust aufs Schloss Charlottenburg und Umgebung haben, nehmen den Rundgang B.*

*Jeanne Mammen „Bei Kranzler" (um 1929), Aquarell und Bleistift*

RUNDGANG A

Wir überqueren den Savignyplatz, der in den 70er Jahren Kern vieler linksalternativer Orte war. So manche Walpurgisnacht-Demo begann hier und später manche CSD-Parade. Die Buchhandlung im S-Bahnbogen ist eine Verlockung für alle, die sich gerne in Kunstbücher vertiefen. Die MARGA SCHOELLER BÜCHERSTUBE in der Knesebeckstr. 33, kurz vor dem Kurfürstendamm rechts, ist für Film- und Theaterliteratur zu empfehlen. Sie hat ein gutes Frauen/Lesbensortiment und ist spezialisiert auf englischsprachige Literatur.

⓭ *Marga Schoeller Bücherstube*

Wir biegen links in den Ku'damm ein, überqueren die Uhlandstraße und kommen zum Kurfürstendamm Nr. 29, wo im vier-

⓮ *Jeanne Mammen*

ten Stock des Hinterhauses JEANNE MAMMEN, die Malerin des Berliner Großstadtlebens der 20er Jahre von 1919 bis zu ihrem Tod 1976 lebte und arbeitete. Ihre Bilder „Im Damenclub", „Siesta" und „Maskenball" sind die beliebtesten zeitgenössischer Lesben und sind uns als Buchillustrationen und Coverabbildungen bekannt. „Valeska Gert" hängt als Plakat in so mancher Wohnung. Ein Werkverzeichnis von über 2000 Gemälden, Aquarellen und Zeichnungen ist kürzlich fertiggestellt worden. Möchte sich eine darin vertiefen, dabei auf Jeanne Mammens kelimbedeckten Bett Platz nehmen oder aus dem Atelierfenster blicken, kann sie sich bei der Jeanne Mammen Gesellschaft unter 881 87 53 anmelden, oder bei Marga Döpping, Tel.: 801 10 77 oder Lothar Klünner, Tel.: 324 25 91.

⓯ *Literaturhaus*

Einige Minuten von hier entfernt befindet sich auf der anderen Seite des Ku'damms das LITERATURHAUS in der Fasanenstraße 23, in dessen Garten für den Sommer (oh Oase!) und Wintergarten für den Winter es sich nach dem Besuch von Jeanne Mammens Atelier gut ausspannen und nachsinnen lässt. Das Literaturhaus hieß bis 1985 Wintergarten, in dem auch berauschende Frauenfeste stattfanden. Das Café hat diesen Namen behalten. Anfang der Achtziger war das Literaturhaus ungenutzt und im BesetzerInnensommer 1981 (zeitweise waren 160 Häuser in Berlin besetzt) stand es auf der zu besetzenden Objekteliste. Doch die Lebens-Künstlerinnen zögerten zu lange, waren sich nicht einig, malten an zwei verschiedenen Spruchbändern um die Wette: „Für Führungskräfte der Frauenbewegung" und „anarcha(t)räume". Heute finden hin und wieder lesbenliterarische Veranstaltungen im Kaminzimmer statt, mehr verdeckt als offen. Im Café ist im allgemeinen recht yuppiges Hetero-Publikum. Die Bücherfrauen oder women in publishing „ein Netzwerk für Frauen, die rund ums Buch arbeiten", haben prinzipiell jeden zweiten Dienstag im Monat hier ihren Stammtisch. Kontakt: Sabine vom Bruck, Tel.: 8 33 24 64.

⓰ *Käthe-Kollwitz-Museum*

Im KÄTHE-KOLLWITZ-MUSEUM nebenan in der Fasanenstraße 24 ist eine umfangreiche Werksammlung der Künstlerin zu

sehen. Käthe Kollwitz war übrigens die Lehrerin der Malerin Gertrude Sandmann, die Mitgründerin der UKZ war und das erste Titelblatt gestaltete. Zu diesem Künstlerinnenkreis gehörten auch Gerda Rotermund und Karin Boye (s. S. 57).
Und für Erika-Mann-Fans ein Hinweis: die Journalistin, Schauspielerin und Schriftstellerin lebte 1924 mit ihrem Bruder Klaus in der Uhlandstraße 78 (Ecke Güntzelstraße). Auf dem Weg dorthin, Lietzenburger-, Ecke Uhlandstraße, befand sich auf der linken Seite die in den Siebzigern vielfrequentierte Bar SAPPHO⑰. Nicht weit davon entfernt sind in der Pariser Str. 3 die Räume des Projektes RAUPE UND SCHMETTERLING für Frauen in der Lebensmitte.

⓲ *Raupe und Schmetterling*

Für die Unersättlichen oder ganz Schnellen noch ein Tip in Wilmersdorf besonders für Sonntag zur Brunchzeit: Das FRAUENHOTEL ARTEMISIA in der Brandenburgischen Straße 18, 4. Etage (von der Fasanenstraße eine gute Viertelstunde zu Fuß über den Ludwig-Kirch-Platz und die Düsseldorfer Straße).

⓳ *Frauenhotel Artemisia*

Über die laufenden Ausstellungen von Künstlerinnen informiert das „Blattgold". Alle acht Hotelzimmer sind einer Frauenpersönlichkeit gewidmet und ihr entsprechend gestaltet mit Objekten, Zeichnungen, Fotokopien.
Reagenzgläser kennzeichneten zum Beispiel Lise Meitners Zimmer. Bis 1997 trugen die Zimmer wechselnde Namen historischer Frauenpersönlichkeiten aus Wissenschaft, Medizin, Politik, Kunst und dem öffentlichen Leben: Hanna Höch, Reneé Sintenis, Erika Mann, um die geouteten Lesben unter ihnen zu nennen. Seitdem werden die Zimmer zeitgenössischen Fotografinnen und Malerinnen gewidmet und Leihgaben der Künstlerinnen schmücken sie. Ein Seminarraum ist für Stammtische, Work-shops, Klassentreffen, Tagungen oder Feiern abend-, tage- oder wochenendweise zu mieten, auf Wunsch mit Bar-Service und Buffet.
Das allseits gelobte Frühstücksbuffet, im Sommer auf der Dachterrasse, steht auch Gästinnen bereit, die nicht im Hotel wohnen (wochentags und sonntags nach 12 Uhr auf Voranmeldung).

RUNDGANG B

Vom Ernst-Reuter-Platz fahren wir mit dem Bus 145 Richtung Spandau bis zum Schloss. Die ORANGERIE ist ein guter Ort, sich zu verabreden. Der Atmosphäre wegen.

(20) *Orangerie*

Neben der Orangerie steht eine Reihe amüsanter, singender, wilder Steinfiguren. Manchen fehlt allerdings das Gesicht. Ein Spaziergang durch den Schlosspark, Tai Chi, Joggen oder Entenfüttern bieten sich an. 1974 feierte das lesbische Aktionszentrum sein erstes Pfingsttreffen in diesem Park. Und 1977 fand die Ausstellung „Künstlerinnen International" in den Schlossräumen statt.
Von der Orangerie aus überqueren wir den Spandauer Damm und gehen über den Klausener Platz mit diensttäglichem und freitäglichem Markt und gemütlichem Reet-Café:(21) beliebter Treffpunkt für die Kiez-Lesben in den einst „roten Kiez Char-

lottenburgs“ zur Danckelmannstraße 15.
Hier entstand 1976 nach der ersten Frauensommeruniversität das Frauenforschungs-, Bildungs- und Informationszentrum FFBIZ e.V. als Alternative zum männlich dominierten Universitätsbetrieb. Es verfügt heute über ein beachtliches Frauenarchiv und eine Ausstellungsgalerie. ㉒ *FFBIZ*
Vom Spandauer Damm kommen wir zu Fuß oder mit dem 145er Bus zur Wilmersdorfer Straße.
Kurz vor der Schlossstraße, Spandauer Damm 21, auf der rechten Seite, wurde ab 1972 die Kiezkneipe GITTAS GUTE STUBE einmal die Woche nur für Frauen geöffnet – bevor 1975 die erste Frauenkneipe BLOCKSBERG in Schöneberg entstand.
In der Otto-Suhr-Allee 125, kurz vor der Wilmersdorfer Straße, eröffnete im Dezember 1998 Sylvia Alex nach dreizehnjähriger Tresenarbeit in der Bar „POUR ELLE“ (heute“PE“) ihre eigene Bar STONEWALL: „Ein Name, der allen Eingeweihten was sagt, den anderen nichts ...“. Das Bistro hat weitgehend den alten Kiez-Kneipen-Charakter erhalten und verfügt über einen Garten hinterm Haus. Auf derselben Straßenseite, am Richard-Wagner-Platz Nr. 5, gab es von 1985-1995 die beliebte Disco LIPSTICK㉔. ㉓ *Bar Stonewall*
Gegenüber dem Rathaus Charlottenburg, Otto-Suhr-Allee 93,

㉕ *Magnus Hirschfeld Denkmal*

ist MAGNUS HIRSCHFELD ein Denkmal gesetzt worden. Da die Anwohner des Hauses, in dem er zeitweilig wohnte, nicht mit einer Gedenktafel am Haus einverstanden waren, steht das recht unscheinbare Denkmal auf dem Bürgersteig.

Ein Porträt des Sexualreformers Magnus Hirschfeld war übrigens das letzte Werk Charlotte Wolffs, der nach London emigrierten jüdischen Ärztin und Wissenschaftlerin. Das Charlottenburger Kolleg zur Erlangung der Hochschulreife in der Pestalozzistraße 40/41 (schöner alter Backsteinbau㉖, über die Wilmersdorfer Einkaufsstraße erreichbar) bekam 1997 nach heftigen Auseinandersetzungen den Namen Charlotte-Wolff-Kolleg. Von Charlotte Wolff erschien 1971 „Die Psychologie der lesbischen Liebe" und 1987 ihre spannende Autobiographie: „Augenblicke verändern uns mehr als die Zeit."



㉗ *Adhara-Büchertempel*

Wenige Schritte zurück in der Pestalozzistraße 35: der esoterische ADHARA-BÜCHERTEMPEL, den die Geschäfts- und Lebenspartnerinnen Heike Dräger und Vera Krivohlavek seit 15 Jahren betreiben als „Ort der Göttin – dementsprechend müssen sich Männer benehmen." Sie sind spezialisiert auf weibliche Spiritualität: Bücher zu Naturheilkunde, Astrologie, Buddhismus, Tarotkarten, Pendel, Aura-Soma, atherische Öle, Edelsteine, Entspannungsmusik.

㉘ *Café Manstein*

Diejenigen, die sich in einer kleinen Stadt-Oase entspannen möchten, gehen die Pestalozzistraße bis zum Lietzensee weiter, ca. 10 Minuten (hier wurde übrigens der aufmunternde Lesben-Fernseh-Film „Die Konkurrentinnen" gedreht) und können sich auf einer Seewiese ausruhen oder im CAFÉ MANSTEIN (im September 2000 von Susanne Manstein eröffnet), Witzlebenstraße 32, Platz nehmen. Im italienischen Bistro-Ambiente oder auf der Terrasse mit Blick über See und in Sonnenuntergang bei einem Latte Macchiato oder Rosé Mistral kommt Urlaubsstimmung auf. Hier kann frau eventuell ein kleines mediterranes Geschenk für die Freundin kaufen. Auch dies ist ein beliebter Rendevous-Ort für Charlottenburger Lesben.

IM GESPRÄCH MIT:

# *Dagmar Schönfisch, die everlasting Sublady*

Dagmar auf Inline-Skates bei einer Walpurgisnachtdemo. Dagmar hinter dem Tresen. Dagmar hoch zu Ross und auf diesem Foto ausnahmsweise nicht mit wehender Mähne, sondern die Haare unter einem Helm gebändigt. Amazone, denke ich erst später. Oder auch: typische Durchschlagementalität, die ihrer Generation, der im Zweiten Weltkrieg geborenen, zu eigen ist. Eine Schützin slawischer Herkunft, die zwei Tage nach dem Mauerbau 1961 von Ostberlin nach Westberlin flieht. 22 Jahre lang arbeitet sie als Krankenschwester und ist Mutter zweier Kinder. Sie holt das Abitur nach und studiert Erziehungswissenschaften, Soziologie, Politiologie und Psychologie; arbeitet in der Verkehrserziehung beim Senat; baut das zweite Frauenhaus in Spandau mit auf; leitet Volkshochschulkurse in Atmen, Tanz und Meditation für Frauen. „Ihr seid wer!" versucht sie ihnen beizubringen.

Bei einem Besuch der Disco „die 2" Anfang der Achtziger erfährt sie von den Inhaberinnen Chris und Lilian, dass diese den Sub verkaufen wollen. Mit zwei Freundinnen stürzt sich Dagmar ins Abenteuer. Ausgerechnet sie, die sich als kneipen-atypisch bezeichnet (sie raucht nicht, trinkt wenig), übernimmt den Sub samt schlechter Bausubstanz. Was bewegt die leidenschaftliche Nichtraucherin, Abend für Abend, Nacht für Nacht in einem verrauchten Lokal zu arbeiten?

*„Ein Kommunikationszentrum, ein Raum, in dem Frauen tanzen, reden, ist eine Art Refugium. Wie das Frauenhaus. Ich hatte ganz einfach festgestellt, dass die Kommunikation über Rauchen und Saufen läuft."*

Doch in „die 2" in der Martin-Luther-Straße wurde nicht nur geraucht und gesoffen, wurden nicht nur Eifersuchtsdramen

auf der Tanzfläche ausgetragen, getanzt bis in die Puppen, atemlos …*„Nach der Ermordung von Susanne Matthes im November 1983 trafen sich hier Frauen, die dann nachts in kleinen Gruppen durch die Stadtviertel patroullierten: Sie wollten ihn finden …“*
Anfang der Neunziger wurden ihr die Räume gekündigt. Dagmar hielt sie noch einige Monate besetzt. *„Am letzten Abend, dem 9. März 1991, war es brechend voll und dann sangen alle We shall overcome …“*



Mit dem Umzug wollte sie ins Grüne, raus aus dem Dunkeln in ein luftigeres Umfeld. Sie mietete ab Sommer 1992 das Lokal am Wasserturm, am Rande einer Laubenpieperkolonie. Vom

Rechtsstreit zwischen dem Brauerei-Pächter und dem Eigentümer, dem Land Berlin, wusste sie nichts. Sie steckte sämtliche Ersparnisse in die Gaststätte, renovierte sie von Grund auf, da die bauliche Substanz mal wieder eine Katastrophe war.
Dagmar Schönfisch veränderte das Konzept, organisierte Veranstaltungen und Bälle, große Live-Konzerte, Abende für Frauen ab vierzig, dreimal in der Woche ladies only, vermietete mehrere Zimmer und nannte sich nun „music motel am Wasserturm“.
Unermüdlich dreht sich die klassische Leuchtkugel über der Tanzfläche. Silvester 1997 fühle ich mich zurückversetzt in die Martin-Luther-Straße. Dieselben Gesichter? Auf jeden Fall dieselben Haltungen. Nur die Balustraden fehlen, an denen Lesbe lasziv herumhängt, mit und ohne Bierflasche. Das Publikum ist recht gemischt: Eine Gruppe aus Braunschweig, ein Paar aus Hellersdorf. „I will survive“ ertönt und alle stürzen auf die Tanzfläche, blütenweiße Hemden und Jacketts, Jeans und fest-

liche Kostüme. Meine Tischnachbarinnen greifen von Zeit zu Zeit unter den Tisch und gießen sich aus ihrer eingeschleusten Flasche Eierlikör nach.
Die Sublady winkt lachend ab, Geschichten könnte sie erzählen über leere Flachmänner und Bierdosen, die sie beim Putzen fand, über nie bezahlte Tresenzettel.
Und immer der Ärger mit dem Bezirksamt um die Sanierungskosten für das durch und durch marode Gebäude, das einst kaiserlicher Pferdestall war. Die Prozessakten Schönfisch/Land Berlin werden dicker. Sie gewinnt. Sie verliert, erhält im Sommer 2000 die fristlose Kündigung. *„Die Institutionen sind eben immer am längeren Hebel.“* Noch fast zwei Jahre hält sie durch und geht dann, bevor die Räumungsklage vollstreckt wird, lieber selbst. *„Aus dem Nichts etwas gemacht, meine Rente in den Sand gesetzt“*, sagt die 61jährige etwas abgekämpft, *„befinde ich mich jetzt mal wieder in der Schwebe.“*
Lichterketten aus aufblinkenden Feuerzeugen und Wunderkerzen im Music-Motel am Wasserturm in der Nacht zum 1. April 2002. Nein, kein Aprilscherz, sagt die Sublady und kommt sich mal wieder wie ein historisches Relikt vor. We shall overcome, erinnert sie und der volle Saal singt mit Vicky Leandros „Auf wiedersehn“.
Die Leuchtkugel ist abgehängt, ebenso das Logo über dem Tresen, bleibt noch das große runde „die 2“-Schild über der Eingangspforte abzumontieren. Es wird noch gebraucht. Dagmar Schönfisch wäre keine Sublady und keine Amazone, würde sie aufgeben. Schon ist sie mit ihrer jüngeren Freundin auf der Suche nach einem neuen Ort, etwas zentraler, und versichert: Die 2 bleibt die 2.

*Die neue Adresse bitte dem „Blattgold“ oder der „Siegessäule“ entnehmen. Oder 01 71 - 7 41 42 50 anrufen.*

# *Neue Bar*



Angel Face, Mojito, Blue Moon, Caribbean Night, Joe Collins. Aus 1500 klassischen Cocktails hat Katrin Unger, die Inhaberin der Bar, unter anderem die „Modecocktails“ ausgewählt. *„Der Mai Tai hat es in sich. Doch man schmeckt den Alkohol nicht. Das ist eben das Besondere an einem guten Cocktail. Aber er wirkt. Beim zweiten Mai Tai weise ich auf die Wirkung hin.“* Jeden Monat kreiert sie einen Cocktail des Hauses. Und im Januar entscheidet sich eine Gästin lieber für die Kreation „Wintersonne“ als für Frozen Margarita. Zwischen 17 und 19 Uhr wird der Happy-Hour-Cocktail angeboten: Ab 3,90 Euro.

Ungefähr um die selbe Zeit, als LILITH schräg gegenüber endgültig die Pforten schloss, eröffnete Katrin Unger die NEUE BAR. *„Ein Ort für Frauen über dreißig. Viele wollen nicht spät abends noch mal rausgehen. Sie kommen nach der Arbeit vorbei. Wenn sie Lust haben, bleiben sie länger. Manche erscheinen auf einen Drink nach dem Essen.“* Es kommen vor allem Frauen aus Charlottenburg, Wilmersdorf, Schöneberg und den östlichen Stadtteilen. Das Publikum ist überwiegend lesbisch. Nina Simone singt „I want a little sugar in my bowl“. *„Die Musik richtet sich nach Stimmung und Zeit. Wenn es ruhig ist, klassische Barmusik. Ansonsten Dancefloor.“*

Kurz vor der Maueröffnung 1989 war Katrin Unger mit einer Freundin von Ostberlin über Ungarn nach Hamburg geflohen. Als gelernte Hotelfachfrau fand sie zuerst dort Arbeit, später in Berlin. Drei Jahre lang bereitete sie die Eröffnung eines eigenen Lokals vor. Sie beobachtete den Trend der Zeit, zum Beispiel, dass Frauen aus finanziellen Gründen weniger essen gehen.

In der Enge erinnert die Bar Zitrone, wie sie auch genannt wird, an Pariser Bars: Der Raum wird durch die Spiegelwände weit und hell. *„Durch den kleinen Raum reden die Frauen eher miteinander. Sie sollen sich hier wohlfühlen."* Die Bar ist sicher und mit einer Klingel versehen. Durch die Glastür sieht die Barfrau, wer vor der Tür steht. Wenn viele Frauen im Lokal sind und ein zweifelhafter Mann klingelt, liegt es an ihr zu entscheiden, ob sie gerade eine geschlossene Gesellschaft hat. Sie bedauert, dass die Bar nicht rollstuhlgerecht ist: Tür und Raum zu schmal, die Theke zu hoch, Toiletten im Keller. Mit einer Party zur Walpurgisnacht (Waldmeisterbowle) wird zum 1. Mai die Sommerterrasse eröffnet. Alle drei Monate steigt eine Erlebnisparty und mit einem der größten Stände mit Cocktailbar, Bierwagen und Terrasse ist die kleine Bar auf dem schwullesbischen Motzstraßenfest vertreten.



Katrin Unger bietet ihre Bar auch für private Feste an und sich selbst als Bartenderin für Feste zu Hause.

Am 29. Januar 2002 feierte Katrin Unger vierjähriges Bestehen der Neuen Bar. Sie kann stolz auf sich sein: *„Die Bar ist gut angenommen. Der Laden trägt sich. Ich habe mein Publikum gefunden und denke an eine größere Bar."*

# *Warmes Bier und kühle Blicke*

## Unterwegs in Berlins lesbischer Ausgehkultur

*Manuela Kay*

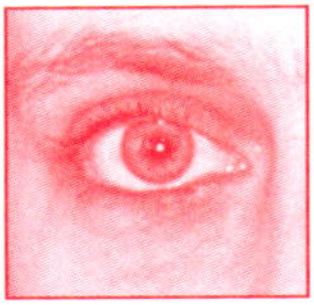

Als ausgehfreudige Lesbe in Berlin muss man allerlei Hindernisse auf dem Weg zu einem unterhaltsamen, gepflegten und gut bewirteten Abend überwinden. Angesichts der geschätzten circa 350.000 lesbischen Berlinerinnen ist das Angebot an zielgruppenrelevanten Cafés, Kneipen, Bars, Discos, Partys oder anderen Treffpunkten vergleichsweise gering. Denkt man an die „goldenen 20er-Jahre" zurück, so gibt es heute, nach immerhin über 30 Jahren neuer schwullesbischer Bewegung und ebenso langer Zeit seit den Anfängen der neuen Frauenbewegung, nur etwa ein Zehntel des Angebots, aus dem seinerzeit so illustre Nachtschwärmerinnen wie Claire Waldoff, Marlene Dietrich oder Anita Berber auswählen konnten. Doch versuchen wir, aus dem für deutsche Verhältnisse trotzdem üppigen Angebot ein paar Stätten der lesbischen Vergnügungssucht auszuwählen. Vorab sei jedoch gerade für die Touristin bemerkt, dass Berlin, was gastronomische Professionalität angeht, eine Wüstenlandschaft darstellt. Gäste werden in der Regel als Bittstellerinnen behandelt, die demütigst um die Aufmerksamkeit von Barpersonal oder Servicekräften heischen müssen. Dass es dann das Gewünschte nicht gibt, es vergessen wird, zu kalt (Essen, Kaffee) oder zu warm (Bier, Cola) kommt, ist leider keine Ausnahme, sondern bittere Realität. Auch das freundliche „Ham' wa nich!" oder „Geht jetzt nich'" ist oft die einzige Ansprache, die man als durstiger oder hungriger Gast von der anderen Seite des Tresens bekommt. In der schwullesbischen Ausgehkultur ist dieses Prinzip leider noch stärker verankert. Hier setzt man auf gemeinsame Diskriminierungsheimat, auf „wir sitzen doch alle im selben Boot" und deshalb hat man auch nichts zu verlangen oder zu erwarten – außer natürlich gepfefferte Preise, gehen wir doch exklusiv subkulturell aus.

Doch stürzen wir uns allen Widrigkeiten zum Trotz, mutig ins Geschehen und haben sicherheitshalber vor dem Losgehen noch etwas getrunken, um dem Gastrodilemma gelassen entgegen zu sehen.

DIE KLASSIKER

Die klassische Lesbenbar und die typische Lesbenkneipe sind endgültig tot. Plüsch und Rotlicht gehört der Vergangenheit an. In Berlin gibt es gerade noch zwei Cafés, die auf eine alte feministische Tradition zurückblicken können und in denen Männer unerwünscht sind. In guter alter Tradition werden diese auch sofort meist unwirsch hinauskomplementiert. Das eine ist das SCHOKO-CAFÉ in Kreuzberg, das andere die Begine in Schöneberg. Beide Bezirke gelten ungeachtet der Maueröffnung nach wie vor als die Gegenden, in denen Lesben verstärkt wohnen. Das Schoko-Café befindet sich im Hinterhaus einer ehemals besetzten Schokoladenfabrik, die noch heute ausschließlich Fraueneinrichtungen beherbergt. Klassischer Frauenzentrums-Charme herrscht vor und auch verschiedene Kollektive, die mutig gegen die Pleite ankämpfen, haben es noch nicht geschafft, vom bösen Image der Sportlesben, die hier stundenlang vor einer Apfelsaftschorle sitzen, loszukommen.

Ein Hauch 80er Jahre weht auch in der BEGINE, die sich ebenfalls in einem von Frauen besetzten Haus, in dem auch heute nur Frauen wohnen, befindet. (Ehemalige Besetzerinnenkultur scheint also programmatisches Umfeld für die letzten noch lebenden Frauencafés zu sein.) Hier trifft man vornehmlich Lesben jenseits der 40. Allerdings kann die BEGINE im Gegensatz zum SCHOKO-CAFÉ mit einer guten Küche aufwarten und sogar mit einem Kulturprogramm im Hinterzimmer, das allerdings oft etwas altbacken daherkommt. In beiden Cafés gibt es des öfteren im Monat Partys mit Disco, verschiedenen Motti oder Standardtanz. Da trifft sich dann die politisch korrekte Fraktion und tanzt auch gern mal barfuß.

Die älteste Lesbenbar Deutschlands war bis zum Jahre 2001 das Schöneberger POUR ELLE. Nachdem es von Rosenstolz-Sänger Peter Plate gekauft, renoviert und in PE abgekürzt wurde, ging aller Plüsch und Wohnzimmercharme dahin. Dennoch sollte der Ort für Frauen erhalten bleiben, die angestammte Pour-Elle-Besucherin (Typ „Vo-ku-hi-la“) sollte nicht verscheucht werden. Das gelang nur mäßig, und so gibt es keine reinen Frauenabende mehr. Dennoch ist am PE-Tresen, vor allem samstags, die „alte Garde“ des lesbischen Berliner Nachtlebens in (meist lautstarker) Aktion zu erleben. Eine Reise in die Zeit, als das POUR ELLE noch Hochbetrieb hatte, kann man übrigens ein paar Häuser weiter ins PUSSYCAT unternehmen. Allerdings kann man hier schon mal Pech haben und gar keine Frauen antreffen.

Ein Ableger des alten POUR ELLE, ist das STONEWALL in Charlottenburg. Hier treffen sich manche Exil-POUR-ELLE-Stammgäste, sowie Schwule und Lesben aus der Nachbarschaft. Es geht familiär zu und wer die gewöhnungsbedürftige Einrichtung ertragen kann, könnte auch hier einen Abend mit den klassischen, vielleicht schon etwas in die Jahre gekommenen „Vokuhilas" erleben.
Ein weiterer Satellit aus dem POUR ELLE-Umfeld ist die NEUE BAR in Charlottenburg. Dieses wirklich winzige Wohnzimmer, in dem, von einem kleinen Hinterraum einmal abgesehen, eigentlich nur ein Tresen steht, ist bereits ab sechs Personen gut gefüllt. Hier treffen sich Veteraninnen der Lesbenszene der 80er- und 90er-Jahre, vor allem auch aus der Nachbarschaft des gutbürgerlichen und gutsituierten Charlottenburgs – was die allgemeine Atmosphäre prägt.

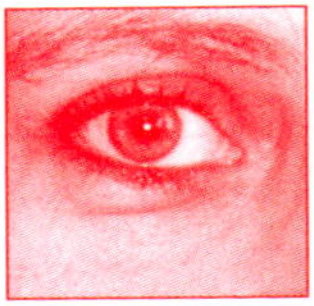

## DIE QUEEREN

Mit dem Aussterben der reinen Frauenräume ging die Vermischung der lesbischen mit der schwulen Ausgehkultur einher. Vor allem in Kreuzberg, dem „queeresten" aller Bezirke, bildeten sich kleine Meilen, auf denen Lesben von Ort zu Ort ziehen können. Noch immer eine der aufregendsten und buntesten Straßen Berlins ist die Oranienstraße. Hier befindet sich die, nach Meinung der Berliner Szene, beste schwullesbische Bar der Stadt, das ROSES. In dem meist überfüllten und immer verqualmten Bad-Taste-Plüsch-Ambiente kann man schon aufgrund der Enge gut flirten und viele interessante Leute treffen. Rauch- und trinkfest sollte man allerdings schon sein.
Beinahe nebenan kann man in den BIERHIMMEL entschweben. Vor allem freitags ist der klassische Kneipenraum voller Lesben. Ansonsten herrscht hier eine bunte Mischung aus Heteros, Schwulen und dem üblichen Kreuzberger Mix vor. Bereits am Nachmittag ist hier durch die großen Scheiben das Treiben auf der O-Straße gut zu verfolgen, und dabei kann man den legendär guten Kuchen des Hauses genießen. Sowohl BIERHIMMEL als auch ROSES gelten als die Warm-up-Treffpunkte vor einem Gang ins SO 36 oder als Ort für den letzten Absacker danach.
In Kreuzberg 61 hat sich rund um den Mehringdamm Nummer 61 (Berlins

homosexuellste Adresse, mit dem SCHWULEN MUSEUM, dem schwullesbischen Zentrum AHA, dem SCHWUZ und dem CAFÉ SUNDSTRÖM) ein kleines feines schwullesbisches Bermudadreieck gebildet. Platzhirsch ist nach wie vor das SUNDSTRÖM, das mit seinem klassischen Caféambiente lockt. Von morgens bis zum Abend, wenn die Partys im SCHWUZ, im Keller direkt darunter, losgehen, kann man hier abhängen und darüber staunen, dass scheinbar jede homosexuelle Person der Stadt einmal am Tag den Laden betritt, und sei es nur um eine Zeitschrift mitzunehmen. Gleich gegenüber gibt es das BARGELB, eine Bar in Retroplüsch gehalten, in der wellenartig mal nur Lesben sitzen und mal überhaupt keine.

Letzter Punkt des Dreiecks ist die neueste Errungenschaft der Gegend: die BARBIE-BAR. Die im Grunde schwule Bar wird mehr und mehr von Lesben frequentiert und bildet eine goldene Mitte zwischen dem lebhaften, beinahe bahnhofsbetriebsartigen SUNDSTRÖM und dem düsteren, verrucht anmutenden BARGELB.

Etwas weiter, am Marheinekeplatz, befindet sich das LOCUS, eine klassische Esskneipe, die viel von Lesben frequentiert wird.

Im Osten der Stadt haben vor allem rein schwule Läden Konjunktur und die Lesbe scheint hier eher „normale" Kneipen oder die sehr durchmischten, wie das NOVEMBER oder die KAPELLE aufzusuchen. Publikumsmagnet im Prenzlauer Berg ist das SCHALL UND RAUCH in der immer schwuler werdenden Gleimstraße. Im Schall treffen sich viele Lesben auch gern gemischt mit Hetero- oder schwulen Freunden. Vor allem das Frühstücksbüffet am Wochenende lockt auch morgendliche Kneipengängerinnen aus anderen Bezirken an.

## DIE TANZWÜTIGEN

Wie wohl in keiner anderen Stadt, herrscht in Berlin noch immer das Paartanzfieber. Keine alternative Tanzschule kommt ohne ein Angebot für gleichgeschlechtliche Paare aus und bemerkenswerterweise dominieren Lesben das gleichgeschlechtliche Standard- und Lateintanzgeschehen. Warum auch immer ist wiederum Kreuzberg der Nabel des kleinen Homotanz-Kosmos: Rund um den Mehringdamm fungieren die drei alternativen Tanzschulen, BEBOP, MAXIXE und WALZERLINKSGESTRICKT nicht nur als Ausbildungsstätten für neue Schritte und Kniffe in Tango und Fox, sondern zunehmend auch als Treffpunkte. Ihre offenen Tanzabende, Übungsabende, schwullesbischen Tangobälle, Salsanächte oder Mottobälle sind gern ergriffene Gelegenheiten für Lesben, sich richtig aufzutuffen und gern auch in Frack oder Abendkleid über das Parkett der durchweg ehemaligen Fabrikhäuser zu schweben. Neben den schon erwähnten Standard- und Lateinveranstaltungen bei BEGINE und SCHOKO ist das CAFÉ FATAL seit Jahren ein Magnet für Lesben. Immer sonntags trifft sich hier im So 36 ein buntes Volk, von zumeist Lesben und Schwulen, dass allerdings meist mehr schlecht als recht den Überlebenskampf auf dem ausgetretenen So-Parkett wagt. Vor allem der deutsche Schlager ist hier beliebt und lässt so manche Neulinge rückwärts wieder hinausgehen. Doch wer einmal dem Fatal-Fieber erlegen ist, scheut sich dann auch nicht, lauthals zu Klängen von Vicky oder Roland Kaiser mitzugrölen.

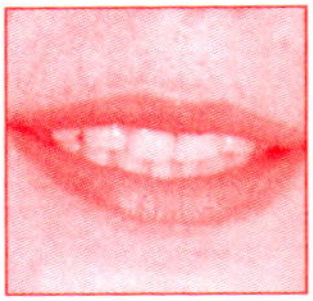

## DAS GROßSTADT-NIGHTLIFE

Eine richtige Lesbendisco gibt es in Berlin nicht. Wer die Nächte auf großen Partys verbringen möchte, ist darauf angewiesen, die Informationen aus Stadtmagazinen oder auf Flyern zu sammeln. Vor allem für die Touristin oder Neu-Berlinerin scheint es schier unüberschaubar, am wievielten Freitag im Monat denn die eine oder andere Party stattfindet. Dennoch finden sich immer wieder hunderte, zumeist Lesben klar unterhalb der 30er-Marke, an den einschlägigen Orten zur richtigen Zeit ein.

Eine der seit Jahren beliebtesten Partys ist DIVEN ATTACKS, die unregelmäßig in der KALKSCHEUNE in Mitte stattfindet. Glamour ist das Schlagwort und tatsächlich trifft man hier auf das bestangezogenste lesbische Partyvolk und auf die innovativsten Go-Go-Girls.

Typisch kreuzbergerisch geht es bei M.APPEAL im So 36 zu, deren Publikum sich im Laufe des Abends einmal komplett auswechselt. Bis 2 Uhr gibt es eingängige Klänge aus den Charts und danach Housemusik, die die einen fliehen lässt und anderes Klientel erst begrüßt. Das So 36 bietet darüber hinaus, immer mittwochs, die alteingesessene schwullesbische Houseparty HUNGRIGE HERZEN, die zwar immer mehr schwul dominiert, aber zum Tanzen und Gucken auch für Lesben durchaus geeignet ist. Bei den durchweg schwullesbisch angelegten Partys im SCHWUZ ist SUBTERRA der Lesbenrenner. Jugendliches, vor Unsicherheit leicht unterkühltes Publikum überwiegt, geschätzter Lesbenanteil: mindestens 70 Prozent. Wer zu angespannt ist, kann sich im Massageraum lockern lassen. Für die Freundinnen von echter Rockmusik bietet das SCHWUZ ebenfalls einmal im Monat SUBWORXX. Wie immer gibt es hier zwei Dancefloors, auf denen Wave, Independent und Rock gespielt wird. Eine wirklich alternative Party.

Für den schmalen Geldbeutel eignet sich die familiäre Atmosphäre des ACKERKELLERS in Mitte. Neben den regelmäßigen schwullesbischen Partys sei vor allem die unterschiedlich stark besuchte Lesbenparty FEMALE JUNGLE hervorgehoben. Wer es eher im Hausbesetzercharme preiswert und gemütlich haben möchte, ist hier gut aufgehoben.

Für Freundinnen echter DDR-Nostalgie sei die BUSCHE empfohlen. Eine Disco, die jede Vorstellungskraft übersteigt, wenn man nicht schon einmal dort gewesen ist. In der Nachfolgerin der einzigen Homodisco der DDR tanzen hier am Abend tausende von jungen Gästen aus Mecklenburg-Vorpommern und Brandenburg neben dem einheimischen Partyvolk. Es gibt unglaubliche Zwischenmoderationen der DJs und einen überaus rauhen Umgangston, sowohl der Gäste als auch des Personals. Rosenstolz-Fans beherrschen das Geschehen und wer nie die DDR erlebt hat, kann hier ein kleines Stück davon nachholen.

Neuester homosexueller Partyort Berlins ist das FRÖSI im KINO INTERNATIONAL in Mitte. Das sensationelle Kino im 60er-Jahre-DDR-Stil ist bereits immer montags Treffpunkt für Kinofans beim schwullesbischen MONGAY sowie einmal im Monat – beim allerdings eher schwul geprägten – CLUB INTERNATIONAL. Seit es den neuen Raum mit dem klangvollen Namen FRÖSI (nach der Pionierzeitung „Fröhlich sein und Singen“) gibt, finden hier gemischte Partys mit unterschiedlich hohem Lesbenanteil statt. Hervorgehoben seien der BIKINICLUB sowie die FRÖSI-PARTY. Das Ambiente und das in der Regel immer aufgeschlossene Publikum sowie die witzigen Partyideen, lohnen einen Besuch.

So schlecht sieht es also doch gar nicht aus, in Berlins lesbischem Nachtleben. Und wer mit dem ein oder anderen warmen Bier gut leben kann, wird schnell merken, dass hinter den vielen kühlen Blicken der meist nur schüchternen Besucherinnen, im Grunde eine interessante Frau steckt, die eine Einladung auf ein lauwarmes Getränk durchaus lohnenswert machen könnte.

# *blattgold –*
## der monatliche Überblick für Frauen
*Adele Meyer*

Ein Blick in die ersten Ausgaben zeigt es deutlich: Der Beginn von BLATTGOLD ist lange her. 1985 beugten sich Monat für Monat noch bis zu zwölf Frauen während der Heft-Produktion über ein A5-Querformat, das unten zu öffnen war. Zeitweilig wurde deshalb darum gestritten, ob das Heft nun, ganz kalendermäßig, ein Loch zum Aufhängen haben sollte oder nicht. In gewohnter Weise kam es nach langem Austausch über das Für und Wider zu einer demokratischen Abstimmung mit dem Ergebnis: Das Heft bekam einen Aufdruck mit dem Hinweis „Hier bitte lochen". Ob dies jemals eine Leserin getan hat, weiß ich nicht. Jedoch, interessiert hätte es mich schon. Ich war schließlich strikt gegen das Loch. Das waren noch Zeiten: Zeit für eine Lochdiskussion und vor allen Dingen Platz für ein Loch.

Im April 1984 war die von Berliner Frauen produzierte und bundesweit vertriebene Zeitschrift „Courage" eingestellt worden. So waren also auch die Berlinerinnen ohne „Nachrichten und Informationen aus der Frauenbewegung". Ein Teil der Frauen von Goldrausch (Frauenfinanzierungsnetzwerk) war daher fest entschlossen, diese Nachrichtenlücke zu schließen. Andere Frauen waren ebenso fest entschlossen, keinerlei Gelder aus dem Goldrausch-Etat für dieses Projekt zur Verfügung zu stellen. Und so blieb die Goldrauschkasse für BLATTGOLD, bis auf einige unbedeutende Anfangszuschüsse, geschlossen. Wie damals allgemein üblich, arbeiteten alle BLATTGOLD-Frauen für die Ehre, also unentgeltlich. Diesen Frauen der Anfangszeit sei an dieser Stelle ausdrücklich gedankt. Die Herstellungskosten wurden aus den ersten Verkäufen und den ersten, damals noch sehr wenigen Anzeigen bezahlt.

Innerhalb der vergangenen 18 Jahre hat sich an BLATTGOLD vieles verändert. Nicht nur das äußere, sondern auch das innere Format ist gewachsen. Nachrichten aus Kultur und Politik und alle Hauptstadttermine für Frauen – Monat für Monat. Inzwischen wird BLATTGOLD von der Edition Lit. herausgegeben und von zwei Frauen, Christa Müller (ehemals „Courage") und Adele Meyer (ehemals „Emma") sowohl redaktionell wie produktionstechnisch betreut.

So hat das ehemals beinahe gelochte, kleine BLATTGOLD vieles überstanden und alles überdauert, und dass ihr das Alter nicht anzusehen ist, darum bemühen wir uns jeden Monat neu.

BLATTGOLD ist erhältlich an vielen Verkaufsstellen in Berlin und natürlich im Abonnement.

www.blattgold-berlin.de

# *Das liebe Geld …*

*Ahima Beerlage*

Erwartungsvoll machen sich viele Lesben aus der ganzen Bundesrepublik auf, das weibliche Berlin zu erobern. Haben sie doch von anderen Frauen gehört, dass Berlin schon seit den 20er Jahren das Mekka der Frauen und Lesben ist. Letzter großer Höhepunkt der ruhmreichen Lesbengeschichte war der Beginn der neuen Frauenbewegung in den 70er Jahren. Damals, so hört Lesbe, gab es an jeder Ecke ein Frauencafé oder -buchladen, -projekt oder -sublokal.

Die lesbische Besucherin, die in Berlin aus dem Vollen schöpfen will, muss bald feststellen, dass das Angebot längst nicht mehr so umfangreich wie noch vor ein paar Jahren ist.

Einen ersten Grund findet sie bei einer großen Frauenparty, die am selben Abend in einem gemischten Projekt veranstaltet wird. Sie steht in einer Schlange, die immer länger wird. Das scheint die beiden an der Kasse disputierenden Frauen nicht zu stören. Sie beschweren sich lauthals über den hohen Eintrittspreis, während die Kassenfrau geduldig aufzählt, wieviel Frauen mit ihrer Arbeitskraft an diesem Abend beteiligt sind, um den Besucherinnen eine tolle Nacht zu bieten. Da regt sich eine andere Frau in der Schlange auf: „Ist doch noch billig, die zehn Mark. Auf einer gemischten Party mit soviel Programm bezahlt frau das Doppelte." Und die Berlinbesucherin fragt sich, warum ausgerechnet bei Frauenabenden immer wieder über den Eintritt gemeckert wird. Das kennt sie auch aus ihrer Stadt.

Eine andere Ursache liegt wohl darin, daß viele Jahre lang Frauenparties besonders „billig" veranstaltet wurden, um es den finanziell schlechter gestellten Frauen zu ermöglichen, mitzufeiern. Es bleibt traurige Realität, dass bei aller schwullesbischen Gemeinsamkeit den meisten lesbischen Paaren am Ende des Monates weniger Geld auf das Konto überwiesen wird als so manchem schwulen Paar. Auch in den Institutionen, die Fördermittel für soziale oder künstlerische Projekte zu vergeben haben, sind Lesben deutlich weniger vertreten als wünschenswert wäre.

Auf die lesbische Subkultur wirkt sich das mehr als negativ aus. Hohe Frauenarbeitslosigkeit führt dazu, dass den Frauenprojekten die Gästinnen wegbleiben. Auch können sich viele Projektfrauen durch ihre eigene

Arbeitslosigkeit nicht mehr leisten, ihre Arbeitskraft ausschließlich ehrenamtlich zur Verfügung zu stellen. Doch was wie eine düstere Prognose klingt, ist eigentlich eine Chance. Es ist die Chance, die eigene Arbeit für Frauen ernst zu nehmen und sie sich auch bezahlen zu lassen, um selbst Arbeitsplätze für Frauen zu schaffen. Allzu oft haben sich Frauen schon in Projekten aufgerieben, ohne ihre eigene Arbeitskraft mit auf die Rechnung zu setzen. Jahrelang gab es „umsonst und draußen" aus Prinzip. Das ging meist eine Zeit lang gut. Doch zurück blieb dann eine Crew ausgebrannter Macherinnen und ein verwöhntes Schnorrerinnenpublikum, die gemeinsam auf die „Kapitalistinnen" der kostendeckenden, ihre Mitstreiterinnen ernährenden Projekte schimpften. Wollen Frauen diese Misswirtschaft beseitigen, müssen sie anderen klarmachen, dass ihre Arbeit genauso viel wert ist wie jede andere Lohnarbeit und ihrer Klientel verdeutlichen, dass sie ihr Geld in die eigene Szene investieren müssen, um diese Frauenprojekte zu erhalten. Schließlich meckern oft gerade die Frauen an der Kasse eines Frauenprojektes, die ohne großen Widerstand viel Geld in gemischten Restaurants, Discos oder Kinos lassen. Gutverdienende Frauen kommen selten genug auf die Idee, unaufgefordert einen höheren Eintrittspreis zu zahlen oder gar als Investorinnen aufzutreten. Das Frauenfinanzierungsnetzwerk Goldrausch stellt dabei immer noch die rühmlichste Ausnahme dar. Doch nur wenn Geld in die Frauenorte und -projekte fließt, entsteht auch die Professionalität, die bei ehrenamtlicher Freizeitarbeit bemängelt wird, nicht zu schweigen von den Jobs, die für Frauen geschaffen werden.

Und so wird die Berlinbesucherin der Zukunft hoffentlich bald nicht nur im Frauenhotel wohnen und in der Begine frühstücken. Sie wird auch ihre Bücher wieder in einem der vielen Frauenbuchläden kaufen, beim Kauf ihrer neuen Garderobe einem breiten Angebot lesbischer Boutiquen gegenüberstehen und nach dem lesbischen Kinobesuch in ein gepflegtes Frauenrestaurant gehen, um den Abend in einer eleganten Frauenbar ausklingen lassen zu können. Die lesbische Stadtrundfahrt kann sie schon im heimischen Reisebüro vorbestellen und sich aus der Frauengalerie ein Bild mit nach Hause nehmen, um eine bleibende Erinnerung an Berlin zu haben. Gern wird sie sich an den Besuch in der Frauenmetropole Berlin erinnern. Anfänge dazu sind gemacht. Die Zukunft ist weiblich – immer noch oder schon wieder.

*Zariamma Harat „Sources in Berlin“ (Nov. 1978), Kulizeichnung*

Bhf Wittenbergplatz
Kleiststraße
Bhf Nollendorfplatz
Bülowstraße
Bhf Viktoria-Luise-Platz
Winterfeldtstr.
Hohenstaufenstraße
Pallasstraß
Lutherstraße
Bhf Eisenacher Straße
Grunewaldstraße
hf Bayerischer Platz
Hauptstraße
Bhf K

Kurfürstenstraße
U
Bülowstraße
U
2
4
1
6
5
7
8
Goebenstraße
Bhf Yorckstraße
9
10
11
S
park
12

# SCHÖNEBERG

# *Blaue Zwanziger, lila Siebziger, goldene Achtziger, queeres neues Jahrtausend*

*Wo anfangen?*
*„Wo ist das Zentrum", fragt eine Berlin-Besucherin.*
*„Dort, wo du bist."*

AUSSTIEG BÜLOWSTRASSE

❶ *Potsdamer Straße 139*

Wir beginnen bei PELZE MULTIMEDIA, einem ehemaligen Pelzgeschäft, das mit der Besetzung des längst entmieteten Hauses POTSDAMER STRASSE 139 im Sommer 1981 zur Begegnungsstätte von Künstlerinnen wurde, zum experimentellen Freiraum: Baustelle, Galerie, Nachtcafé, Erotikbar, Projektionsort, ein Zipfel Sahara, velophiler Klangraum, Austragungsort mit Einbrüchen und Ausbrüchen. Oft war es unvorhersehbar, wen und was eine hier antraf. Im Juni 1996 fand das Begräbnisritual statt.

Ansonsten ist die Potsdamer Straße 139 nach wie vor in Frauenhand. Alle Wohnungen werden von Frauen/Lesben bewohnt. Ein paar Worte zu den Metamorphosen, die sich in diesem Gebäude mit zwei Seitenflügeln und einem schönen Hofgarten vollzogen: Das Prostituiertenprojekt HYDRA, zu Anfang mit dabei, ist heute in der Köpenicker Straße in Kreuzberg. Mädchenwohngemeinschaften wurden gegründet, Wohnungen geschlagenen Frauen zur Verfügung gestellt. Das Theaterprojekt ANA CONDA hatte dort kurzfristig seine Räume, ebenso eine Schreinerei im Seitenflügel und von 1983-1988 die Frauenmitfahrzentrale und Wohnzentrale.



Der Verein WILDWASSER hatte vorübergehend hier ein Büro. Das 1983 gegründete Frauennetzwerk GOLDRAUSCH ist heute in der Dircksenstraße in Mitte, die 1985 erstmals erschienene Programmzeitschrift BLATTGOLD seit 2000 in der Monumentenstraße. 1987 bezog das Frauenreiseunternehmen FRAUEN

*Jeanne Mammen „Im Damenklub I" (um 1929), Aquarell und Bleistift*



UNTERWEGS die Schreinerei und im Jahr 2000 den ehemaligen PELZE-Raum. Zum Teil mit Eigenmitteln und Eigenarbeit der Bewohnerinnen und Projekte wurde das Haus zwischen 1984-1987 vollständig renoviert. Es sollte ein stadtteilintegriertes Gemeinwesenprojekt für „kulturelle, private und öffentliche Lebenszusammenhänge für Frauen, Mädchen und Kinder" werden. Dafür wurde der Verein zur Entwicklung neuer Lebensqualitäten für Frauen e.V. gegründet. Im Oktober 1986 eröffnete die BEGINE als Kulturzentrum und Begegnungsstätte für Frauen in Schöneberg, die als eine der wenigen Ladies-only-Orte im Westteil der Stadt überlebt hat (siehe „Schöneberg proudly presents").

Gehen wir von der BEGINE aus in Richtung Bülowstraße, kommen wir an der Potsdamer Straße 131② vorbei. Hier befand sich von März 1987 bis Februar 1991 das alternative Radio 100, mit der sonntäglichen lesbischwulen Sendung

„Eldoradio“ und den feministisch-lesbischen „Dissonanzen“. Wem ordnete sich Lesbe zu? Ein zweischneidiges Schwert.

Blicken wir von der Potsdamer Straße nach links schräg über die Kreuzung hinweg, ist die Bülowstraße 101 zu sehen: In den Zwanzigern traf sich hier der „Damenklub Monbijou“ im einstigen HOHENZOLLERN-CAFÉ.③ Die Bildhauerin Gertrude Sandmann charakterisierte den Club so: „Ein Irrtum wäre es zu glauben, daß sich damals in den Clubs hauptsächlich ‚Privilegierte‘ zusammenfanden. Im Gegenteil, gerade in den Clubs gab es die ‚klassenlose Gesellschaft‘.“ (UKZ 7/8, 1976)

Wir biegen rechts in die Bülowstraße und bewegen uns zum Dennewitzplatz hin; diese Strecke war die Sub- und Clubmeile jener Zeit. Immer wieder wurde damals diskutiert, inwieweit das „andere“ Publikum bei „den anderen“ zulässig sei. Das VIOLETTA④ im Nationalhof Bülowstraße 37, zum Beispiel „liebt keine Schaulustigen“. Die virilen Frauen trafen sich in entsprechender Kleidung im roten Saal. Das DORIAN GRAY⑤ Bülowstraße 57 (heute Nr. 44/ Ecke Alvenslebenstraße) war eine der ältesten und bekanntesten Bars mit gesonderten Herren- und Damentagen. (Maik Lef in: „Ich bin meine eigene Frauenbewegung“, Berlin 1994) - Hinweis: In der Alvenslebenstraße 26 gibt es heute das CAFÉ POSITHIV.

❻ *Café PositHIV*



„Das mühsam aufgebaute Netzwerk lesbischer und homosexueller Subkultur wurde mit der nationalsozialistischen Machtübernahme zerstört, bestenfalls in die Unsichtbarkeit verbannt. Fast am gleichen Ort nahm 40 Jahre später die Neue Lesbenbewegung ihren Anfang. In der Dennewitzstraße 33 – das Haus wurde abgerissen; es stand auf dem Gelände des heutigen Nelly-Sachs-Parks – gründeten 1972 lesbische Frauen eine Gruppe im Rahmen der „Homosexuellen Aktion Westberlin“ (HAW). Bereits 1974 war die Gruppe so gewachsen, dass sie eine eigene Fabriketage in der nahegelegenen Kulmer Straße 20 anmieten konnte, sich von der organisatorischen Verbindung mit den schwulen Männern trennte und sich nun „Lesbisches Aktionszentrum“ (LAZ) nannte.“ (Reingard Jäkl in: „FrauenstadtBuch.“ Berlin 1993)

In der Bülowstraße 57 lädt das orientalische Dampfbad SULTAN-HAMAM mit vielfältigen Angeboten in großflächigen Räumen (Di, Do, Fr und Sa) Frauen ein, sich verwöhnen zu lassen. Und damit in die Achtziger: In der Bülowstraße 54 Hochparterre links öffnete 1984 die LESBEN.KULTUR.ETAGE ARAQUIN⑧ ihre Pforten, auf Initiative einiger Unermüdlichen, nachdem das Kaffee Winterfeldt geräumt worden war. Tische, Stühle und Thermoskannen siedelten aus der Winterfeldtstraße mit über. Wie der Name sagt, ging es hier um Lesbenkultur: Literarische Salons, Lichtbilder, Ausstellungen, Filmabende, Feste, Stadt-, Land- Spiritualitätsdiskussionen, Poesie- & Astro-Abende, Atem- und Wen-Do-Wochenenden. Die unbezahlten Kulturarbeiterinnen wechselten im Laufe der Jahre.

❼ *Sultan-Hamam*

Wir gehen die Bülowstraße weiter und überqueren die Yorckstraße. In Nr. 48, kurz vor der S-Bahnbrücke, befand sich der legendäre BLOCKSBERG⑨ (1975–1981), die erste Frauenkneipe Berlins. Von hier aus springen wir wieder in die Gegenwart und biegen in die lesbengeschichtsträchtige Kulmer Straße

Run 95

ein. (Falls eine Hunger hat und vorausgesetzt, dass sie Quiche und Kuchen mag, kann sie sich rechter Hand im CAFÉ SAVARIN mit WG-Flair stärken). In der Nr. 20a war, wie schon erwähnt, von 1974 –1978 das LAZ zu Hause. Es wurde gefeiert, gestritten, Transparente wurden gemalt. 1979 zog das Projekt in die Katzlerstraße um (hinter der S-Bahnunterführung links) und beendete 1981 sein Dasein. 1988 installierte sich die LESBENBERATUNG an der selben Adresse, später der Frauen- und Lesbensportverein SEITENWECHSEL. Vielleicht ist in der LESBENBERATUNG gerade eine Ausstellung, eine anregende Diskussion oder ein musikalisches Ereignis angekündigt. Auf jeden Fall kann eine, wenn sie nicht die diversen Projekt-Etagen besucht, einen Blick in die Hinterhöfe des typischen Berliner Fabrikgebäudes werfen. Die schwullesbische Zeitschrift SIEGESSÄULE hat ihr Büro im vierten Stock des Hauses. Zum Abschluss dieses Rundgangs biegen wir von der Kulmer Straße links in die Großgörschenstraße zum ALTEN ST. MATTHÄUS-KIRCHHOF, gleich hinter der S-Bahnunterführung rechts. Hier liegt Gudula Lorez, die von 1979 bis zu ihrem Tod 1987 Verlegerin für erotische Literatur von Frauen war. „Ich wollte etwas gegen die Prüderie und die Humorlosigkeit in der Frauenbewegung setzen, denn viele von uns haben so eine Eitelkeit des Grauseins entwickelt“, schrieb sie im Vorwort zu ihrem ersten Buch „Wo die Nacht den Tag umarmt“ (zitiert nach Waltraud Schade in: „Schönebergerinnen auf dem Weg zur Selbstbestimmung“). Sie starb im Alter von 44 Jahren an Krebs. Hilde Radusch wurde 1994 hier begraben. Die 1903 Geborene war eine der wenigen Lesben, die den Bogen von der Weimarer Zeit zur Neuen Frauenbewegung gespannt hat. Die ehemalige kommunistische Stadtverordnete überlebte die Nazizeit mit ihrer Freundin in einer Gartenlaube in Prieros bei Berlin. Sie half beim Aufbau der Nachkriegsverwaltung in Schöneberg. Nach ihrem Austritt aus der Kommunistischen Partei engagierte sie sich in feministischen und lesbischen Projekten, zum Beispiel ist sie Mitgründerin der UKZ und des FFBIZ. Auf diesem Friedhof liegen auch Minna Cauer, Hedwig Dohm und May Ayim.

⑩ *Café Savarin*

⑪ *Lesbenberatung, Seitenwechsel, Siegessäule*

⑫ *Alter St. Matthäus-Kirchhof*

AUSSTIEG KLEISTPARK

Direkt am U-Bahnhof Kleistpark, in der Großgörschenstr. 40, befand sich in den 80er und 90er Jahren der ORLANDA FRAUENVERLAG, der 1999 fünfundzwanzigstes Jubiläum feierte (jetzt in der Zossener Straße in Kreuzberg).

Vom U-Bahnhof gehen wir die Hauptstraße auf der rechten Seite leicht bergan. In der Nr. 8 gab es die TISCHLEREI AM KLEISTPARK[13]. Im selben Haus existiert im dritten Stock seit 1983 AUSSER ATEM FRAUENSPORT: „Spaß an der Bewegung und Nutzen für den Körper stehen dabei immer an erster Stelle."

⑬ *Außer Atem Frauensport*

*Amazone auf Pferd*



Angeboten werden Gymnastikkurse, Bewegung und Entspannung sowie Yoga. Der Verein richtet sich an Frauen jeglichen Alters, von „der 19jährigen Schülerin bis zur 85jährigen Rentnerin“. Frau kann sich gern zu einer Probestunde anmelden. Sauna und Café-Bar laden ein zum Entspannen und Klönen. Im Nebenhaus, Nr. 9, im zweiten Hinterhof, 5. Stock, ist seit 1976 der Verein SELBSTVERTEIDIGUNG FÜR FRAUEN (siehe Projekte). Oft trafen sich Kursteilnehmerinnen gegenüber in der Hauptstraße 157 auf einen Drink im Café ANDERES UFER, dem ersten Schwulencafé Berlins, das seit 2001 in lesbischer Hand ist.

⓮ *Selbstverteidigung für Frauen*

⓯ *Café Anderes Ufer*

*Wir machen einen Abstecher, der über die Kolonnenstraße 5 führt,* ⓰ *Xenon* *hier zeigt das Programmkino* XENON *oft lesbische Filme. Dann gehts weiter zur Leberstraße 65, wo Marlene Dietrich 1901 als Maria Magdalena von Losch geboren wurde. Und für alle, die auf „Für mich solls rote Rosen regnen" stehen: In Nr. 25 verbrachte Hildegard Knef ihre Kindheit.*

*In der Hauptstraße 120 eröffnete übrigens Tina nach Schließung des* BLOCKSBERG *1981 das* PARAMOUNT *- Gasthaus für Frauen, das bis 1988* die *Berliner Frauenkneipe schlechthin war.*

*In der nahegelegenen Innsbrucker Straße 23 lebte von 1945 bis zu ihrem Tod 1965 die Bildhauerin und Grafikerin* RENÉE SINTENIS *– eine Plakette am Haus weist auf sie hin. Skulpturen, Porträts und Tiere, vor allem die „Daphne", sind von ihr bekannt. Einer ihrer Bären steht an der Autobahneinfahrt Drei Linden. Mit ihrer Freundin und Nachlaßverwalterin Magdalena Goldmann hat die Bildhauerin ein Ehrengrabmal auf dem Waldfriedhof in Dahlem, Hüttenweg 47.*

Von der Hauptstraße biegen wir rechts in die Akazienstraße. ⓱ *Café Bilderbuch* Gleich linker Hand befindet sich das Café BILDERBUCH, wo sich manche Lesben gerne zum Klönen treffen oder Zeitung lesen. In der Akazienstraße 25 gründeten Ilona Bubeck und Jim Baker 1995 den ersten lesbischwulen Buchverlag im deutschsprachigen Raum, den QUERVERLAG. ⓲ *Querverlag* Fast 80 Titel sind bisher veröffentlicht: Belletristik und Sachbücher, darunter neue Talente und renommierte Autorinnen.



Wir gehen zurück und biegen links in die Belziger Straße, wo in der Nr. 23 der NATURKOSTLADEN HAFERSTICH zu finden ist. ⓳ *Naturkostladen Haferstich* Hier arbeiten Lesben und kaufen ein.

⓴ *Frauensuchtberatungsstelle TAG* Die FRAUENSUCHTBERATUNGSSTELLE TAG befindet sich in der Merseburger Straße 3 (siehe Projektlandschaften). In der Wartburgstraße 9 gibts den ATEMRAUM IM FRAUENTRAUM. ㉑ *Frauentraum e.V.*

Über die Akazienstraße hinweg kommen wir zur Vorbergstraße 10, wo sich von 1981 bis 1997 das Frauencafé und -restaurant DINELO ㉒ (heißt in der Sinti-Sprache ‚verrückt') befand. Schon früher gab es dort den „Club de la Femme". Besonders beliebt waren Chris' und Lisas Spezialitäten: Bratkartoffeln mit Salat

*Renée Sintenis mit Selbstbildnis (1923)*

und Paripu, ein Linsenrezept aus ihrem Urlaub in Sri Lanka.
Wir überqueren die Grunewaldstraße zur Gleditschstraße: In der Nr. 68, gleich links, eröffnete 1976 das Frauennachtlokal BOCCACCHIO(23): zum Tanzen, Reden, Kennenlernen. Es fiel schon nach einem Jahr einem Brand zum Opfer. In der Gleditschstraße 4 am anderen Straßenende (Ecke Pallasstraße) lud die fidele Wirtin Grete Nissen Ende der Zwanziger in ihr PRINZESS-CAFÉ(24) ein.
Wieder über die Grunewaldstraße kommen wir zur Goltzstraße. In der Nr. 5 auf der rechten Seite kann die Spaziergängerin im rollstuhlgerechten und rauchfreien TTT-LADEN, aus einer Vielfalt von Teevariationen wählen, ein englisches Ei-Kresse-Sandwich oder Gebäck dazu essen (für die Kaffeesüchtigen: es gibt auch Cappuccino). Auf dem Weg zum ersten Frauenbuchladen Berlins LABRYS kommen wir an der Kyffhäu-

(25) *TTT-Laden*

ser Straße 10 vorbei. Hier hatte sich in den Siebzigern der Sudelbuchverlag(26) angesiedelt, der Lesbentexte herausgab, vornehmlich Bücher von Marlene Stenten und Sonja Lassarre. Die Kyffhäuser Straße weiter, dann links: In die Hohenstaufenstraße 64 zum Frauenbuchladen Labrys(27) der 1981 aus der Yorckstraße hierherzog und bis 1994 existierte.

Über die Hohenstaufenstraße kommen wir zum Winterfeldtplatz. Dort trifft sich die Schönebergerin mittwochs, vor allem aber samstagvormittags auf dem Markt. Anschließend ging eine von 1981–84 ins besetzte Kaffee Winterfeldt(28) in der Winterfeldtstraße 37. Sogar die Neuköllnerin kaufte auf dem Winterfeldtmarkt ein, auch die aus dem Wedding kam mit vollem Gemüsekorb ins Café. Heute würde dieses wöchentliche Zusammentreffen wahrscheinlich mit Markt-Salon bezeichnet. Der Verlag Micheline Poli(28) im selben Haus gab 1981 in Zusammenarbeit mit Bettina Schäfer Erzählungen von Renée Vivien heraus: „Die Dame mit der Wölfin".

Das Lesbenarchiv Spinnboden(29) entstand 1974 in der nahegelegenen Zietenstraße 20, in der Wohnung von Gudrun Schwarz. Später zog es in die Weddinger Burgsdorfstraße um und befindet sich heute in Mitte. Das Frauenrestaurant Golden Girls(30) existierte Anfang der Neunziger in der Zietenstraße 8 auf der anderen Seite der Bülowstraße.

Die Motzstraße ist der Mittelpunkt des jährlich im Juni stattfindenden lesbischschwulen Straßenfestes. Die Dichterin Else Lasker-Schüler, nach der kürzlich eine Straße auf der anderen Seite der Hochbahn umbenannt wurde, wohnte von 1924-33 im Hotel Koschel, Motzstraße 7.
In der Motzstraße Nummer 24 wurde 1930 eine Filiale des Tanzkabaretts ELDORADO[31] eröffnet, von 1927-1933 Berlins bekanntester schwullesbischer Treffpunkt.
Rechts, in der Kalckreuthstraße 10 finden wir das ehemalige POUR ELLE, seit 1970 die erste Frauendisco & Lesbenbar in Berlin, seit 2001 von dem Musikduo „Rosenstolz" als lesbischschwuler PE-CLUB geführt. In der Kalckreuthstraße 7 befindet sich außerdem die schwullesbische Bar PUSSY-CAT.

㉜ *pe-club*

㉝ *Pussy-Cat*

Wir überqueren die Martin-Luther-Straße. Linker Hand in der Nr. 22, Ecke Motzstraße, eröffneten Chris und Lilian 1975 die Frauendisco DIE 2, ein Ort, der bereits vorher ein Frauenlokal war, unter den Namen CLUB 10 und PINK ELEPHANT. Ende der Siebziger wurde aus dem traditionellen Lesbenlokal, in dem vorwiegend Butch und Femme engumschlungen tanzten, die Disco der Szene, in der die meisten jeansbekleidet für sich oder miteinander tanzten. Der Schwesternstreit wurde über die Musik ausgetragen: „Willst du mit mir gehen" gegen „Horses". WINDOWS heißt die heutige schwullesbische Kneipe & Bar mit Bistro. Am jeweils letzten Montag im Monat trifft sich hier der Verein YACHAD.



㉞ *Windows*

Der Viktoria-Luise-Platz ist im Sommer ein Ort zum Anhalten. In einem der Cafes kann der Spaziergang beendet werden. Für diejenigen, die noch einen Blick in die Vergangenheit werfen möchten, sei auf folgende Orte hingewiesen: In der Würzburger Straße 4 befand sich von 1976 bis 1978 das CAFÉ FÜR JANIS[35], erstes Espresso-Café mit Demeter-Frühstück bis in den Nachmittag.

*Claire Waldoff am Klavier, 1930*

SCHÖNEBERG

㊱ *Claire-Waldoff-Plakette*

In der Regensburger Straße 33, ein paar Schritte vom Viktoria-Luise-Platz entfernt, lebte von 1919 bis 1933 CLAIRE WALDOFF. Eine Plakette am Haus würdigt „die große Berliner Vortragskünstlerin, Kabarettistin und Schauspielerin", die 1884 in Gelsenkirchen geboren wurde und 1958 in Bayerisch Gmain starb.

Schräg gegenüber, an der Ecke Regensburger/Ansbacher Str., befand sich von Mitte der Achtziger bis Mitte der Neunziger das von Lesben geführte Restaurant HOFGARTEN㊲ (heute FISCHERS).

Gehen wir von der Ansbacher Straße entlang über die Hohenstaufenstraße hinweg, gelangen wir in die Landshuter Straße 33. Hier lebte von 1932 bis 1933 die schwedische Dichterin

KARIN BOYE zusammen mit Kasja Lönngren. Nelly Sachs charakterisierte sie in ihrem Buch über schwedische Lyrik „Von Welle und Granit“ als „bedeutende Lyrikerin von tiefem gedanklichen Ernst, einem reichen, fast männlich zu nennenden Geist“. Karin Boye frequentiert gerne die Damenklubs und ist Teil eines Kreises lesbischer Frauen um Käthe Kollwitz. Mit ihrer halbjüdischen Geliebten Margot H. kehrt sie 1933 nach Schweden zurück. Sie arbeitet in verschiedenen Gruppen der Friedensbewegung. Ihr Zukunftsroman „Kalocain“ wird 1940 ein literarischer Erfolg. In Zusammenhang mit der zunehmenden Judenverfolgung nimmt sich Karin Boye mit 41 Jahren im Frühjahr 1941 das Leben. Im Sommer des selben Jahres folgt ihr Margot H.
Folgendes Gedicht widmete Karin Boye ihrer Freundin:

*Nach einem Vögelchen mit Kanonen*
*schießen*
*ist dumm.*
*Eng muß man ja die Kugelbahnen*
*schließen*
*um es herum.*
*Weil es sonst entschlüpft*
*und weiter hüpft.**



** Zitiert nach Pia Garde: „Karin Boye oder: Versuch der Neubewertung einer zur Heiligen stilisierten lesbischen Schriftstellerin“. Im Eldorado Katalog, Berlin 1984*

CHANGING CITY-FACadES

Roswitha Baumeister lebt seit 1974 in Berlin und arbeitet seit 1985 als bildende Künstlerin.
„Ich arbeite mit den Mitteln der Projektion, Performance und Archivierung an der Repräsentation von Frauen im öffentlichen Raum. Projektionen im Sinne von Lichtbildwerfen an prägnanten öffentlichen Orten der Stadt."

Hier: Visionen und Projektionen auf das Rathaus Schöneberg, 10. November 1989

IM GESPRÄCH MIT:

# *Saideh Saadat – Mitarbeiterin in der Lesbenberatung*

Saideh tritt mit der persisch-deutschen Musikgruppe Fetneh im „Salon oriental" im SO36 auf. Fetneh heißt soviel wie Verführung, Intrige, Umsturz, Revolte, Komplott. Saideh spielt Tar, ein persisches Saiteninstrument. *„Bei den Liedern geht es vor allem um Liebe und Sehnsucht. Es sind iranische Schlager von Frauen über Frauen aus den 50er, 60er, 70er Jahren. Sie richten sich gegen die Tradition, wo Liebe nur platonisch besungen wurde."* Solche Lieder sind seit der Khomeni-Regierung verboten. In Liebesliedern dürfen keine Frauennamen erwähnt werden.

Was hat Saideh Saadat nach Deutschland verschlagen?

*„Ich habe im Iran in einer linken Partei im Untergrund gearbeitet. Nach der Revolution 1979 verboten islamische Komitees alles. Unter der neuen Regierung von Khomeni wurden 1981 über 100 000 Menschen hingerichtet: KommunistInnen, Liberale, religiöse GegenerInnen, alle, die für mehr Freiheit, Selbstbestimmung, Gleichberechtigung kämpften."*



Saideh – sie studierte Mathematik und Informatik – wurde in der Universität verhaftet und verbrachte zwei Monate im Gefängnis. Die Partei schickte sie danach mit anderen AktivistInnen für eine Weile außer Landes, da die Situation im Land lebensbedrohlich für sie war. So kam sie 1985 in die BRD. Alle dachten, dass sich die politische Situation im Iran bald ändern würde und sie nach kurzer Zeit, spätestens aber nach ein paar Jahren zurückkehren könnten. *„So lernte ich in den ersten Jahren kaum Deutsch, ich war fast nur mit IranerInnen zusammen. Wir* *beschäftigten uns mit der Situation und Zukunftsperspektive unseres Landes."*

Mit ihrem Coming-out 1990 wurde Saideh aus der Partei ausgeschlossen, das heißt sie entschied sich, auszutreten. Bisher sehr aktiv und sehr anerkannt in bestimmten politischen Kreisen, war sie plötzlich nicht mehr gern gesehen, stieß mancherorts auf Ablehnung. Der Boden wurde ihr unter den Füßen weggezogen: Nach zehn Jahren verlor sie die Gruppe, mit der sie gemeinsam gekämpft hatte, ebenso die Arbeit, die getragen worden war von der Utopie, dem Wunsch, die Welt zu verändern, für Gerechtigkeit, gegen Armut.

*„Jegliche Art von Ungerechtigkeit macht mich nervös".* Mit ihrer Kritik an der kapitalistischen Klassengesellschaft, die Menschen als Waren betrachtet, ist Saideh heute noch dem marxistischen Gedankengut verbunden.

Mit ihrem Coming-out war es ihr doppelt unmöglich, wieder in den Iran zurückzukehren. Sie engagiert sich in internationalen und iranischen Frauengruppen und beginnt Deutsch zu lernen, um vor allem Frauenbücher ins Persische übersetzen zu können. Sie entscheidet sich, Psychologie zu studieren. Das Psychologische Institut in Berlin hat einen politischen und philosophischen Ruf, also zieht sie nach Berlin. Ihr Studium hat sie vor zwei Jahren mit der Diplomarbeit „Iranische Frauen im Exil – Lebens-Perspektiven" abgeschlossen.

Während ihres Studiums ist Saideh weiterhin in verschiedenen politischen iranischen Frauengruppen aktiv, besucht die Konferenzen der „Iranian Women's Studies Foundation", die jährlich stattfinden. *„Seit fünf Jahren ist auch Lesbischsein ein Thema."*

Frauen und Sexualität war auch das Thema auf der 1999 in Berlin stattgefundenden Konferenz „Iranische Frauenbewegung im Exil". Im allgemeinen ging es bei diesen Treffen um Regierungspolitik, Auseinandersetzung mit dem Islam, Situation und Anliegen von Frauen im Iran und im Exil.

*„Das Exil in Deutschland ist für mich auch eine Bereicherung. Erst*

*mal hat es unser Leben gerettet, ich habe durch meine politische Aktivität einiges gelernt und natürlich auch als Lesbe. Ich habe es genossen, offen lesbische Beziehungen zu leben und bin seit neun Jahren glücklich mit meiner deutschen Freundin zusammen. Seit einem Jahr haben wir ein gemeinsames Kind. Selbst, wenn sich die Regierung ändert, weiß ich nicht, ob ich in den Iran zurückgehen kann oder möchte.*

*Das für mich Schwierigste ist die Sprache. Ich brauche mehr Zeit wie im Persischen, um was zu lesen. Die theoretische und philosophische Auseinandersetzung, an der mir sehr viel liegt, fällt mir auf deutsch viel schwerer. Das tue ich in persisch.*

*Im Exil sein heißt auch, immer in Gefahr sein, in Angst zu leben. Homosexualität wird im Iran mit dem Tod bestraft.*" Dennoch tritt Saideh öffentlich auf. „Macht es dir nichts aus?"

„*Doch. Ich tue es trotzdem.*"

Seit 1997 macht Saideh Saadat in der LESBENBERATUNG psycho-soziale persönliche Beratung, hauptsächlich zur rechtlichen, gesellschaftlichen und sozialen Situation lesbischer Migrantinnen. Im „Arbeitskreis MigrantInnen unterschiedlicher sexuellen Orientierungen" AMUSO (s. Projekte) vertritt sie die Lesbenberatung und ist eine der SprecherInnen des Arbeitskreises.

SCHÖNEBERG

Ganz in Anspruch nimmt sie seit zwei Jahren die Koordination und Leitung des von der Lesbenberatung gegründeten Projekts „LesMigraS - Lesbische MigrantInnen in Europa - Bekämpfung der Mehrfachdiskriminierungen" (s. Projektlandschaften).

Für die Zukunft wünscht sie sich: „*Eine demokratische Revolution im Iran und dass Lesbischsein eine Normalität wird. Außerdem mehr Zeit zum Schreiben zu haben, zu übersetzen, endlich damit anzufangen. Doch ich muss Geld verdienen. Und – ich müsste mich dazu zurückziehen. Es ist wichtig für mich, körperlich mit der Welt in Kontakt zu bleiben.*"

SCHÖNEBERG PROUDLY PRESENTS:

# *BEGINE,*
# *Café Bistro Bar Treffpunkt & Kultur für Frauen*

Neben dem Kreuzberger Schoko-Café ist die BEGINE eins der rar gewordenen Ladies-only-Lokale im westlichen Teil der Stadt. Seit November 1998 ist das nun sechzehnjährige Café und Frauenkulturzentrum neu organisiert. „Neu" bedeutet, dass Café und Kultur in Kooperation, aber wirtschaftlich unabhängig von einander arbeiten.

Durch die professionelle Übernahme des Cafés (als privatwirtschaftliche GmbH) von Cornelia Haiber und Margit Finazzi kehrte frischer Wind in die Räume ein. Im neugestalteten, mit wechselnden Ausstellungen versehenen Café-Raum ist es den beiden Wirtinnen in nunmehr vier Jahren gelungen, eine freundliche, persönliche Atmosphäre zu schaffen. Die unterschiedlichsten Frauen fühlen sich hier wohl, ob sie nun den Abend allein oder mit Freundinnen verbringen, beim tête-à-tête Diner mit der Geliebten, beim Drink mit einer Zufallsbekanntschaft an der Bar oder mit ihrer Doppelkopfrunde.



Mit zum Erfolg des Cafés tragen sicherlich auch die angebotenen Speisen bei. Durch den Einbau einer Vollküche hat Berlin so wieder ein Frauenlokal mit komplettem Restaurantbetrieb. Margit Finazzi legt besonderen Wert auf frische Zutaten und Herstellung der Speisen ohne den Gebrauch einer Mikrowelle. Die Speisekarte hat einen deutsch-mediterranen Schwerpunkt mit asiatischen Akzenten. Die Salate in ihrer Vielfalt sind ebenso beliebt wie die vegetarischen Gerichte. Hausspezialität ist die gebratene, marinierte Hühnerbrust mit pikanter Erdnußsoße, Basmatireis und Salatbeilage.

Die umfangreiche Getränkekarte mit ausgesuchten offenen Weinen, exotischen Longdrinks und einem der besten Caipirinhas der Stadt bieten puren Trinkgenuss, der mit einem Lächeln von Cornelia Haiber serviert wird. Conny ist ebenso für die Auswahl der Musik zuständig, die die Atmosphäre im Café abrundet. Und jeden vierten Samstag im Monat ist Disco-time: „Let's dance!"

Das Café kann für größere Feste mit komplettem Service gemietet werden. Regelmäßig zum Stammtisch treffen sich im BEGINE Café: Lesbische Ärztinnen, die Lesbenmotorradgruppe TOWANDA, die über vierzigjährigen SAFIA-Lesben, lesbische Reiterinnen und Pferdeinteressierte, das Lesbennetzwerk Schöneberg, Bifrauen und die REGENBOGENBYTES zum Computerstammtisch. Die genauen Zeiten bitte dem Adressenteil dieses Buches oder dem monatlichen BEGINE-Faltbatt entnehmen.

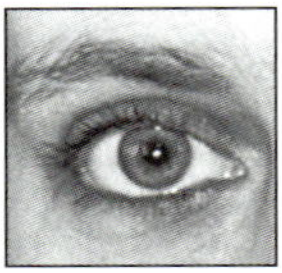

Das monatlich wechselnde spartenübergreifende Kulturprogramm mit internationaler Ausrichtung umfasst Konzerte, Kabarett, Lesungen, Filmvorführungen, Diavorträge sowie Informations- und Diskussionsveranstaltungen. Besonderen Wert, so sagt die für die Organisation dieses Bereichs verantwortliche Marion Schmidt, wird auf die „Förderung von New-comerinnen in Kunst und Kultur" gelegt. „Wir unterstützen und beraten Frauen bei der Entwicklung und Umsetzung eigener kreativer Ausdrucksformen und ermutigen sie, diese in der Öffentlichkeit zu präsentieren." BEGINE-Kultur bietet auch die Möglichkeit, gegen geringes Entgelt im Veranstaltungsraum eigenverantwortlich Workshops, Tagungen und Seminare durchzuführen sowie Treffen von Verbänden, Vereinen, Selbsthilfe-, Tanz- und Theatergruppen.

Der gemeinnützige Kulturverein wird finanziell minimal vom Senat für Arbeit und berufliche Bildung unterstützt, die Veranstaltungen finanzieren sich über die Eintritte. Nach wie vor sucht BEGINE-Kultur also Förderfrauen, damit weiterhin ein vielfältiges, spannendes, internationales Kulturprogramm angeboten werden kann, und „nicht nur die Publikums-Highlights, sondern auch Veranstaltungen, die einen vielleicht weniger zahlreichen, jedoch äußerst begeisterten Liebhaberinnenkreis finden."

*Tango Argentino in der* BEGINE *mit Andrea und Kerstin*

SIEGESSÄULE
Berlin im Blick
Europas größtes schwullesbisches Stadtmagazin
überall in der Szene und im Internet
www.siegessaeule.de

# *Wie berollbar ist das lesbische Berlin?*

*Dania von Raffay*

Als „Fossilien“ bezeichne ich manchmal die Frauen, die Anfang der Siebziger Jahre zur Frauenbewegung kamen. Als in der Dennewitzstraße die HAW (Homosexuelle Aktion Westberlin, nebst Frauengruppe) gegründet wurde, war ich dabei. Damals krückte ich noch mühsam die vier Treppen zum LAZ (Lesbisches Aktions Zentrum) in der Kulmer Straße hoch. Nun sitze ich mit silbergrauen Haarspitzen als „senior rolling dyke“ im Rollstuhl.

Keine noch so aufgebürstete Lesbenwochendiskussion zur Situation behinderter Lesben kann darüber hinwegtäuschen, dass sich in all den Jahren im Grunde kaum etwas an unserer Situation geändert hat. Lesbe, rollst du nach Berlin, wird dir vermutlich nichts anderes begegnen, als in anderen Städten/Stätten auch: Unzugängliche Verkehrsmittel; keine, bzw. kaum Fahrstühle und Niederflurbusse; hohe oder zu viele Stufen; weite Wege, viele Umwege.

Auch gute Stadtkenntnisse schützen übrigens nicht vor Irrfahrten: Eine befreundete Rollifahrerin brauchte neulich vier Stunden, um vom Winterfeldtmarkt in Schöneberg nach Hause (in Reinickendorf) zu kommen. Ein Weg, der „normalerweise“, je nach Fahrgelegenheit eine halbe bis Dreiviertelstunde in Anspruch nimmt. Doch der Fahrstuhl im Bahnhof Zoo war mutwillig zerstört, die Busse fuhren wegen einer Demonstration nicht am Ku'damm entlang und am Ostkreuz war die Umsteigemöglichkeit vom Fahrstuhl der U-Bahn zur S-Bahn defekt.

Spielen wir doch mal durch, wie es einer Rolli-Lesbe geht, die sich abends amüsieren will: Ist sie schließlich am Lesben- bzw. Frauenlokal ihrer Wahl angelangt, bittet sie zunächst darum, die eventuell vorhandene Rampe anzulegen. Vorausgesetzt, es ist ihr gelungen, eine der Tresenfrauen hinter dem Fenster auf sich aufmerksam zu machen. Endlich im Inneren der Lokalität angelangt, schiebt sie sich per Fußraste und mit laut vernehmlicher Stimme durch die dichtgedrängte Damenwelt, die ihr mehr oder weniger bereitwillig Platz macht. Damit sie sich am Sitzhöhe überragenden

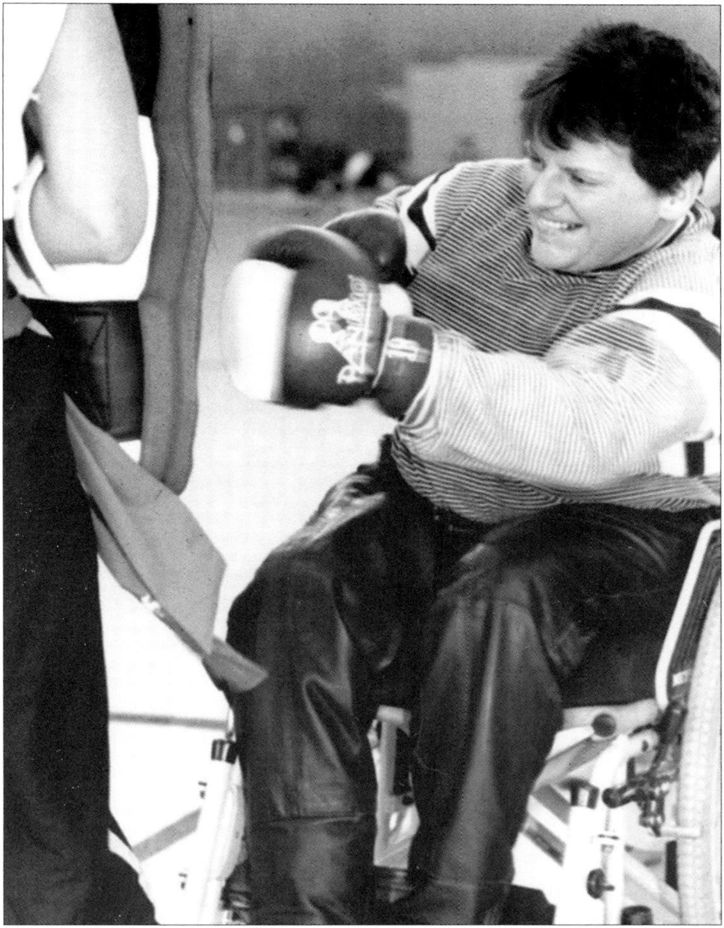

*Dania von Raffay beim Training*

Tresen Gehör verschaffen kann, rollt sie am besten zum Ende der Theke, wo die bedienenden Damen ein- und ausgehen. Natürlich kann sie sich auch mit ihrer Begleiterin an einen Tisch setzen, um in Augen-Flirt-Höhe zu sein.

In einer Lesben-/Frauendisco sitzt eine Lesbe im Rolli vermutlich in Schritt- bzw. Gürtelhöhe mit den anderen Damen. Sie hat die Wahl, sich nach spätestens ein bis zwei Stunden eine Genickstarre einzuhandeln oder dass diejenigen, die sich mit ihr unterhalten, in die Hocke gehen, was für mich meistens etwas Betuliches hat.
Problematisch wird der Abend zu dem Zeitpunkt, wenn sie dringend pinkeln sprich auf die Toilette muss. In der Regel wird es kein geeignetes Rolli-WC geben, die Türrahmen sind zu eng (weniger als 80 cm breit). Fährt sie in einem E-Rolli (Elektrorollstuhl), braucht sie mindestens einen Meter Türbreite. Die Toiletten haben meist keine Haltegriffe und die Spiegel sind für Sitzende zu hoch angebracht. Die Waschbecken sind nicht unterfahrbar und die Handtücher hängen meist weit über Kopfhöhe. In drei Viertel aller Fälle findet sie das eventuell vorhandene Behinderten-WC zur Abstellkammer umfunktioniert: gestapelte Getränkekisten, Putzeimer o.ä. versperren den notwendigen Rollwendekreis. Die hilfsbereit/freundlichen Ausreden der Lokalbetreiberinnen trösten nicht über ein Grundbedürfnis hinweg.
Also, was tun? Es ist längst kein Witz mehr, dass wir Rolli-Frauen bereits ernsthaft über Inkontinenzwindeln nachdenken, um einen Abend außer Haus ohne Not übersitzen zu können. Fazit: Windeln oder wenig trinken. Kein Konsum heißt aber schlechte Gästin.
In den USA ist dies alles kein Problem. Ein Artikel in der Verfassung garantiert seit dem Vietnamkrieg (!) den gleichberechtigten Zugang zu allen öffentlichen Einrichtungen.
In gemischtgeschlechtlichen Kreisen, beispielsweise im SO 36, existiert zumindest ein Nebeneingang im Hof, wo rollende Lesben sich die Seitentür aufsperren lassen können. Am Tresen gibt's den Schlüssel fürs große Rolli-WC (wäre dieser Raum offen zugänglich, könnte er am Ende gar als Darkroom oder Druckraum benutzt werden). Bei größeren Veranstaltungen bauen die Leute vom SO 36 ein extra Podest mit Rampe auf, damit unsereine ungehindert über all die Köpfe hinweg die Show auf der Bühne mitverfolgen kann.
Ein zweifelhafter Luxus wird uns Berlinerinnen noch vom Senat geboten: Wenn wir „außergewöhnlich gehbehindert" sind und die Notwendigkeit einer ständigen Begleitperson erforderlich ist, dann können wir uns den

sogenannten „Telebus“ bestellen. Das kostet pro Fahrt etwas mehr als die öffentlichen Vekehrsmittel (die wir nebst Begleitung zwar kostenlos nutzen könnten, wenn wir sie denn be-nutzen könnten). Wir müssen uns einige Tage vorher entscheiden, wann, um wieviel Uhr wir wohin wollen und wann, um wieviel Uhr wir wieder nach Hause wollen. Mit etwas Geduld für etwaige Wartezeiten klappt es dann meist auch, dass wir eine Treppenhilfe bekommen und uns die Fahrer von der Wohnung ans Ziel und wieder zurück bringen. Natürlich müssen wir dabei in Kauf nehmen, dass unsre männlichen Helfer die Frauenkneipe nicht betreten dürfen. Dieses Problem hat sich allerdings im Laufe der letzten zehn Jahre erübrigt, da es kaum noch einschlägige Orte „nur für Frauen“ gibt.

Die Situation, wenn wir einen Privatbesuch vorhaben und unsere Gastgeberin keine Wohnung im Parterre oder keinen Fahrstuhl im Hause hat, ist auch nicht unkomplizierter. Wohlmeinende, Unwissende bieten uns Frauen im Rollstuhl oft an, daß wir uns ja auch hochtragen lassen könnten. Allerdings wird diese Fraktion mit zunehmenden Zipperlein immer kleiner: Kreuzschmerzen, Bandscheibenschäden, Tennisarme lassen auch die karategestähltesten Diesel-Dykes keinen zwei Zentner E-Rolli mehr in die vierte Etage hieven.

Also nehme ich meinen „Sanitätstragegurt“ mit und erkläre den Damen, daß sie sich die Gurte ähnlich wie beim Klaviertransport quer über die Schultern legen müssen, damit ich dann wie in einer Hängematte zwischen ihnen sitzen kann. Eine dritte Frau muss darauf achten, dass das Licht im Treppenhaus nicht ausgeht und muss außerdem den Rollstuhl, den Mantel, die Handtasche und die Gehstützen tragen.

Es klingt vielleicht nach Wahlwiederholungstaste, aber es bleibt festzuhalten, dass sich in dem Vierteljahrhundert, das ich in Berlin lebe, für behinderte Lesben kaum etwas verbessert hat. Daran hat weder die Frauenbewegung noch die Deutsche Einheit etwas geändert. Das Geld wird bekanntlich immer knapper, die öffentlichen Mittel versiegen zusehends. Wie wäre es denn, wenn beim Eintritt zu Frauenveranstaltungen ein „Notgroschen“ bzw. ein Euro zum Bau der notwendigen Rampe für Rollifahr-erinnen verlangt würde?

# *Salon oder Saloon*

## SALONS FÜR FRAUEN IN BERLIN

*Cornelia Saxe*

Vor rund zweihundert Jahren, Ende des 18. Jahrhunderts, gründeten die rebellischen Töchter der reichen, aber rechtlosen Juden wie Henriette Herz oder Rahel Levin-Varnhagen in Berlin ihre Salons. Im neuen Jahrtausend blüht die Salonkultur in Berlin erneut. Neben literarischen, akademischen und kulinarischen Salons gibt es auch Ladies-only-Salons und interkulturelle Saloons. Die Amazonen unter den neuen Salonièren beziehen sich dabei weniger auf die alten Salondamen als vielmehr auf die Tradition der Berliner Damenklubs der zwanziger Jahre oder auf berühmte lesbische Vorgängerinnen wie Natalie Clifford Barney. Die „Amazone von Paris" führte sechzig Jahre lang einen Salon und man sagte ihr nach, dass die meisten ihrer erlesenen Besucherinnen ihre ehemaligen, gegenwärtigen oder zukünftigen Liebhaberinnen waren.

### DER FEMINISTISCHE FRAUENSALON MOSAIK

*Frauensalon Mosaik im „Grünen Salon" in der Volksbühne, Rosa-Luxemburg-Platz, Mitte, (bitte nachfragen), Kontakt: Dana Pelczar-Kostyra 614 22 42 (Frauenkrisentel.), Sylke Stübner 280 61 85 (frauenkreise)*

Im Frauensalon „Mosaik", der sporadisch im Grünen Salon an der Volksbühne stattfindet, kann jede Besucherin ein selbst gestaltetes Steinchen auf der Platte eines Mosaiktisches platzieren. Das auf diese Weise von Salon zu Salon entstehende Mosaik soll symbolisch für das Ziel der Initiatorinnen stehen, feministisch engagierte Frauen unterschiedlicher Arbeits- und Lebensbereiche zu vernetzen, um sich in Zeiten, – wie eine der Gründerinnen sie beschreibt – „wo die Frauenbewegung auf den Hund gekommen ist", wieder „zum spaßvollen Unterwandern des Patriarchats" zu verbünden. Die fünf Gründerinnen aus unterschiedlichen Berliner

Frauenprojekten hatten die Idee, dass der Salon nur beim ersten Mal von ihnen und bei jedem weiteren Salon von einer neuen Vorbereitungsgruppe organisiert werden sollte. Nach fünf Salons hat sich gezeigt, dass die einzelne Gesellschaft so gut ist wie die Projektgruppe, die sie gestaltet. Bisher gab es u.a. Salons zu den Themen „Frauen in Medienberufen", „Gemeinschaftliches Frauenwohnen mit dem Beginenwerk e.V." und „Moneta e.V. – Ein Verein zur Legalisierung von Migrantinnen stellt sich vor". Lesbische Besucherinnen fühlten sich in „Mosaik" bisher eher unterrepräsentiert. Es liegt an ihnen, das schöne Ambiente des Grünen Salons – mit dem über eine Wand reichenden Spiegel, den grünen Sesseln und den schön geschwungenen Deckenleuchtern – und die Idee von „Mosaik" für sich zu nutzen.

## DER „BELETAGE"-SALON VON ANITA MEIER

Der Salon von Anita Meier ist der klassischste der derzeitigen Berliner Frauensalons, weil er dem alten Hauptanliegen dieser Geselligkeit entspricht, unter und für sich zu sein. Er findet zweimal im Frühling und zweimal im Herbst in ihrer großen Altbauwohnung in Tiergarten statt und ist ein Jour fixe für einen Kreis von befreundeten lesbischen (Lebens-)Künstlerinnen. Die Bildhauerin und Bücherfrau Anita Meier möchte ihren Gästinnen die Gelegenheit geben, etwas aus ihrer aktuellen künstlerischen Arbeit oder ein Thema, dem gerade ihre Leidenschaft gilt, zur Diskussion zu stellen. Für den kreativen Austausch ist der Salonière eine bestimmte Vertrautheit miteinander wichtig. Ihr Angebot haben bisher u.a. die Musikerin Barbara Waldow, die bildende Künstlerin Iris Stöber, Verlegerin Britta Jürgs (Aviva-Verlag) und die Autorin Monica Streit genutzt. Bei einem sehr gut besuchten Salon hielt die Kunsthistorikerin Dr. Karla Bilang, die auf einem brandenburgischen Künstlerinnenhof lebt, einen Dia-Vortrag über „Frauenklöster der Zisterzienser im Land Brandenburg". Im Anschluss gab es einen Imbiss aus Hildegard von Bingens Küche wie Dinkelbrötchen mit Thymian, Kümmel und Fenchel; dazu frische Kräuter und süße und gesalzene Butter. Die 44jährige gebürtige Schweizerin, die den Jour fixe gemeinsam mit ihrer Lebensgefährtin Regine Ulmer ausrichtet, möchte mit ihrem Salon auch eine adäquate Begegnungsform für lesbische Frauen ihrer Generation schaffen.

## MOKATO – AFRIKANISCHE SALONS VON AHOI

*MoKATO, jeden Montag ab 21 Uhr im Kulturbahnhof KATO, Schlesisches Tor, Kontakt: AHOI 691 33 84*

Die Salonière Mahide Lein beherzigt mit der brasilianischen AHOI-Partnerin Tania Taterka und einer Crew von Leuten aus Äthiopien, Elfenbeinküste, Gambia, Guinea, Jamaika, Kenia, Nigeria, Nowhereland, Russland, Senegal, Sudan, USA und Simbabwe den Afrikanischen Salon MoKATO in Berlin. In der Yoruba-Sprache heißt MoKATO: „Ich bin stark, ich bin fit, ich bin kräftig!"

Immer montags begegnen sich an der ehemaligen Grenze zwischen Ost- und Westberlin im Veranstaltungsort KATO, direkt im U-Bahnhof Schlesisches Tor, African Roots und der Rest der Welt. MoKATO ist eine neue Brücke, die sehr unterschiedliche Kultur-Welten zusam-

*Mahide Lein & Djatou Touré*

menbringt, denn hier treffen Leute aufeinander, die vielleicht nie vorher zueinander Kontakt hatten, da sie in eher geschlossenen Communities in Berlin leben. Lesben und Schwule sind Tabuthema in den meisten afrikanischen Ländern. MoKATO bietet Gelegenheit für im Exil lebende Homosexuelle, nicht nur für sich selbst, sondern auch in ihrem Heimatland etwas zu verändern.
AktivistInnen begegnen MalerInnen und MusikerInnen, provozieren durch grenzüberschreitende Themen (z.B. Genitalverstümmelung), protestieren, tauschen sich aus und freuen sich auf die breit gefächerte Zusammenarbeit mit weltoffenen Menschen. Hier finden erste Gespräche statt, die zum Beispiel in der Gründung von anderen Projekten münden können, denn

der Jour fixe MoKATO bietet durch die Salon-Atmosphäre eine Balance von BesucherInnen und Bühnen-Programm. Das offene Mikrofon für News, Aktionen und andere Beiträge verbindet Live-Acts und DJanes.

Mahide und die AHOI-Crew gehen davon aus, dass alle Menschen wieder geboren werden, und zwar in verschiedenen Geschlechtern, Hautfarben und Rollen. Das mache Sexismus, Rassismus und Klassenhass überflüssig. Vor diesem Hintergrund haben sie das MoKATO als Begegnungsstätte, als Ort des Kennenlernens und des Austauschs geschaffen, denn, wie die senegalesischen Wolof sagen: Menschen sind die Heilkraft der Menschen. Die AHOIs dazu: „ONE LOVE, wir sind EINS, egal wie unterschiedlich wir drauf sind, sind wir Spiegelbilder und könnten eigentlich über alles lachen und uns entspannen. Keine Angst mehr vor nix haben, die Liebe zu allem empfinden ... Ja, das ist nicht einfach, aber anders geht's nicht. Lasst es uns probieren, gemischt, denn wir sind alles, wir sind eins. Da geht kein Weg dran vorbei, zur Erhaltung der Lebensfreude, gemeinsam und kreativ. Everybody is a Queen."

## DER DAMENSALON DER SEXPERTIN

*Damensalon in der Fürbringerstr. 2, Kreuzberg, jeden Freitag 12-20 Uhr, Kontakt: Laura Meritt 693 66 66*

Die 41-jährige Sexpertin Laura Meritt (siehe auch „Toy, Toy, Toy" von Susanne Kaiser) begrüßt die Gästinnen zu ihrem Damensalon gern mal mit einem geschulterten Cop-Gurt an der Tür, in dem statt einer Pistole ein Dildo steckt. Gekonnt verbindet sie ihren „verkaufsoffenen Businesstag" mit Begegnungen unter Frauen. Auch wenn der Kauf von „Sexclusivitäten" kein Muss ist, weiß sie doch, dass man mit den meisten Frauen erst über Sex ins Gespräch kommen muss, ehe sie sich etwas für ihre Lust leisten. Mal sind es fünf, mal zehn, mal zwanzig Frauen, die freitags kommen. Die einen als Kundinnen, die anderen als Salonbesucherinnen, die auf der Suche nach Frauen zum Verlieben sind, die Szenenews austauschen oder über Sex reden wollen. Wenn nach 20 Uhr noch ein angeregtes Grüppchen von Damesdamen beisammensitzt, geht man manchmal noch um die Ecke zum Italiener „Vanucci", um dort gemeinsam die „Ein-Meter-Pizza" zu verspeisen.

Talk im Salon

# MOABIT

# TIERGARTEN

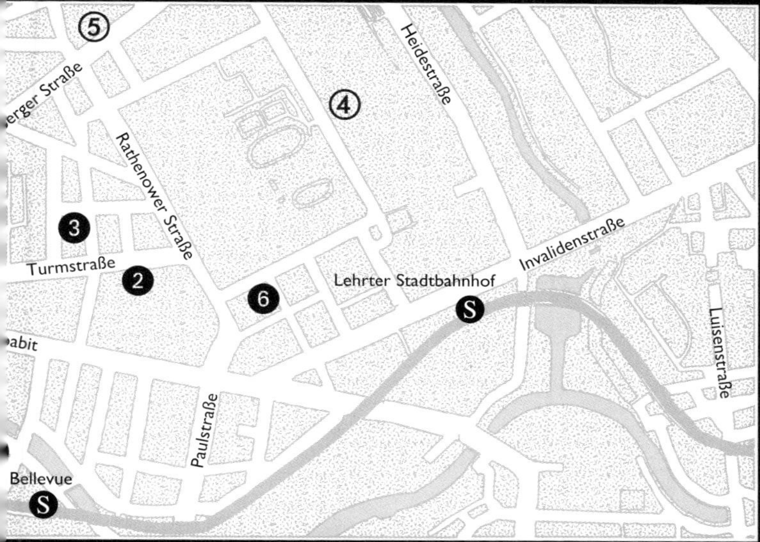
5
erger Straße
Rathenower Straße
Heidestraße
4
3
Turmstraße
2
6
Lehrter Stadtbahnhof
Invalidenstraße
S
Luisenstraße
abit
Paulstraße
Bellevue
S

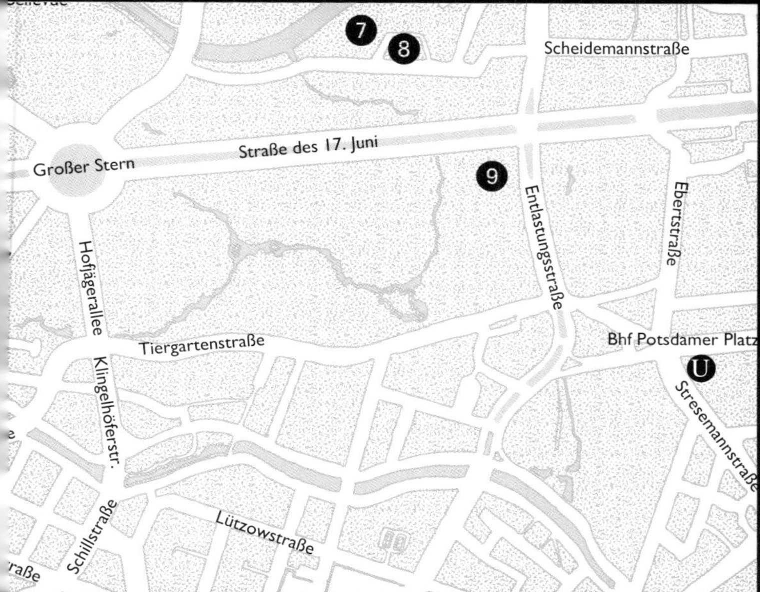
7
8
Scheidemannstraße
Straße des 17. Juni
Großer Stern
9
Entlastungsstraße
Ebertstraße
Hofjägerallee
Tiergartenstraße
Bhf Potsdamer Platz
U
Klingelhöferstr.
Stresemannstraße
Lützowstraße
Schillstraße
raße

# *Zusammengeknotete Bettücher, Amazone und gg-rubbing*



AUSSTIEG S-BAHN BELLEVUE:

❶ *Café Buchwald*

Wir gehen die Bartningallee in Richtung Spreebogen. Vor der Holsteiner Brücke links (Bartningallee) befindet sich CAFÉ BUCHWALD, ein klassisches altes CAFÉ, das die Tochter von der Mutter übernommen hat und welches in den 70ern und 80ern ein Treffpunkt nach so manchem Prozeßtag im Moabiter Gericht (Vergewaltigung, RAF, 2. Juni, Hausbesetzung) war.

Von der Moabiter Brücke aus kann eine die spiegelnden Fassaden der Architektur im berühmt gewordenen Spreebogen bewundern, oder auch nicht. Über die Kirchstraße geht es Richtung Alt-Moabit zur Wilsnacker Straße. Hinter dem bereits

❷ *Amtsgericht*

erwähnten AMTSGERICHT die Männeruntersuchungshaftanstalt, in der ab 1977 Frauen in einem Hochsicherheitstrakt untergebracht wurden. Grund für diese Umsiedlung war der Ausbruch im Sommer 1976 aus der Frauenhaftanstalt Lehrter Straße von Inge Viett, Monika Berberich, Gaby Rollnick und Juliane Plambeck. „Bis zu unserer endgültigen Befreiung müssen noch viele Bettücher zusammengeknotete werden", hieß es damals auf einer Postkarte. Tatsächlich hatten sich die Gefangenen an zusammengeknoteten Bettüchern an der Backsteinfassade auf die Lehrter Straße hinabgelassen. Bevor wir uns zu diesem legendären Gebäude begeben, ein Hinweis zur Wilsnacker Straße 61, auf der anderen Seite der Turmstraße,

❸ *Scheselong*

wo im Herbst 1998 das SCHESELONG, eine Kiezkneipe mit Kleinkunstbühne, von Schwulen neu eröffnet wurde. In Abständen treten dort lesbische Künstlerinnen auf. Das Publikum ist gemischt; im Kneipenraum treffen sich Lesben aus dem Kiez zum Stammtisch.

Wir durchqueren den Fritz-Schloß-Park, kommen am Stadion

und Schwimmbad vorbei zum Parkplatz, der an den Hof des ehemaligen Frauengefängnisses grenzt. Heute ist es eine Jugendhaftanstalt. Der Parkplatz war einst auch Kommunikationsort zu den gefangenen Frauen. Gesten, verschlüsselte Nachrichten, „wie geht es dir“ waren möglich, wenn sich eine Besucherin nicht von den leise heranrollenden Streifenwagen erwischen ließ. So manche Demo in den Siebzigern und

Achtzigern, z.B. die Walpurgnisnacht, endete am LEHRTER FRAUENKNAST ④.

Hingewiesen sei auf die Stefanstraße, wo sich Anfang der Siebziger im „Sozialistischen Zentrum" die ersten Frauengruppen trafen. In der Perleberger Straße 62 befindet sich außerdem das BALLHAUS TIERGARTEN ⑤, wo im Mai 1985 ein Damenball seinem Namen alle Ehre machte. Hatte an jenem Abend nicht Greta Mörschel Claire Waldoff interpretiert? *Raus mit den Männern aus dem Reichstag, rin mit den Frauen in den Reichstag ...*



❻ *Claire-Waldoff-Promenade*

Über die CLAIRE-WALDOFF-PROMENADE promenieren wir also aus der Lehrter Straße oder durch den Park Richtung Reichstag. Aber nur in Richtung, denn den gibt es spätestens seit seiner Verhüllung 1996 in seiner alten Form nicht mehr. Wir überqueren die Invalidenstraße und Alt-Moabit, über die Werftstraße, Lutherbrücke und John-Foster-Dulles-Allee (benutzen hier am besten einen der Seitenwege durch den Tiergarten) zum Haus der Kulturen der Welt. Kurz vor der früheren Kongreßhalle schlagen wir das BETTINA-VON-ARNIM-UFER ein. Bettina von Arnim hatte von 1831 bis zu ihrem Tod 1859 hier einen Salon. Damals: In den Zelten Nr. 5.

❼ *Bettina-von-Arnim-Ufer*

## AUSSTIEG HAUS DER KULTUREN DER WELT: BOOTSANLEGESTELLE ODER 100ER BUSHALTESTELLE

In den Zelten, eine zweimal verschwundene Straße, lag ursprünglich dort, wo sich heute das HAUS DER KULTUREN DER WELT befindet. Sie war nach den Zelten benannt, die dort ab Mitte des 18. Jahrhunderts Biergärten und Tanzlokale beherbergten. Bürger versammelten sich hier und forderten vom König bürgerliche Rechte.

Zu ihnen gehörte auch Louise Aston, Autorin, Freiheitskämpferin und Zeitungsherausgeberin. Sie forderte die Emanzipation der Frauen und kritisierte zeitlebens die Institution Ehe. Mehrmals wurde sie deshalb aus Berlin verwiesen. Im März 1848 zieht sie mit in den deutsch/dänischen Krieg. Die

männlichen Kommentatoren rümpfen die Nase über die „hosentragende und zigarrenrauchende republikanische Magdalena“. Die Café-Terrasse des Restaurants an der rückwärtigen Seite des Hauses der Kulturen der Welt verlockt, sich in die Zeit der Zelte zurückzuversetzen und den pickenden Spatzen zuzusehen oder sich an einem der Tische vor der Spree-Anlegestelle niederzulassen und nach einer seltsamen Dame Ausschau zu halten, die derjenigen ähneln mag, die Djuna Barnes in ihrer Erzählung „Löschung“ beschreibt. Um 1922/23 wohnte die Schriftstellerin zeitweilig In den Zelten Nr. 19. In den Zelten Nr. 9 baute der Mediziner Magnus Hirschfeld ab 1919 sein Institut für Sexualwissenschaft auf, das von den Nazis später zerstört wurde. 1988 fand DAS HYSTERISCHE MUSEUM, eine Kunst-Aktion von Margret Holz als Antwort auf die geplante Errichtung des Historischen Museums mehrere Monate In den Zelten statt, ein beginnendes „Gedankengebäude und Gesprächsmuseum.“ Das interdisziplinäre Kunstvorhaben bezeichnet die 1942 in Gera geborene Künstlerin als unregelmäßig stattfindende Eröffnungsfolgen. Die Aufzeichnungen dieser Aktionen sind heute auf Anmeldung in ihrem HYSTERISCHEN MUSEUM einzusehen (siehe Adressenteil). Die Straße, die vom HAUS DER KULTUREN DER WELT östlich hinter dem TEMPODROM (heute am Anhalter Bahnhof, wo 2002 die Teddy-Verleihung der Filmfestspiele stattfand) herführte, hatte den Namen In den Zelten, bis sie auf der Baustelle des neuen Kanzleramts unterging,

❽ *Haus der Kulturen der Welt*

Vielleicht gibt es gerade eine sehenswürdige Ausstellung im HAUS DER KULTUREN DER WELT, die Lesung einer Afro-Amerikanerin, Trommelmusik aus Togo oder ein lesbischschwules Event wie das 10. Europäische Chorfestival Various Voices, das im Juni 2001 eine Woche lang diesen Ort in einen erinnerungswürdigen musikalischen verwandelte: schwullesbische Stimmen nonstop. Bitte das aktuelle Programm einsehen.

❾ *Amazone*

Und wenn es nicht gerade ein Regentag ist, können wir die Zelte abbrechen, über die Große Querallee oder unbeschilderte Pfade durch den Tiergarten bummeln. Wir gehen über die Straße des 17. Juni hinweg – rechter Hand hocherhoben die Goldelse, so genannt der Engel auf der Siegessäule, linker Hand die Quadriga auf dem Brandenburger Tor – zur AMAZONE (im Winkel der Straße des 17. Juni und der Entlastungsstraße). Sie ist *das* lesbische Wahrzeichen Berlins, war einst *der* Treffpunkt und könnte Lesbengeschichte/n der Siebziger und Achtziger erzählen, wäre sie nicht immer so stumm, säße sie nicht so hoch zu Rosse. Und Tiergarten wäre nicht Tiergarten ohne den Tiergarten: Über den Ahornsteig, die Große Allee, Königin Luise auf ihrem Podest auf der Luiseninsel rechts stehen lassend, über die Lichtensteinbrücke kann eine zum ZOOLOGISCHEN GARTEN spazieren, rollen, joggen, radeln oder ein Taxi zum Kurzstreckentarif anhalten.

⓫ *Zoo*

Von der Lichtensteinbrücke aus sehen wir links auf ROSA

LUXEMBURGS GEDENKPLATTE am Landwehrkanal, wo sie 1918 ermordet wurde.

Der Tiergarten sprich ZOO hat drei Besonderheiten: Erstens ist er Treffpunkt älterer Damen mit und ohne Jahreskarte. Sie wissen genau, an welchem Nachmittag Frau S. auf welcher Bank sitzt und an welchem Wochentag Frau K. ins Reptilienhaus geht und Frau G. zu den Raubtieren. Oft essen sie zusammen eine Stulle auf ihrer Stammbank. Aber hin und wieder gönnen sie sich ein Kännchen Kaffee, ein Stück Apfeltorte, Bockwurst und Berliner Weiße im Gartenlokal, denn hier ist die Zeit stehengeblieben, sagen sie, manchmal in den Zwanzigern, manchmal in den Fünfzigern, auf Blickwinkel und Erinnerung kommt es an: Immer noch der schwarzgekleidete Kellner, der die obligatorische weiße Serviette über den angewinkelten Arm trägt und damit die Krümel der gerade gegangenen Gäste vom Tisch schlägt. Noch immer wartet die Kombo mit Schlagern von gestern auf, ein verkannter Star singt: „Von nun an gings bergab".

Die zweite Besonderheit: Von 1945 bis 1956 leitete Zoodirektorin Katharina Heinroth den Zoo, wie auf einer Plakette zu lesen ist.

Der dritten Besonderheit im Zoologischen Garten, einer offensichtlich lesbischen, sind Primatologinnen bei ihren Beobachtungen im Menschenaffenhaus auf die Spur gekommen: Die Bonobos vergnügen sich von Weibchen zu Weibchen, „genital to genital". *Gg-rubbing* ist der *terminus technicus,* den die Forscherinnen für diese rituellen Vergnügungen benutzen. Die Bonobos, eine Schimpansenart, bei der die Weibchen dominieren, sind auf der rechten Seite im Affenhaus untergebracht, die männlich Dominierten auf der linken Seite. Bei ihnen hat man ähnliches nie beobachtet. „Zwei verschiedene Sozialsysteme kennzeichnen diese beiden Schimpansenarten", erklärt die Primatologin, „bei den Bonobos, wo die Weibchen regieren, sind die Weibchen solidarisch untereinander, sie bilden eine weibliche Koalition, und verhalten sich vor allem sehr lustvoll." (Dank an Dr. Marianne Christel für diese Informationen).

⑩ *Rosa Luxemburg Gedenkplatte*

IM GESPRÄCH MIT
# *der unsterblichen Amazone*



*Gewidmet der Unbekannten Stadtamazone*

Sie spricht von denen die zu ihren Füßen gelagert
Pläne geschmiedet haben,
*Kiai* geschrien
Gaspistolen ausprobiert in dunkler Nacht
„nachts kletterten sie zu mir hinauf,
manche stellten eine Leiter an,
schwangen sich hinter meinen Rücken,
klammerten sich an mein Gewand, umfaßten meinen Körper
eine Lady setzte mir 'ne Sonnenbrille auf, mit Spiegelglas,
‚wegen des Vollmonds,' flüsterte sie und schrie dann Los!
manche vergriffen sich an meiner Doppelaxt
‚die Zukunft ist weiblich oder überhaupt nicht'
blaue Perücken, Irokesenschnitt, Glatzen und Turbane
streiften meinen Saum, den Bauch, die Hufen meines Pferdes
sie badeten in meinem Schatten
fingen Sonnenbrände ein
die flying lesbians flogen fort
nachdem sie von fahrenden Völkern sangen
rolling dykes im Tanz ..."
Sie seufzt, es sei so still um sie geworden
sie fühle sich wie aus Stein
ihr Terrain sei eingefasst worden
wie im Museum komme sie sich vor
Sie sieht ein wenig von oben herab und wünscht
„... endlich wachgeküsst zu werden, leibhaftig
über den Potsdamer Platz zu galoppieren,
denn: Sterblichkeit ist aller Liebe Anfang"

TIERGARTEN PROUDLY PRESENTS:

# *Fahrrad-Gruppe für Lesben ab 40*

*Ingrid Klebon*

„Mit dem Fahrrad den Sommer und die Natur erleben. Wir fahren ins Grüne. Trinkwasserklare Seen, Wiesen und Wälder erwarten euch; Teepausen und Gespräche inbegriffen. Alle naturliebenden Lesben sind herzlich eingeladen ..."

Seit 1988 kann lesbe in Berlin dieses Freizeitangebot nutzen. Damals hatten die drei Initiatorinnen, Ingrid Klebon, Erna Gefrerer und Gudrun Poost Lust, neben ihrem Beruf und ihrem frauenbewegten Engagement einen sportlichen Ausgleich zu suchen.

Die ersten zwei Jahre konzentrierten sie sich auf Ausflugsziele innerhalb von West-Berlin. Nach der Maueröffnung lockte das Umland. Die brandenburgischen und mecklenburgischen Seen mit ihren Bademöglichkeiten wurden neue Ausflugsziele für die Touren. Aktuell finden die Touren jeweils am dritten Sonntag im Monat statt.

Die Routen der Touren werden vorher von den Organisatorinnen ausgearbeitet. Eine frühzeitige telefonische Anmeldung ist ein Garant dafür, auch wirklich mitfahren zu können, da wir kleinere Gruppen von acht bis zwölf Lesben als optimale Fahrradgruppe ansehen. Natürlich kann das zu besonderen Anlässen auch mal anders geplant werden. Bei Regen wird eine Alternative gesucht und angeboten: Museumsbesuche, Kino oder Brunch etc.

Von unseren monatlichen Fahrradtouren sollten sich in erster Linie Lesben ab 40 angesprochen fühlen, die naturorientiert und in mittelmäßiger Kondition sind. Die Länge der Touren variiert zwischen 18 und 30, in Ausnahmefällen 40 km. Auf den unebenen Waldböden und für Kopfsteinpflaster empfehlen sich geländegängige Fahrräder wie Tourenräder, Mountainbikes etc.

In der Zeit des Bestehens hat sich die Gruppe immer wieder verändert, was ihre Größe und das Alter der Teilnehmerinnen angeht. Da die Initiatorinnen mittlerweile älter geworden sind, möchten sie auch Teilnehmerinnen in ihrem Alter ansprechen. Wir wünschen uns Lesben, die mindestens 40 Jahre alt, aber gerne noch älter und kontakt- und kooperationsfreudig sind. Bei unseren Ausflügen und zwanglosen Gesprächen hat sich schon so manche Freundinschaft oder langjährige Beziehung entwickelt.

Für besonders sportliche Lesben, die ihre Grenzen erfahren wollen, kann sich auf den Ausflügen eine schnelle Vorhut bilden, die dann nach einer längeren Sprinttour auf die langsamer fahrenden Lesben wartet.

Wir bieten unsere Fahrradtouren meistens kostenlos an. Infos stehen im Frauenmagazin BLATTGOLD und im Branchenbuch für das schwullesbische Berlin SIEGESSÄULE-KOMPASS. Für Fahrt- und eventuelle Übernachtungskosten müssen die Teilnehmerinnen natürlich selbst aufkommen. Da wir keine Profi-Fahrradlesben sind, kann es schon mal vorkommen, dass wir uns verfahren. Aber meistens sind unsere Orientierungsfähigkeiten durch Wanderkarten und die Augen der Mitfahrerinnen so gut, dass wir unsere ausgewählten Fahrtziele auch erreichen.
Ab und zu planen wir eine zweitägige Wochenendtour. Wir nutzen Übernachtungsmöglichkeiten auf Zeltplätzen oder in Bungalows, z. B. bei Campinski, im Franzenhof, auf dem Zeltplatz am Stechlinsee oder am Liepnitzsee. Wir mieten auch mal große Indianerinnenboote und gleiten über die Wasser ...
Über weitere Vorschläge und Ideen freuen wir uns.

Kontakte für die Fahrrad-Ausflüge: siehe Adress-Teil

# *Lesben und Kino in Berlin*

*Samantha Maria Schmidt*

Ursprünglich war lesbisches Kino immer auch feministisches Kino. Denn es schuf Bilder, die abweichen sollten von herrschender Bildsprache; Bilder von Lesben, von anderen Frauen, Männern und dem Leben im allgemeinen. Es ermöglichte eine subversive Sicht auf die Welt.

Heutzutage ist es fraglich, ob es etwas gibt, dass man „lesbisches Kino" nennen könnte, aber es gibt immer noch Lesben, und Kino gibt es auch noch. Zum Glück. Doch beide zusammen spielen sie nur eine marginale Rolle, auch wenn die Blicke, die die Filme auf Lesben und diese wiederum auf jene werfen, sich insgesamt geweitet haben.

Zu Beginn des 3. Jahrtausends kann in der einstigen deutschen Hochburg lesbischer und feministischer (Sub-)Kultur von lesbischer Kinokultur nicht mehr gesprochen werden und es gibt nur noch eine regelmäßige Kinoeinrichtung, die ausschließlich von Lesben dirigiert wird:

Das Lesbenfilmfestival, auf dem eine Gruppe von vier Lesben jedes Jahr die neuesten lesbischen Film- und Videoproduktionen aus dem In- und Ausland (70–80% aus den USA) präsentiert. Seit 1998 gastiert das Festival im ARSENAL. Immerhin hat es eine lange Geschichte; das Urfilmfestival dieser Art feierten wir im Jahre 1985 zur ersten Berliner Lesbenwoche im inzwischen stillgelegten Weddinger SPUTNIK-KINO.

Alles, was darüber hinaus an lesbischem Kino geboten wird, fällt in vier Kategorien:

Entweder ist es die schwächere „Hälfte" eines queeren bzw. schwullesbischen Kinos – so z. B. „Mongay" im KINO INTERNATIONAL; das „Panorama" der „Berlinale" im Februar, das sich schwulen Filmen (also auch ein bisschen lesbischen!) verschrieben hat und der schwullesbische Filmpreis Teddy, der internationale Anerkennung genießt; „Verzaubert", das massiv kommerzielle lesbischwule Filmfestival (beide maximal 20% lesbisch, was die Filme, die MacherInnen und die VeranstalterInnen betrifft).

Oder es wird auf Video verbannt (was ja im strengen Sinne kein Kino ist). So gibt es ein reichhaltiges „Heimkino"-Angebot lesbischer Filme, insbesondere in Frauenprojekten im Osten Berlins, wo Frauen sich auf einem

*Das Kino* ARSENAL

Bildschirm ihre Lieblings(lesben)filme in trauter Runde ansehen können. Oder es beschränkt sich auf wenige kommerzielle lesbische Filme (und solche, die es sein oder noch werden wollen), die selten, aber immer mal wieder mehr oder weniger zufällig, in der Regel ohne Kontext oder besonderen Hinweis auf der Leinwand irgendeines Berliner Kinos erscheinen. Eben weil nach der (Teil-) Emanzipation von anderen Minderheiten, wie Behinderten, Schwulen, Transvestiten und Transsexuellen auch Lesben seit Anfang der 90er Jahre Eingang in den Kinomainstream finden.

Oder die große Ausnahme: Es gibt einige ganz wenige lesbische (und auch nicht lesbische) Feministinnen und Cineastinnen, die fest in einem Kino arbeiten und mit großem Einsatz und in voller Absicht auch nichtkommerzielle Lesbenfilme zeigen, lesbische Filmemacherinnen einladen und lesbisch-feministische Filmkultur zum Thema machen. So vor allem Stefanie Schulte Strathaus und Birgit Kohler im kommunalen Kino ARSENAL im FILMHAUS AM POTSDAMER PLATZ.

Ansonsten gibt es im heutigen Berlin offensichtlich keine lesbische Kinobetreiberin (zumindest keine, deren Programm es anzumerken ist).

Aber es gibt in Berlin immerhin eine große Anzahl lesbischer Filmemacherinnen. Zwei der profiliertesten sind Ulrike Ottinger und Elfie Mikesch, die hier seit mehr als drei Jahrzehnten leben und arbeiten. Inzwischen haben sich an den Berliner Filmschulen viele lesbische Frauen ausbilden lassen, und natürlich arbeiten lesbische Filmemacherinnen auch autodidaktisch. Aber ihre Filme sind eben wegen mangelnder lesbischer Kinokultur und fehlender Vernetzung viel zu selten zu sehen.

Immerhin hat der Berliner Senat durch die Frauenforschung zum neuen Jahrtausend ein Projekt gefördert zum Thema „LESBENEROTIK UND LESBENSEX IM KINO“. Es ist ein 100minütiges Video, das mehr als 300 Ausschnitte aus 120 Lesbenfilmen so präsentiert, dass sich eine geschlossene Dokumentation zum Bild von Lesben im Spielfilm bis ins neue Jahrtausend ergibt. Der Begriff „Lesbenfilm“ beinhaltet noch keine Wertung, denn es geht vielmehr darum, jedes noch so belanglos wirkende Erscheinen einer lesbischen Frau im Film oder Video wahrzunehmen. Denn eine Selbstverständlichkeit ist die Lesbe weder im Fernsehen noch im Kino – auch wenn sie schon zum (kurzfristigen) Modethema avanciert ist.

Tatsache ist allerdings, dass seit Mitte der 80er Jahre weitaus mehr Filme über Lesben gedreht wurden als in den vorangegangenen achtzig Jahren. Es etablieren sich positive Gegen- und Selbstbilder von Lesben. Denn seit den 80ern hat sich neben der kommerziellen Verwertung fürs Kino eine lesbische Filmkultur entwickelt, die auch genreübergreifende Mischformen pflegt und von weiblichen Filmemacherinnen dominiert wird. Bei zwei von drei Filmen führt heutzutage eine Frau Regie, wenn es um Lesben geht;

auch sind die meisten Drehbücher inzwischen von Frauen. Es gibt mehr Produzentinnen als früher, aber beispielsweise Musik und Kamera sind leider vorzugsweise immer noch in Männerhand.

Das Video führt in aller Deutlichkeit vor, wie Lesben in Filmen sich begegnen, wie sie miteinander flirten, sich küssen, sich lieben und begehren und gegen welche inneren und äußeren Widerstände sie anrennen. (Das Video ist über die Autorin zu beziehen: Tel./Fax: 393 17 75, E-mail: Samantha.Maria@gmx.de)

Um zum Abschluss noch einmal einen Blick zurückzuwerfen: Solange es Kino gibt, also seit über 100 Jahren, gibt es natürlich auch Lesben, die es lieben. Aber erst in den 70ern des 20. Jahrhunderts entstand in Berlin im Schoß der neuen Frauenbewegung auch eine Filmkultur, an der Lesben von Anfang an maßgeblich beteiligt waren. Lesbische und nichtlesbische Frauen, feministische Cineastinnen und kinobegeisterte Feministinnen entwickelten ein Netzwerk unter Frauen, die im Filmbereich tätig waren, zwischen den Kinomacherinnen, Verleiherinnen und Kinobesucherinnen: Innerhalb weniger Jahre war Berlin zum Zentrum feministischer Film- und Kinoarbeit geworden. Das knallharte Geschäft der Film- und Kinobranche hat feministische und lesbische Film- und Kinoarbeit jedoch längst wieder ins Abseits oder bestenfalls auf Festivals gedrängt.

Lesben, die in Berlin zu Besuch sind und befriedigende Kinoerlebnisse erwarten, sollten entweder am richtigen Tag bzw. zur passenden Jahreszeit kommen, sich mit Video begnügen oder sich – je nach Lust, Laune und Geschmack – die Mühe machen, die Kinoprogramme zu durchforsten: Heutzutage findet unter den 150 Filmen, die täglich in Berlin laufen, jede irgendwo eine lesbische Identifikationsfigur oder ein lesbisches Idol.

Vorausgesetzt, das genügt ihr.

# *Wenn ich mir was wünschen dürfte: Marlene Dietrich und die BerlinerInnen*

*Ahima Beerlage*

Marlene Dietrich ist eine geborene Berlinerin. Doch als sie 1992 starb, wollten viele Berlinerinnen und Berliner ihr die letzte Ruhestätte in ihrer Stadt nicht gönnen. Ihre Leistung als Schauspielerin und Sängerin spielte da keine Rolle. Auch ihr Status neben Romy Schneider als einzige deutschsprachige Schauspielerin mit Weltruf interessierte ihre GegnerInnen nicht. Sie konnten und wollten die Position, die Marlene Dietrich im Zweiten Weltkrieg einnahm, nicht vergessen.

Schon bei ihrem ersten Gastspiel auf deutschem Boden nach Kriegsende wurde sie neben begeisterten Fans von Plakaten mit der Aufschrift „Marlene go home“ und „Verräterin“ empfangen. Die Dietrich nahm's mit preußischer Haltung: „Ich habe meine Pflicht getan.“

Marlene, 1901 in Berlin geboren, wuchs in einer Familie auf, deren Umgang miteinander vom Offiziersberuf ihres Vaters geprägt war. Disziplin und Pflichterfüllung waren die Schlüsselworte ihrer Kindheit und sollten auch die erwachsene Dietrich ständig begleiten. Ihre Disziplin half ihr im Theater- und Filmgeschäft und machte sie bei Regisseuren und Produzenten beliebt.

Mit dem Film „Der blaue Engel“ begann der wahre Mythos Marlene. Josef von Sternberg „entdeckte“ sie und nahm sie mit in die USA, wo sie schon bald aufsehenerregende Filme drehte. Ihr Filmkuß mit einer Frau in Frack und Zylinder und koketter Pose weckte die Sehnsucht in Tausenden von Frauenherzen. Als sie sich unmittelbar nach dem Film „Morrocco“ fast nur noch in maßgeschneiderten Anzügen zeigte, war sie nicht nur stilbildend für eine ganze Generation junger Frauen, sondern verhalf damit auch der androgynen Mode damaliger Lesbenkreise zu öffentlicher Akzeptanz.

Doch selbst ihre Rolle als heimlicher Lesbenschwarm ist nicht der Grund für die Ablehnung, die ihr ewiggestrige BerlinerInnen entgegenbringen. Der Stein des Anstoßes ist vielmehr ihre couragierte Äußerung der eige-

nen Meinung während des Zweiten Weltkrieges. Zwar hatte Marlene Dietrich aus reinen Karrieregründen lange vor Ausbruch des Krieges ihr Land verlassen. Doch als die Nazis an die Macht kamen und auch in den USA immer mehr Verbrechen sowohl im militärischen als auch im zivilen Bereich bekannt wurden, erklärte sie schon bald, dass ihr zwar ihre Heimat fehle, sie sich aber auf die Seite amerikanischer Soldaten stelle, um den Faschismus in ihrem Land zu bekämpfen.

Unterdessen tobten Grete Weiser und Heinz Rühmann in deutschen Lichtspieltheatern durch banale Lustspiele, die mit ideologischem Beigeschmack nach von Goebbels genehmigten Drehbüchern gedreht wurden. Zarah Leander wurde als Ersatz für die „fahnenflüchtige“ Dietrich aus Schweden importiert und röhrte: „Davon geht die Welt nicht unter“ durch die Volksempfänger.

*Trauergäste bei der Beerdigung*

Die Dietrich sang jenseits des großen Teichs im Drillich die Songs aus dem „Blauen Engel" auf Englisch. Und wieder sah sie ihre mutige Stellungnahme als reine Pflichterfüllung.
Doch noch heute spritzen die Wilmersdorfer Witwen, deren Männer zum Teil hohe Posten in der SS hatten und – mit Persilscheinen der Alliierten ausgestattet – nach dem Krieg Karriere machten, Gift über die „Landesverräterin". So sitzen sie im „Café Kranzler" bei Kaffee und Kuchen und schreiben die Geschichte um: Hätte Marlene den Amis nicht mit ihrem Geträllere den Rücken gestärkt, hätten die Deutschen nicht den Krieg verloren und sie wären immer noch die Gattinnen hoch angesehener Regierungsbeamter und hätten die Schmach der Entnazifizierung nicht hinter sich bringen müssen. Der Herrenmensch hätte vielleicht gesiegt, wenn die Dietrich nicht gewesen wäre. Marlene ist die lebende Dolchstoßlegende.

Dieses verblendete Geschwätz und die bösartigen Briefe aus Deutschland ließen Marlene Dietrich keine Wahl. Sie wandte sich von Deutschland ab. Was sie letztendlich dabei empfand, verschwieg sie mit der ihr anerzogenen Zurückhaltung. Als sie als charismatische Sängerin eine zweite Karriere startete, wobei sie nie bestritt, dass sie nicht etwa durch sängerisches Talent, sondern lediglich über ihre dramatische Inszenierung Erfolg hatte, kamen immer noch keine versöhnlichen Gesten aus dem wiedererstarkten Deutschland. Paris wurde ihre zweite Heimat. Die Dietrich zog sich aus der Öffentlichkeit zurück, als sie es für richtig hielt. Ganz Weltbürgerin und Diva erlebte sie ihre letzten Jahre in einem kleinen Apartment in Paris – zumeist mit der halben Welt telefonierend – im Bett. 1992 verstarb sie.

Frankreich erwies Marlene Dietrich im wahrsten Sinne des Wortes die letzte Ehre, dennoch wurde sie in ihren Geburtsort Berlin überführt, um neben ihrer Mutter beerdigt zu werden. Die Beerdigung war beschämend. Im Vorfeld stritten sich die verschiedenen Fraktionen darüber, wer am Grab der „Verräterin" erscheinen sollte. Ängstliche Politiker beugten sich dem Diktat der alten braunen Herrschaftsschicht und sahen ab von einem Staatsbegräbnis für eine anerkannte Widerstandskämpferin und die wohl schillerndste Gestalt, die Deutschland ohne den bitteren Beigeschmack des Faschismus in der ganzen Welt bekannt gemacht hat. Wer die Beerdigung im Regionalfernsehen verfolgt hat, konnte den Eindruck gewinnen, dass in erster Linie Tunten und Lesben aufrichtig um sie trauerten.

Doch mit der Beerdigung war das Ende der Provinzposse noch nicht erreicht. Jahrelang wehrten sich die großen Bezirke Berlins dagegen, eine Straße nach Marlene Dietrich zu benennen. Während im Fliegerviertel am Tempelhofer Flughafen unbeanstandet ganze Straßenzüge nach Kriegsfliegern des Ersten Weltkrieges benannt sind, tut sich die Berliner Bevölkerung auffällig schwer, einer couragierten Frau Platz in ihrer Heimatstadt einzuräumen. Um so mehr schäumten die Altnazis, als schließlich der modernste und in vielen Augen gelungenste Platz im Herzen Berlins Marlene-Dietrich-Platz benannt wurde. Wo einst Speer, der Hausarchitekt Hitlers, die Halle des Ruhmes in der Nazi-Hauptstadt Germania plante, schlägt jetzt das Herz einer Frau, die Männer und Frauen betörte und ihre Heimat gegen dumme Großmannssucht verteidigte.

Da schnappen die Wilmersdorfer Witwen wie die Fische auf dem Trockenen nach Luft und bestellen sich zur Schwarzwälder Kirschtorte einen deutschen Kräuterschnaps. Sie schwelgen in dunklen Ahnungen, dass ihr Großdeutsches Reich nun endgültig nicht mehr ersteht und fürchten um ihre fünfstellige Rente, während am Nebentisch ausgelassene Lesben im Dietrich-Anzug mit Rotkäppchensekt auf die Zukunft anstoßen:

Prost, Marlene!

# *Einmal Berlin*

*Suzette Robichon Triton*

Mythos Berlin, im Herzen Europas. Verträumt betrachtete ich an so manchen Abenden in den Siebzigern die etwas altmodischen Züge am Gare du Nord, die Paris-Berlin-Warschau-Moskau anzeigten ... Im Zentrum Europas erschien mir Berlin eine geheimnisvolle, entdeckungswürdige Stadt. Berlin hieß: die Zwanziger, verschwundene Lesben- und Schwulenorte, die tiefen Stimmen einiger Sängerinnen und der Film „Mädchen in Uniform". Über diese Bilder legten sich Fragen: Was ist aus all den Lesben geworden, die in den Zwanzigern in der Garçonne, in „Die Freundin" geschrieben haben, aus denjenigen, die sie lasen, die tanzten, die lebten ... Wieviele jüdische Lesben sind in den Konzentrationslagern verschwunden? Wieviele konnten entkommen und wenn ja, wie haben sie überlebt? Und die anderen? Haben sie Widerstand geleistet, ihre Freundinnen versteckt? Sind manche Nazis geworden? Viel später gab es Antworten auf diese Fragen, zum Beispiel in Claudia Schoppmanns Büchern „Im Fluchtgepäck die Sprache" und „Zeit der Maskierung" oder Erica Fischers „Aimée und Jaguar".

In den Siebzigern und Achtzigern rückte uns das lesbische Leben Berlins näher, war aber immer noch geheimnisumwoben. Es waren Frauen- und Lesbenorte entstanden. Die Berliner Lesben wurden wirklich, wir lernten sie bei internationalen Treffen kennen: radikal, stark, erfinderisch, in Birkenstock-Sandalen. Beim Frauenfilmfestival in Cretail entdeckten wir das Berlin von Ulrike Ottinger, von Helke Sander, von Alexandra von Grote. Drei Gesichter.

Im Dezember 1988 treffe ich endlich in Berlin ein, verliebt. Es schneit, die Stadt ist düster. Beim Streifen durch die breiten Straßen glitzert eine Myriade von Ladies-only-Orten. Mir schwindelt vor der langen Liste in Blattgold: Restaurants, Archive, Cafés, Bars, Discos. Schwer zu unterscheiden, was Lesbenorte oder einfach Frauenorte sind. Die Menge, die Vielfalt überrascht, erstaunt, verwundert.

Dann 1989 Mauerfall, die Öffnung hin zu anderen Hoffnungen, anderen Orten, der Künstlerinnenhof in Lietzen, neue Begegnungen, Christina Schenk, Caspar und Bianca.

Immer Erstaunen, einige deutsche Worte auf der Zungenspitze, die Entdeckung des Lesbenarchivs mit zwei vom Senat bezahlten Stellen. Und eines Tages werde ich auf Honorarbasis eingeladen, Fahrtkosten inklusive, um im Spinnboden über Lesben in den Zwanzigern in Frankreich zu erzählen! Ein Traum für uns in Paris, die immer unbezahlt arbeiten.
Klavierkonzerte in der Begine, etwas ausgeflipptere Konzerte in Kreuzberg. Lesungen, Diskussionen, Feste in riesigen Wohnungen. Bälle und Discos das ganze Jahr über. Jeden Herbst eine diskussionsreiche Lesbenwoche. Ausstellungen, Performances im Pelze, Ort aller denkbaren Experimente, mit Wänden so hoch wie die Möglichkeiten. Ja, Berlin erscheint mir ein Freiraum, wo es sich gut flanieren läßt, lieben, spielen, einen Cappuccino im Extra Dry trinken, tanzen oder die Bücherregale bei Lilith oder Labrys zu durchforsten.
Heute hat Paris mehr eindeutige Lesbenorte als früher, Berlin hat weniger, aber es ist eine Freude zu sehen, dass eine Schule den Namen Charlotte Wolff trägt, Jeanne Mammen im Gropiusbau zu entdecken, Mouron, Chanteuse und Schwarm der Pariser Lesbenszene, als „Diva gut" im Hebbel-Theater zu applaudieren. Die UKZ und Lilith gibt es nicht mehr, Blattgold und Autofeminista existieren immer noch, aus den TitaniCa-Partys auf der Spree sind die Mega-Dyke-Parties am Mehringdamm geworden. Dies neue Pulsieren, es ist auch hörbar aus den Wiederaufbauarbeiten, im Ballett der Kräne rund um den Potsdamer Platz. Nur einige U-Bahn-Stationen entfernt, aus dem Hamam in der Schokofabrik kommend, tanzen wir nach den von DJane Ipek aufgelegten Rhythmen im Salon Oriental. Bei den Diven Attacks in der Kalkscheune lerne ich Kerstin aus Mitte kennen. Sie führt mich über den Prenzlauer Berg, zu den Orten, wo sie „früher" hingegangen ist, vor der Wende …
Bei jedem neuen Aufenthalt an den Spreeufern entdecke ich mit der gleichen Begeisterung neue Geräusche, neue Bücher, neue Gesichter, die mir sagen, dass diese Stadt immer noch Berlin, die offene Stadt für Lesben ist.

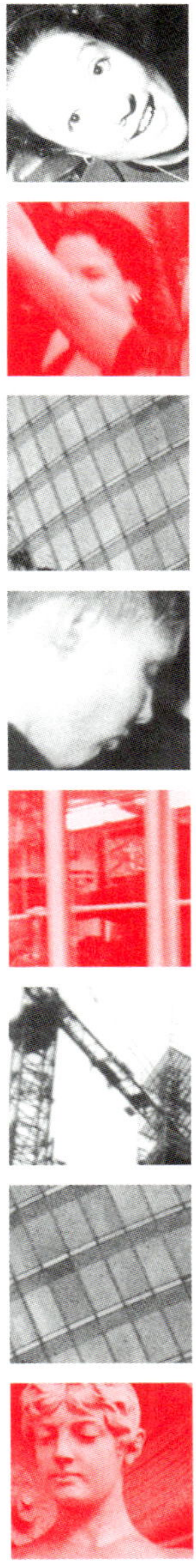

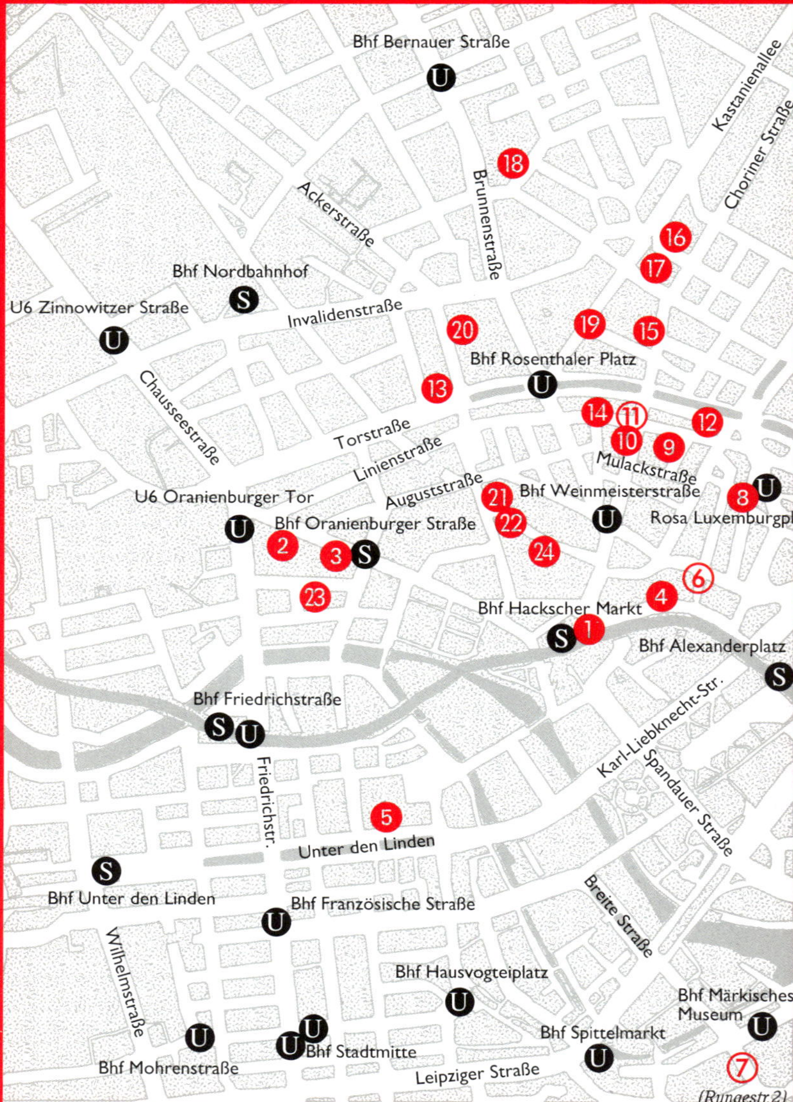

Bhf Bernauer Straße
Kastanienallee
Choriner Straße
18
Brunnenstraße
Ackerstraße
16
17
Bhf Nordbahnhof
U6 Zinnowitzer Straße
Invalidenstraße
20
19
15
Bhf Rosenthaler Platz
Chausseestraße
13
14
11
12
Torstraße
10
9
Linienstraße
Mulackstraße
Auguststraße
21
Bhf Weinmeisterstraße
8
U6 Oranienburger Tor
22
Rosa Luxemburgpl
Bhf Oranienburger Straße
2
3
24
6
23
4
Bhf Hackscher Markt
1
Bhf Alexanderplatz
Bhf Friedrichstraße
Karl-Liebknecht-Str.
Spandauer Straße
Friedrichstr.
5
Unter den Linden
Bhf Unter den Linden
Bhf Französische Straße
Breite Straße
Wilhelmstraße
Bhf Hausvogteiplatz
Bhf Märkisches Museum
Bhf Spittelmarkt
Bhf Stadtmitte
Bhf Mohrenstraße
Leipziger Straße
7
(Rungestr. 2)

# MITTE

# *In Mitte unterwegs*

Barbara Keller

Seit der glorreichen Wende sind einige Kubikmeter Spree ins Land gegangen. Die Ostberliner Stadtbezirke haben sich inzwischen wesentlich gewandelt. Wie wir wissen, gibt es historisch gewachsen mindestens zwei Berliner Zentren – das alte Zentrum der Preußenkönigs, der adligen Elite im Osten der Stadt, dessen Galameile die Straße Unter den Linden war, und das neue bürgerliche Zentrum der alten Kaisermetropole um den Ku'damm.



Schon in den Zwanziger Jahren verortete sich der Lesbensub nach sozialen Gesichtspunkten in den verschiedenen Stadtteilen des reichen Berliner Westens und des ärmeren Ostens. Durch die Teilung der Stadt nach dem Ende des Dritten Reiches hat sich diese Dezentralisierung nur verstärkt. Eine neue soziale Ausdifferenzierung der Stadtbezirke ist noch im vollen Gange. Nicht zuletzt diesem Sachverhalt ist wohl die Tatsache geschuldet, dass frau die Szene heute überall und nirgends antrifft.

Als sich nach der Maueröffnung 1989 die ersten mutigen WestberlinerInnen in den grauen, nach Kohlenruß miefenden Osten wagten, taten dies viele im Rahmen eines Wochenendausflugs mit dem Fahrrad. Der uniforme Osten schien ihnen so fremd und regellos, dass sie ungeachtet des regen Autoverkehrs oft mutig in der Straßenmitte fuhren. Diese Phase der desorientierten Unbeholfenheit aber war rasch überwunden. Es dauerte nicht lange, da waren Mitte und der Prenzlauer Berg zu Orten des Experiments und des Aufbruchs erkoren. Merkwürdigerweise rangierten dabei jene Ostberliner Orte am höchsten in der Beliebtheitsskala, die das ehemalige DDR-Regime gezielt städtebaulich bearbeitet hatte, um sie innen- sowie außenpolitisch propagandistisch zu instrumentalisie-

ren. Dazu gehörten Teile der Spandauer Vorstadt, das Nicolaiviertel, die Gegend um den Arkonaplatz und den Kollwitzplatz. Später durften Touristenbusse mit Devisen zahlenden Westbürgern diese Orte umkurven, um das Blühen sozialistischer Landschaften zu erleben. Dass gerade diese Plätze nach der Wende zu Adressen hoffnungsvollen Aufbruchs wurden, entbehrt nicht einer gewissen tragischen Komik.

Die jungfräulich wilde Experimentierphase in der Innenstadt

ist offenbar vorbei. Mitte entwickelt sich zum Regierungsbezirk. Deren Stadtbezirksteil Spandauer Vorstadt wird allmählich von gutbetuchten Singles bevölkert, die ihre teuren, auserlesenen Läden mitbringen und jenes aseptische Flair verbreiten, das den Charme der Subkultur, der diese Gegend eine Zeitlang so reizvoll machte, peu á peu abtötet.
Welche sich entschließt, die historische Berliner Mitte nach lesbenrelevanten Orten zu durchstöbern, wird sich zweifellos

*Café Seidenfaden*

auf ihrem Weg auch den Hals nach den gängigen Touristenattraktionen verrenken. Mitte, dabei insbesondere die Spandauer Vorstadt mit dem sagenumwobenen Scheunenviertel ist nach der Wende zur Touristenmeile geworden. Hier lässt es sich sehr gut den „Goldenen Zwanzigern“ nachspüren.

❶ *Hackescher Markt*

Eine Tour des lesbischen Eldorado der Neunziger könnte am HACKESCHEN MARKT beginnen. Der lag Anfang des letzten Jahrhunderts noch vor den Toren der Stadt und wurde damals peu á peu von Handwerk und Gewerbe besiedelt, darunter Aschinger, die Zigarettenfirma Loeser & Wolff und das Kaufhaus Wertheim. Zu besseren Zeiten hieß der Bahnhof Börse, im Volksmund auch „Bahnhof Portemonnaie“, weil hier neben dem Zirkus Busch auch die Börse stand. Zu kurfürstlichen Zeiten befand sich auf diesem Flecken, der nach Generalleutnant Christoph Friedrich Graf von Hacke (ab 1749 Stadtkommandant von Berlin) benannt ist, noch purer Sumpf. 1789 bekommt Anna Louisa Karsch, die „Karschin“, auch als „deutsche Sappho“ gerühmt, am Hackeschen Markt ein Haus von

König Friedrich Wilhelm II. gestiftet.

Heute tummelt sich hier bei Tag und Nacht ein buntes Touristenvölkchen. Wir könnten unsere Schritte mit diesem in nordwestliche Richtung lenken, um die ORANIENBURGER STRASSE hinunterzuschlendern. Hier finden wir unter zahlreichen Lokalen (von pikfein und teuer bis schmuddelig und billig), u. a. Galerien, den alternativen Kulturtreffpunkt TACHELES und die Mitte vorletzten Jahrhunderts errichtete jüdische SYNAGOGE. Ab einem gewissen Dunkelheitsgrad finden sich hier auch junge Frauen ein, die als Bordsteinschwalben am Straßenrand eine gewisse Reeperbahnatmosphäre verbreiten. Aber uns steht der Sinn nach etwas anderem. Zwar nehmen wir aus dem Augenwinkel die älteste noch erhaltene Apotheke Berlins wahr, die Rote Apotheke (Ecke Rosenthaler Straße/Neue Schönhauser Allee), aber wir wenden unsere Schritte mit exemplarischer Ruhe gegen den Passantenstrom zur Dircksenstraße an den S-Bahnbögen. Das CAFÉ SEIDENFADEN in der Dircksenstraße 47 bietet schon die erste Gelegenheit, den Allerwertesten in eine weiche Sitzgelegenheit zu betten. Welche es sich gern bei ungewöhnlichen Mixgetränken und selbstgebackenem Kuchen wohlsein lässt, ist hier an der richtigen Adresse. Das Café ist alkohol- und drogenfrei und fungiert als Nachsorgeeinrichtung für ehemals suchtmittelabhängige Frauen, die hier im Rahmen einer Therapie betreut arbeiten. Es gibt diverse Veranstaltungen, Tauschmärkte, Ausstellungen und vor allem kommen Lesben gerne hierher. Im Sommer sitzt es sich auch sehr gut draußen mit Blick auf den Fernsehturm, der mehrere Steinwürfe entfernt den Alexanderplatz ahnen lässt. Wir lassen unsere Gedanken spazieren gehen und erinnern uns vielleicht an Döblins Roman „Berlin Alexanderplatz“ oder an Ruth Roellig, die 1928 das Buch „Berlins lesbische Frauen“ schrieb. Stört uns beim Genuss des Milchkaffees eine vorbeirumpelnde S-Bahn auf, könnte uns die Tatsache amüsieren, dass an dieser Stelle im 18. Jahrhundert noch der morastige Stadtgraben zur Akzisemauer sumpfte.

❷ *Tacheles*
❸ *Synagoge*
❹ *Café Seidenfaden*

Auf den Gewerbehöfen der Dircksenstraße 47 befinden sich zahlreiche Frauenprojekte, in denen Lesben wirken. Darunter der GOLDNETZ E. V. (ein Beschäftigungsträger für Frauen in Berlin), der Verein WILDWASSER (für Mädchen und Frauen, die sexuelle Gewalt erfahren haben), der LIFE e. V. (ein ökotechnisches Bildungszentrum für Mädchen und Frauen) und STOFFBRUCH (ein Frauensuchtprojekt). Auch eine Heilpraktikerin und ein Anwältinnenbüro haben sich an diesem frauenfreundlichen Ort niedergelassen. Auf dem Hof könnte uns übrigens ein wohlgenährter, schmusewütiger schwarzer Kater über den Weg laufen, an dessen Halskettchen eine Plakette mit der Aufschrift „ich darf frei herumlaufen" hängt.

❹ *GOLDNETZ, WILDWASSER, LIFE, STOFFBRUCH*

Von der FRAUENINFOTHEK④, dem einzigen zentralen Fraueninformationsbüro Berlins, die einst links neben dem Café residierte, ist nur noch der Fahrradständer geblieben. Die Förderung blieb aus.

Mehrere hundert Meter Luftlinie gen Südwesten befindet sich Unter den Linden 6 die Humboldt-Universität. Aufstrebende, ehrgeizige, studentische Lesben treffen sich hier dienstags im CAFÉ MUTVILLA oder donnerstags im FRAUENCAFÉ AMANDA. Beide Cafés sind in das Studentische Begegnungszentrum „Krähenfuß" integriert.



❺ *Café Mutvilla Frauencafé Amanda*

In der Rochstraße 2, die heute etwas verfallen wirkt und ein eher trostloses Ambiente bietet, tobte zu Ostzeiten das volle Leben. DREISPITZ⑥ nannte sich das Lokal, dessen BesucherInnen sich vor Einlass in das ständig überfüllte Etablissement einer Sympathiekontrolle unterziehen mussten. Der DREISPITZ erhielt seinen Namen seinerzeit im Gedenken an den traurig verbitterten Preußenfritz II., dem, wie neuerlich auch Goethe, Homosexualität nachgesagt wird. Hier traf sich die Hautevolee der lesbisch-schwulen Varietéwelt des Berliner Friedrichstadtpalastes.

Wenn wir von der Dircksenstraße in die Rochstraße biegen, unter den S-Bahnbögen hindurch Richtung Alexanderplatz gehen, treffen wir im Berlin-Carré auf die Buchhandlung ANAKOLUTH. Neben einem allgemeinen Sortiment bietet der Buch-

❼ *AnaKoluth*

laden ausgesuchte Frauen- und Lesbenliteratur und veranstaltet regelmäßig Lesungen (siehe Seite 120).
Die berlinbegeisterte Lesbe lenkt nun ihre Schritte in Richtung SCHEUNENVIERTEL. Das wirkliche, hauptsächlich von Ostjuden und Berliner Proll bevölkerte Scheunenviertel lag um den Rosa-Luxemburg-Platz herum. Es verschwand sozusagen im Blutrausch nationalsozialistischen Wahnsinns. Als Surrogat wird heute willigen TouristInnen das noch erhaltene Gebiet um die Steinstraße, Mulackstraße, Gormannstraße etc. als Scheunenviertel verkauft. In der Volksbühne am Rosa-Luxemburg-Platz finden im GRÜNEN SALON sporadisch „Berliner Frauensalons“ statt, die von Frauenprojekten gestaltet werden. Im Roten Salon der Volksbühne und dem integrierten Lokal GLOSS sind samstags auch spannende Lesben zu sehen. Hier blüht die junge linke Szene Berlins. Ganz in der Nähe, im Hinterhaus der Mulackstraße 31/32, befindet sich das soziokulturelle feministische Projekt FRAUENKREISE.

❽ *Grüner Salon, Gloss*

❾ *Frauenkreise*

Bevor wir links in die Münzstraße einbiegen, wenden wir unseren sehsüchtigen Blick nach rechts, wo wir die Ecke Almstadtstraße/Münzstraße ausmachen können. Hier errichtete Ernst Theodor Amandus Litfaß im Mai 1855 die erste seiner 155 Anschlagsäulen. Während die „Insertion“ gegen Gebühr an den neuen Säulen offeriert wurde, unterband ein Deal mit dem damaligen Berliner Polizeipräsidenten Ernst Hinckeldey das seit 1848 übliche Plaktieren an allen öffentlichen Plätzen im Namen der Ordnung. Wohl ein Bilderbuchbeispiel dafür, wie der freie Markt öffentliche Meinung reguliert.
Wir schütteln den Kopf und gehen nun die Münzstraße links herunter. Über die Weinmeisterstraße erreichen wir die Gormannstraße. Biegen wir rechts in diese ein, können wir mit Fug behaupten, im heutigen SCHEUNENVIERTEL zu sein. Hier lässt es sich wunderbar bummeln. An eine Gastronomie für speziell lesbisches Publikum ist in diesem Kiez noch nicht gedacht. Aber es findet sich Einiges zu betrachten.

❿ *Scheunenviertel*

Früher wohnten im SCHEUNENVIERTEL die Ärmsten der Armen. Insbesondere die Almstadtstraße war in den Zwanziger Jahren fest in der Hand von armen Ostjuden. Noch heute weiß eine alte Anwohnerin von Prostitution und Kriminalität en Gros in der Steinstraße zu berichten: „Was früher hier los war, das können Sie sich gar nicht vorstellen." Aber manchmal geht mit den Urberlinern auch die Fantasie durch. Denn dass meine hochanständige Nachbarin Anna Schmidt 1928 dem Menschenschlächter Hamann und seinen Einweckkünsten in der Steinstraße nur mit knapper Not und großer Schläue entkommen sein will, wie sie mir bei flackerndem Kerzenschein berichtet, kann beim besten Willen nicht stimmen.

In der Mulackstraße befand sich einst das berüchtigte Etablissement MULACKRITZE⑪. Seine Blütezeit erlebte es in den wilden Zwanzigern. Hier gaben sich neben Fuchs und Elster die Berliner kriminelle Halbwelt, Prostituierte, Homosexuelle und Künstler die Klinke in die Hand. Im ersten Quergebäude auf dem Hinterhof des nämlichen Gebäudes wohnte einst Charlotte von Mahlsdorf. Die stadtbekannte Ost-Berliner Transe residierte vor nicht allzu langer Zeit in Mahlsdorf, wo sie ein europaweit einmaliges privates Gründerzeitmuseum unterhielt. In den 50er Jahren rettete Charlotte von Mahlsdorf das gesamte Inventar der MULACKRITZE in ihr Museum nach Mahlsdorf hinüber, nachdem das gut erhaltene Gebäude von den DDR-Kommunalen abgerissen worden war. Diese hatten gehofft, damit gewisse Übel der präsozialistischen Gesellschaftsordnung mit Stumpf und Stiel auszumerzen. Rechtsradikale Angriffe auf ihr Grundstück und mangelnde lokalpolitische Unterstützung vertrieben Charlotte nach Schweden. Ihr Museum in Mahlsorf ist indessen noch immer zu besichtigen.

⑫ *Mäcky Messer*

Wer sich in der Mulackstraße erfrischen möchte, könnte dies in der Sushibar MÄCKY MESSER in der Nr. 29 tun.

⑬ *Torstraße*

Wir lösen uns von diesem Ort und bewegen uns weiter die Gormannstraße hinauf Richtung TORSTRASSE, die bis Mitte des letzten Jahrhunderts die Berliner Stadtgrenze markierte. An der Torstraße lagen denn auch die Stadttore: Prenzlauer, Schönhauser, Rosenthaler, Hamburger und das Oranienburger

*Kampfkunstschule TAKUDAI*

Tor. Das Rosenthaler Tor, circa 100 Meter von unserem Standort nach links entfernt, war das einzige Berliner Stadttor, durch das es Juden gegen Entrichtung eines gewissen Entgeltes gestattet war, die preußische Metropole zu betreten.
Welche Lesbe es übrigens nicht versäumen möchte, den alten militanten Preußenbärten des 17., 18. Und 19. Jahrhunderts ihre Verachtung zu zollen, sollte den an der Gormannstraße gelegenen GARNISONSFRIEDHOF besuchen, dessen Eingang in der Kleinen Rosenthaler Straße liegt. Hier bleichen neben den Gebeinen des ollen Lützow – des großen Franzosenfressers in der Schlacht gegen Napoleon – die des Spätromantikers Baron

⓮ *Garnisonsfriedhof*

de La Motte Fouquès. Auch Letzterer, Abkömmling einer alten Hugenottenfamilie, tat sich in den Freiheitskriegen gegen Napoleon hervor.

Jedem Tierchen sein Pläsierchen. Wir stehen noch immer an der Torstraße, ehemals Wilhelm-Pieck-Straße, die nun nicht mehr Elsaß- und Lothringer Straße heißen muss, und bewegen uns hinüber auf die andere Straßenseite in die Rosenthaler Vorstadt. Drei Minuten Fußweg weiter erreichen wir die etwas trostlose Choriner Straße, die einmal eine blühende Berliner Einkaufsstraße war. In der Nr. 9, einem idyllisch anmutenden verfallenen Altbau, hat das LILA ARCHIV Ursula Sillges Quartier genommen. Es handelt sich um ein Frauen- und Lesbenarchiv mit dem Schwerpunkt Osteuropa (siehe auch Projektlandschaften). Ein Blick auf den begrünten Hinterhof lässt entspannte Sommertage an der frischen Berliner Luft ahnen.

*15 Lila Archiv*



Links in die Zionskirchstraße biegend gelangen wir auf den Zionskirchplatz. Hier haben sich einige ausgesprochene Sommercafés rund um die begrünte Kirche etabliert. Neben der COMMODE ist insbesondere die KAPELLE (Nr. 22-24) eine gutbesuchte Stube, die von homosexuellem Publikum und wegen seines entspannten Flairs auch gern von Heteros besucht wird.

*16 Commode*
*17 Kapelle*

In der Anklamer Straße 38 – wir haben vielleicht sinnvollerweise am Zionskirchplatz eine kleine Pause eingelegt – befindet sich die einmalige WEIBERWIRTSCHAFT e. G. In diesem Gewerbehof residierte früher die VEB Kosmetik. Mit einem Investitionsvolumen von 36 Millionen DM entstand bis 1996 ein Gewerbepark ausschließlich für Frauen. Hier gibt es zahlreiche Angebote für Frauen und Lesben, u. a. einen FRÖBELKINDERGARTEN, die BUCHHANDLUNG HERSCHEL, eine Keramik- und zwei Modewerkstätten sowie ein Erotikbuchladen, eine Medienetage, etc. p. p. Auf dem zweiten Hinterhof im Quergebäude hat in der zweiten Etage das LESBENARCHIV SPINNBODEN sein Domizil gefunden. Im Lesbenarchiv werden themenrelevante Dissertationen, Magisterarbeiten von Lesben und

*18 Weiberwirtschaft*
*18 Buchhandlung Herschel*
*18 Spinnboden*

Frauen sowie Nachlässe von prominenten Lesben archiviert (siehe auch „Mitte proudly presents" auf S. 123). Im Besitz des Lesbenarchivs sind auch die Kopien aller Ausgaben der Berliner Lesbenzeitung „Die Freundin". Die Zeitung erschien während der Zwanziger Jahre mit einer Beilage „Der Transvestit" und war damals sogar am Zeitungskiosk erhältlich.

Ebenso auf dem Gelände der Weiberwirtschaft findet sich der Frauenkulturservice COMPANIA. Freitags bietet COMPANIA regelmäßig Streifzüge durch die Frauen/Lesben-Kultur in verschiedenen Stadtbezirken an (siehe auch Projektlandschaften). *⑱ Compania*

Die Brunnenstraße hinuntergehend, tauchen wir in das lesbische Schmuddelmilieu ein. Im SUBVERSIV in der abenteuerlich wüst heruntergekommenen Brunnenstraße 7 finden unregelmäßig Lesbenpartys statt. Welche sich auf den zweiten Hinterhof durchkämpft, wird auch eines ausschließlich von Lesben bewohnten Gebäudes ansichtig. *⑲ Subversiv*

Jetzt bewegen wir unsere schmerzenden Füße rechts die Torstraße entlang, durch die Ende des letzten Jahrhunderts noch die Pferdestraßenbahn, später der elektrisch betriebene O-Bus fuhr, zur Ackerstraße. Den ACKERKELLER, wo regelmäßig die Lesbenpartys mit wechselnden Themen („Lila Nächte", „Female Jungle", etc) stattfinden erreichen wir über den etwas abenteuerlichen Weg durch die Ackerstraße 12. Mit einem guten Gehör ausgestattet, vernehmen wir zur rechten Zeit bereits jetzt die kräftigen Töne, die hinter der grauen Metalltür die ansehnlichen Beine vergnügungssüchtiger Lesben in Schwung bringen. *⑳ Ackerkeller*

Von der Ackerstraße kommen wir, die Linienstraße überquerend, flugs in die Große Hamburger Straße. Dort befindet sich in der Nummer 17 seit 2001 der MUDD CLUB, der den legendären New Yorker Szeneladen in Mitte auferstehen lassen will. Der Nachtclub liegt im Keller eines verträumten spätbarocken Hinterhofs und lädt regelmäßig zum „Women's Party Club" ein. Wer schon tagsüber Kontakte knüpfen möchte, tut dies viel- *㉑ Mudd Club*

㉒ *Evas Arche* ㉔ *Kalkscheune* leicht im Ökumenischen Frauenzentrum EVAS ARCHE in der Nr. 28. Sehr hip und hop ist derzeit die KALKSCHEUNE in der Johannisstraße 2. Sie befindet sich zwischen der Touristenmeile der Oranienburger Straße und dem neuen Friedrichstadtpalast und wird sowohl von Lesben des Ostens als auch des Westens aufgesucht . Als Tagestip rangieren im Stadtmagazin „Siegessäule" die samstäglichen „Lesbenpartys mit den bestangezogensten Besucherinnen" ... die ‚Diven-Attacks'-Partys der ‚Chicks United' in der Kalkscheune."

Ein Rundgang durch den Stadtbezirk Mitte könnte u. a. in der Großen Hamburger Straße am Gedenkplatz für deportierte

*Diven-Attacks-Party in der Kalkscheune*



Juden und Jüdinnen auf dem Koppenplatz enden. Das in Metall gegossene Denkmal stellt eine Wohnzimmerszene mit umgestoßenem Stuhl dar. Umrahmt ist es von einem Text von Nelly Sachs. Die Schriftstellerin erhielt 1966 den Literatur-Nobelpreis für ihr Spätwerk. Gegenüber dem Katholischen Hedwigskrankenhaus befand sich früher ein jüdisches Altersheim, eine jüdische Knabenschule sowie ein jüdischer Friedhof. Geblieben sind eine gemischte jüdische Schule und die Erinnerung an die DEPORTATION jüdischer BerlinerInnen von diesem Ort aus. Eine mitgebrachte Blume oder ein Stein finden hier Platz, denn Gedenkstätten bleiben mit ihren BesucherInnen lebendig.

*㉔ Deportations-Denkmal*

IM GESPRÄCH MIT:

# *Christiane Hahn alias Anakoluth, Buchhändlerin*



Frau Koluth, wird Christiane Hahn, die Leiterin der Buchhandlung Anakoluth, bisweilen angesprochen. Dabei ist dies ein Begriff aus der Stilistik, bedeutet Satzabbruch als Stilfigur, laut Duden »Folgewidrigkeit der Satzkonstruktion«. Wie dem auch sei, »Anakoluth« hatte Christiane Hahns Fantasie angeregt: Es könnte ja sein, dass eine Russin dieses Namens existiert hat, eine expressionistische Lyrikerin vielleicht, die von Paris aus mit ihrer Lebensgefährtin durch Nordafrika gereist ist – wo sich dann ihre Spur verlor … Und so fand diese Biografie ihren Weg in die reale Welt, in Zeitungsartikel, auf Anakoluths Einkaufsbeutel und ins Gedächtnis mancher Kundin. Als Folgewidrigkeit kapitalistischer Marktgesetze kann die Tatsache angesehen werden, hier und heute ein Kleinunternehmen zu gründen, in einer Landschaft, wo fast nur noch die Buchhandelsketten eine Chance haben und *»all diejenigen mit einem Geschäftsraum zwischen 50-80 Quadratmetern kräfte- und finanzmäßig schnell an ihre Grenzen kommen.«*

Eine Folgewidrigkeit dieser Gesetze ist es auch, in erster Linie die Buchkultur fördern zu wollen anstatt die Verkaufszahlen. Doch genau das war es, was Christiane Hahn reizte. Sie, die Germanistik und Kunstpädagogik studiert, in einem kleinen Verlag und einer Buchhandlung Berufserfahrungen gesammelt und dabei ihren Spaß an diesem Metier entdeckt hat, griff zu, als sich 1998 die Gelegenheit bot, mit einem Freund einen Buchladen zu eröffnen.

Das Werbebudget war gering. So versuchte die Buchhändlerin, durch regelmäßige Lesungen, bisweilen Buchpremieren, mit Schwerpunkt Lesbenliteratur auf die Existenz ihres Ladens

(im hinteren Teil des Berlin-Carrés) aufmerksam zu machen. Heute sind es die Lesbischen Büchernächte, zu denen Anakoluth bekannte und weniger bekannte Autorinnen, Leserinnen und Literaturflaneusen einlädt; in Kooperation mit den Orten des Geschehens wie dem nahegelegenen Frauencafé SEIDENFADEN, der Schöneberger BEGINE, Prenzlauer Bergs Frauenzentrum EWA oder der Kulturbrauerei.

Frauenthemen, feministische Texte und Lesbenliteratur liegen der Buchhändlerin, die Anfang der neunziger Jahre ihr Comingout hatte, besonders am Herzen. *»Wir sind da, und auch in den Büchern.«* Sie weist auf die Vielfalt der Buchtitel hin, die gut sichtbar auf den Auslagetischen platziert sind und mehrere Regalmeter füllen: *Frau sucht Frau, nur für das Eine, Wimpernflug, Cantando, Die Boxerin, Queer Crime, Mein weiblicher Bruder.* Mit ihrem Sortiment, das auch ausgewählte Belletristik, Kinderbücher, Reiseliteratur, Politik und Zeitgeschichte, Kunstbände, Videos und Lesben/Schwulenzeitschriften anbietet, geht Christiane Hahn trotz finanziellen Risikos »lieber in die Tiefe als in die Breite.« Die klassischen Stapel, die sich bei Montanus & Co. auftürmen, gibt es hier nicht. Christiane Hahn möchte die Entdeckungslust der KäuferInnen wecken, empfiehlt gern neue Autorinnen und mit Vorliebe »gute Literatur«. Für die Beratung nimmt sie sich, ganz in ihrem Element, Zeit. Die Kundin ist Königin.

Leider reicht Christiane Hahn die Zeit nicht, all die verlockenden Bücherwelten ausführlich zu erkunden, der alltägliche Geschäftsablauf will auch abgewickelt werden: Einkauf, Öffentlichkeitsarbeit, Werbung. Sie empfängt Verlagsvertreter, wählt Bestellungen aus, putzt Fenster, organisiert die Lesungen, macht nach Ladenschluss Büchertische bei Kulturspektakeln und bescheideneren Events. Sie gestaltet den Laden: zweimonatlich wechseln Ausstellungen von Malerinnen und Fotografinnen.

Nicht nur die knappe Zeit mindert ihren Lesegenuss, häufig wird er von professionell buchhändlerischen Gedanken durchkreuzt: *»Kaufe ich das Buch für mein Sortiment ein? Wer würde sich dafür interessieren?«*

Neben dem Literarischen liebt Christiane Hahn das Kommunikative an ihrem Beruf. Manche Gespräche mit ihren KundInnen gehen über Verkaufsgespräche hinaus. Sie wird Ansprechpartnerin für das eine oder das andere Problem, hört sich private Geschichten an, hat durch den Laden eine soziale Funktion. Die Kehrseite: abends möchte sie dann allein sein, und so zog sie aus der Wohngemeinschaft im Prenzlauer Berg in eine kleine Friedrichshainer Wohnung.

Ihre Stammkundschaft, zu 70 Prozent Frauen, spiegelt auch die Mischung der in Mitte Ansässigen wieder: Ältere Leute, die seit 20 Jahren hier wohnen, dann das Publikum, das gern durch Einkaufszentren bummelt, und jüngere Leute, die nach Mitte gezogen sind oder hier in den neuangesiedelten Firmen arbeiten. Es reisen auch Stammkundinnen aus anderen Stadtteilen oder dem »Berliner Speckgürtel« an, aus Potsdam, Bernau, Oranienburg: Was gibt es für Neuerscheinungen? Ein Geburtstagsgeschenk bitte...



Als bereichernd erlebt Christiane Hahn die Begegnungen und Diskussionen mit ihrer Kundschaft. Bis auf wenige Ausnahmen hat sie die Erfahrung gemacht, dass ihr alle, ob jung oder alt, ob homo oder hetero nicht nur mit *»Minderheitentoleranz«* begegnen, sondern spürbar mit Respekt, Interesse und Sympathie. *»Das beflügelt und beglückt.«*

Auch die Gespräche mit anderen Buchhändlerinnen, die sich wie sie in arbeitsreicher Woche für die Buchkultur einsetzen, geben ihr immer wieder Auftrieb und motivieren sie neu. Und mitreden bei dem, was in ihrer Berufsbranche geschieht, tut Christiane Hahn als Mitglied im Werbeausschuss des Landesverbandes der Verlage und Buchhandlungen in Berlin-Brandenburg. Das Wesentliche aber, dem Konkurrenzdruck etwas entgegenzusetzen, sieht die heute Dreiunddreißigjährige in solidarischem Verhalten, wenn zum Beispiel Universitätsdozentinnen, der Frauen-AStA oder die in der gegenüberliegenden Dircksenstraße angesiedelten Frauenprojekte die Bücher bei ihr bestellen und Kundinnen den etwas längeren Weg zu Anakoluth statt zu Hugendubel um die Ecke nehmen.

Bei ihrem Buchladen-Engagement stört Christiane Hahn am meisten die rar gewordene Zeit fürs Reisen. Ist sie vor der Wende viel und gern durch osteuropäische Länder gereist, so lernte sie später asiatische Regionen kennen und entdeckte die buddhistische Philosophie für sich: ein neuer Blick auf die Welt, die Menschen, ihr Verhalten und auf sich selbst.

Hoffen wir, dass sich Christiane Hahn nicht so bald auf die Spurensuche Anakoluths begibt, diesmal zur tibetanischen Hochebene, weil die expressionistische Lyrikerin im Lauf der Zeit eine buddhistische Nonne geworden sein könnte.

MITTE PROUDLY PRESENTS:

# *Spinnboden, Lesbenarchiv und Bibliothek e. V.*

*Ein Buch hat viele Seiten, wir auch.*

WIR SIND ...

- seit 1973 ein Projekt der Lesbenbewegung;
- ein H/Ort für alle Äußerungen und Spuren lesbischer Existenz;
- eine Fundgrube für Wissensdurstige, Forscherinnen, Reisende und Neugierige;
- ein literarischer und kultureller Salon;
- ein Anknüpfungspunkt im Netz autonomer Berliner Frauenprojekte;
- ein Raum der Begegnung für lesbische Frauen vieler Kulturen, für Freundinnen, Gruppen und Individualistinnen;
- eine lesbische Ideen- und Phantasienbörse;
- Streiterinnen für die Rechte und Sichtbarkeit lesbischer Frauen und ihrer vielfältigen Lebens- und Ausdrucksweisen.

WIR BIETEN ...

- lichte, freundliche Räume mit mehreren Arbeitsplätzen;
- „Bücherwurm"-Atmosphäre;
- sachkundige Mitarbeiterinnen;
- aktuelle Informationen zu Veranstaltungen, Tagungen und Kongressen mit lesbisch-feministischen Inhalten;
- persönliche Beratung und Vermittlung von Kontakten;

- anregende, informative und kommunikative Veranstaltungen wie Lesungen, Vorträge, Workshops und Videoabende;
- vor allem aber Literatur und Materialien zu allen Themen lesbischer Existenz.

WIR SAMMELN ...
- Spuren frauenliebender Frauen von Sappho bis Madonna;
- Fundamentales und Rares zur Freundinnenkultur der zwanziger Jahre;
- Gerettete Dokumente des Berliner LAZ;
- Kontroverse Standpunkte internationaler feministischer Theoriebildung;
- Private Sammlungen mit Papieren und Erinnerungsstücken aller Art;
- Biographische Informationen zu frauenliebenen Frauen vieler Epochen und Länder;
- Videofilme und -dokumente;
- einen kosmopolitischen Überblick durch unsere internationale Zeitschriftenschau;
- schöne, schräge, schwierige und seichte Lesbenliteratur.



Im Spinnboden Lesbenarchiv befindet sich die Kontakt- und Informationsstelle für lesbische und andere interessierte Frauen. Gruppen und Termine sind auf Anfrage erhältlich. Ein großer Teil der Bücher kann ausgeliehen werden. Der Leseausweis für 12 Monate kostet je nach Einkommen 10 bis 20 Euro. Förder- oder Mitfrau des Vereins wird frau ab 30 Euro im Jahr. Dafür erhält sie Rabatt auf Kurse und Veranstaltungen. Spenden sind sehr erwünscht: Spinnboden e. V.;
Konto: 305 45 01; BLZ: 100 205 00;
Bank für Sozialwirtschaft.

*„Sicherlich liebte diese eine diese Ada dann. Und sicherlich war Ada in ihrem ganzen Leben glücklicher im Leben als sonst irgend jemand der jemals leben konnte, lebte, lebt und jemals leben wird."*

*Aus einem Liebesbrief Gertrude Steins an ihre Lebensgefährtin Alice B. Toklas, genannt Ada*

Bücher.Videos.Poster.Postkarten.Toys.Schmuck u.v.m.
WMO®
macht
Lesben
froh.
neugierig?
...dann gleich den großen Gratis-Katalog
anfordern - Stichwort: Orlanda -
neutral verpackt.unverbindlich.diskret.völlig kostenlos.
WMO WOMEN MAIL ORDER
Postfach 201 723, D - 56017 Koblenz
Telefon 02 61-100 56 34, Fax 100 56 35
www.WMO-Versand.de

# *Huren für die Damen*

*Laura Méritt*

*Strenge energische Masseuse, in allem erfahren, wünscht noch vornehme Damen zu massieren. Frau Haugwitz, Lützowstraße 97*

Um die Jahrhundertwende trieben in Berlin Frauen mit Frauen so ihre Gemeinheiten. Die Klientel begab sich zur „Ausführung des aktiven und passiven Sapphismus“ in die Hände von kräftigen Masseusen. Andere warben mit „dunkler Haut“, „rotem Haar“ oder gar einem „schwarzen Bart“, wie in Berliner Zeitungen zu lesen stand. Stiefeldirnen trugen hochhackige Lackschuhe, helle Halbschuhe oder Männerstiefel. Letztere zählten zu den Spezialisierten und waren neben älteren Frauen, den damals sehr beliebten Schwangeren oder Männern in Frauenkleidung zu bestimmter Tageszeit auf einer bestimmten Höhe der Friedrichstraße anzutreffen.
Auf dem „Boulevard der Lüste“ fand sich alles, was der Körper begehrt; sämtliche „Spezialitäten“ konnten in den 20er Jahren ohne große Mühe besorgt werden. Die Herren Kavaliere, auch „Stuppen“ genannt, suchten sich ihre männlichen „Pupen“ auf der Straße durch Zunicken, zufälliges Berühren am Arm, oder demonstratives Reiben des Daumens am Zeigefinger. Stricher und „Advanturias“ befriedigten „der wollüstigen Weiber ihre unnatürlichen Leidenschaften“. Für frauenliebende Frauen (Urninge) fand sich auf der Straße die lesbische Sadistin, die auch Herren bediente und in der privaten Beziehung meist der „Kesse Vater“ war, während sich das „Muttchen“ zu Hause ausruhte. Zuweilen gingen auch beide Frauen auf den Strich, um mehr Geld zu verdienen, manchmal auch nur die „Mutter“, aber im allgemeinen verdiente die männliche „Urninde“ mehr. Mit den „halbseidenen Mädchen“, also den eleganten Damen, oder den typischen Berliner „Nutten“, die mit Zöpfchen, Röckchen und Lackschühchen auf jung machten, musste mann wie frau aushandeln, was machbar wäre.
In Badeanstalten, Massagesalons oder in der Theaterszene der haute cocotterie wurde ganz offen auch dem bezahlten „Sapphismus“ gefrönt. Gerne fand frau sich auch zu einem Tete-à-tete in einer „Knutschloge“ oder den berühmten schwullesbischen Mokkabars. Der Admiralspalast in der

*Ingrid Rafael (Filzstift, Aquarell)*

Friedrichstraße war zum Beispiel über alle Zeiten hinweg ein solcher Treffpunkt für Andersartige und Sonderbare. In den 20ern befanden sich hier eine japanische Admirals-Bar (Sony würde das heute wieder gut anstehen!) und ein Bad für beiderlei Geschlecht – strikt getrennt, versteht sich. Der Nackt-Betrieb ging unter den Nazis fröhlich weiter, lief in der DDR-Zeit als Presseclub und Café Internutt und beherbergt heute das Polit-Kabarett Die Distel.

Heutzutage läuft das Geschäft langsam wieder an. Während früher das allgemeine Straßenstrichbild einen bunteren Anblick bot und schon an der Kleidung die Spezialität der Huren erkennbar war, ist heute eine zunehmende Anonymisierung festzustellen. Was aber keine davon abhalten sollte, die Damen bei Bedarf einfach mal zu fragen. Viele bedienen ganz

selbstverständlich auch Frauen, und der Prozentsatz von lesbischen Huren ist heute wie früher erheblich höher als gemeinhin angenommen wird.
Als immer noch zartes Pflänzchen entstehen in Metropolen wie London, New York und auch Berlin allmählich wieder lesbische Escort-Services für Frauen. Das große Geld ist damit allerdings nicht zu machen – vielmehr führen hier Profis aus Liebhaberei nebenberuflich alte Traditionen weiter, die in unserer westlichen Gesellschaft abhanden gekommen sind. Eine sexuelle Initiation von jungen Frauen findet nämlich so gut wie nicht statt, Ansprechpersonen für sexuelle Fragen stehen selten zur Verfügung. So wird eben auch das zur Dienstleistung. Und über die pure Lust und eine mehr oder weniger schnelle Nummer hinaus wollen Kundinnen aufgeklärt, eingeführt und informiert werden. Denn nicht nur junge Frauen kommen, um die Kunst der lesbischen Liebe zu lernen. Auch sogenannte ältere lassen sich in diverse Praktiken einweisen, üben Safe Sex, probieren das Tragen von Dildos, schmecken in SM rein oder führen obschöne Konservationen. Auch letzteres will geübt sein.
Manch eine kommt nach ordentlichem Reinschnuppern auf den Geschmack und entwickelt sich zur Stammkundin. Nicht, weil sie einem der Modelle verfallen wäre, etwa dem Drag King oder der Rubensschönheit, was natürlich gelegentlich vorkommt, sondern weil die eigene Phantasie zu blühen beginnt. Über die beliebten lesbischen Kranken- und Ordensschwestern hinaus, landet frau auf der Schulbank und lebt Mädchenträume von früher oder später aus. Rittmeisterinnen geben dem Pferdchen die Sporen, eine Jägerin kommt in Loden daher, eine Flower Power Hippie Mama joplint herum, die Radikallesbe trichtert den PC-Sex ein, Schwule und Heteros (die bürgerliche Nummer) werden gespielt, die Geschlechter purzeln und einige Nummern werden unseren Koryphäen gewidmet: kd Lang als Soap Opera, Martina Navratilova als Tennisarm-Modell, Alice als Schrank-Lesbe.
Entsprechende Örtlichkeiten haben ihren eigenen Reiz: Pamela entführt auf einem Motorrad, der Steward in die Kajüte, die anonyme Straßenbekanntschaft ins Pissoir, die Ehefrau will ins Stundenhotel und die IM trifft frau in einem versteckt gelegenen Stasibau. Wie das im einzelnen abläuft – surprise, surprise ... Hinterm Hurizont geht's allemal weiter.
Infos über Club Rosa in Berlin: Telefon 693 66 66

# *Vorbilder, große Schwestern, Freundinnen*

*Seyran Ates*

Weiß-deutsch-christlich sozialisierte Frauen waren und sind meine Vorbilder, sie gebärdeten und gebärden sich mal positiv und mal negativ als die großen Schwestern, die wissen wo es langgeht, was richtig und falsch ist. Sie sind aber auch meine Freundinnen – für einige bin ich gleichberechtigt, für andere scheint eine Gleichberechtigung unmöglich.

Die Frau als Migrantin wurde von der deutschen Frauenbewegung erst Ende der 70er Jahre entdeckt: Das hilflose Opfer einer islamisch-patriarchalischen Gesellschaft, unterdrückt von Mann, Sohn und sonstigen männlichen Verwandten.

Natürlich wurden wir, wurde auch ich unterdrückt. Aber wir sind nicht nur Opfer. Wir konnten auch handeln, wenn wir die richtige Unterstützung bekamen. Ich hatte zum größten Teil Glück mit meinen Helferinnen und Helfern, als ich mit 17 Jahren von zu Hause abgehauen bin. In dieser Zeit habe ich gemeinsam mit einer Freundin das Buch „Wo gehören wir hin?“ (erschienen 1983 beim LAMUV-Verlag) geschrieben. Wir haben darin unser Leben bis zum Auszug aus dem Elternhaus niedergeschrieben, um Menschen, die mit uns zu tun hatten, die uns helfen wollten, endlich zu zeigen, wie wir wirklich gelebt haben und leben, wie sich die Situation aus unserer Sicht darstellt. Mit diesem Buch wollten wir einmal selbst über uns schreiben und dagegen protestieren, dass andere uns beschreiben und meinen, uns zu begreifen.

„Wo gehören wir hin?“ Diese Frage wurde uns aufgezwungen und ich habe das Spiel auch lange mitgemacht, bis ich feststellte, dass ich da bin wo ich bin und da hingehöre wo ich gerade bin. Ich bin also kein umherirrender verwirrter Mensch, sondern entscheide mich jeweils neu – meinen Lebensumständen entsprechend –, wo ich gerade im Leben hingehöre und stehe. Meine Bikulturalität empfinde ich daher inzwischen als Reichtum und nicht als latente Schizophrenie. Ich spreche, empfinde, denke und träume in zwei Sprachen und bin geprägt von zwei Kulturen, die sich ergänzen, ähneln, aber auch widersprechen. Das macht mich vielfältiger und offener für andere Kulturen. Mir ist die Möglichkeit gegeben, Verbindungen zwischen den Kulturen herzustellen, so dass etwas Neues entsteht. Das erleben andere in meiner Situation ähnlich, aber ich kann auch Verbindungen herstellen, die nur mich betreffen. Die berühmten zwei Stühle, zwischen denen ich angeblich sitzen soll, existieren nicht. Sie existieren nur in den Köpfen von Menschen, denen es schwerfällt, sich außerhalb ihrer festgefahrenen Strukturen zu bewegen oder besser gesagt, zu setzen. Sie sitzen auf einem Stuhl.

Als Migrantin lernt frau, sich auf vielen Stühlen wohlzufühlen. Und frau muss sich auch nicht an den Rand setzen. Wir setzen uns mal dorthin und mal da. Dieses Hin und Her zwischen den Kulturen (Stühlen) ist keine Zerrissenheit, bringt uns nicht in ständige Konflikte, sondern bereichert unser Leben.

Der eigentliche Gedanke, der mit der Frage nach der Zugehörigkeit verbunden ist, ist natürlich, ob ich in die Türkei oder nach Deutschland gehöre. Ich frage dann zurück, wie die Fragestellerin darauf käme, diese Frage zu stellen, was in ihrem Kopf vorgehe. Können Menschen letztendlich nur dort leben, wo sie geboren wurden oder eine sonstwie geartete, angeblich stärkere kulturelle Verbindung haben als anderswo? Menschen gehören zum Beispiel weltweit auch da hin, wo sie sich ernähren können. Gibt es daher bei dieser Frage nicht mehr Aspekte zu bedenken? Zum Beispiel: wo kann ich als Lesbe und linke Feministin besser leben? Wo lebt die Familie, wo existiert ein soziales Umfeld? Wo kann ich mich beruflich verwirklichen? Es gibt Menschen, die aus gesundheitlichen Gründen nur in bestimmten Ländern leben können. Es gibt solche, die viel Sonne brauchen, anderen ist das ziemlich egal. Die Liste wäre unendlich fortzuführen.

Als ich mit dem Studium fertig war, wurde ich gefragt, ob ich mir vorstellen könne, in die Türkei „zurückzukehren“, wenn ich hier keinen Job fände, weil Juristinnen es bei der Jobsuche zur Zeit sehr schwer hätten. Eine deutsche Frau würde niemals gefragt, ob sie zurück auf ihr Kuhdorf nach Westdeutschland gehen wollte. Man würde sie fragen, ob sie sich vorstellen könnte, ins Ausland zu gehen, also irgendwo „hinzugehen“, vorwärts zu gehen, sich nach „vorne“ zu bewegen. Wir sollen immer „zurückgehen“, uns „zurücknehmen“, uns nach „hinten“ bewegen.

 Dass es qualifizierte Migrantinnen gibt, die hierher gehören, wollen viele nicht sehen. Wenn ich mir die deutsche Frauenbewegung in ihrer Gesamtheit betrachte, sehe ich weiterhin eine ethnische Brille, durch die die meisten Feministinnen schauen. Sie sind ganz irritiert, wenn sie auf Frauen wie mich treffen. Sie sind genauso irritiert, wie ein null-acht-fünfzehn CDU-Wähler, der nur den türkischen Gemüsehändler an der Ecke kennt. Ich bin etwas enttäuscht, wenn deutsche Frauen, die eine sehr lange Frauenbewegungskarriere hinter sich haben, uns heute noch fragen, ob es in der

Türkei Lesben gibt und dann feststellen, dass es für Lesben aus unserem Kulturkreis ja viel schwieriger sein muss als für europäische Lesben. Und außerdem: wie wir uns denn fühlten, als deutsche Türkin oder türkische Deutsche?

Ich saß vor kurzem mit einer Mandantin bei einer großen Hausverwaltung. Sie ist eine Existenzgründerin und ich habe die Verhandlungen für den Mietvertrag geführt. Wir konnten sehr gute Bedingungen für sie aushandeln. Als einer der Herren ins Sekretariat ging, um den Mietvertrag zu korrigieren, fragte mich sein Kollege, wie ich das eigentlich so hinkriegen würde mit dem deutschen Recht. Ich sei doch aus meiner Heimat eigentlich nur mit dem türkischen Recht vertraut. Er könne sich vorstellen, daß ich Schwierigkeiten hätte, zwischen den so unterschiedlichen Rechtssystemen zu differenzieren. Ich musste ihm erklären, dass ich in Deutschland aufgewachsen bin und studiert habe und dass ich mich mit dem türkischen Recht und Rechtssystem nicht auskenne. Ich bot ihm an, ihm eine mir bekannte Rechtsanwältin aus der Türkei vorzustellen, wenn er mehr über das türkische Rechtssystem wissen wolle. Natürlich haben wir dann auch noch über die Türkei als Urlaubsland gesprochen. Ich könnte ein ganzes Buch mit solchen Geschichten füllen, die ich „meinen alltäglichen Rassismus“ nenne.

Nicht das, was ihr in uns seht, wollen wir sein, denn das sind wir nicht, sondern ihr sollt sehen, wie wir wirklich sind: Nette und nicht so nette Frauen, launische, zickige, großherzige aber auch engstirnige Frauen, tolerante und intolerante, einfältige und intelligente, ehrgeizige und faule Frauen und so weiter. Migrantinnen sind genauso vielfältig und facettenreich wie deutsche Frauen. Wir sind nicht in erster Linie Migrantinnen. Natürlich wollen wir, daß unser Migrantinnendasein auch gesehen wird, aber dieser Teil von uns ist nur ein kleiner Ausschnitt, aus dem aber immer sehr viel mehr gemacht wird.

Ich arbeite mit drei deutschen Kolleginnen zusammen. Wir sind ein feministisches Anwältinnenbüro und haben unsere Schwerpunkte aufgeteilt. Zum Erstaunen vieler mache ich kein Ausländerinnen- oder Asylrecht, denn ich mag es einfach nicht. Meine Schwerpunkte sind Existenzgründungen, Arbeits- und Mietrecht sowie Verträge für gleichgeschlechtliche Partner und Partnerinnen. Themen, die so gar nicht migrantisch sind. Natürlich kann ich auch verstehen, dass Menschen, die mich neu kennenlernen, sich mit mir über migrantinnenspezifischen Themen unterhalten wollen. Ich habe dazu ja auch viel zu sagen. Aber warum ausschließlich darüber sprechen?

Ich will Denkanstöße geben, um zu zeigen, dass unsere Rolle in der deutschen Frauenbewegung/Lesbenszene nicht nur von der Migrantinnensituation und damit verbundenen Themen bestimmt sein muss. Wir können uns auch zu anderen Themen äußern. Noch sind wir diesbezüglich leider nicht gleichberechtigt dabei.

# *My Perception of the Lesbian Scene in Berlin*

*Sue Maluwa-Bruce*

I come from Zimbabwe where it is a taboo to be a lesbian. It is unheard of for a woman to have any sexual feelings, homosexual or heterosexual. A traditional woman is supposed to be married by a certain age and have children. She is supposed to do everything that pleases her husband. A woman is respected more if she is married and has children. In my hometown, which is the third largest city in the country and has a population of almost a million people, there is nothing like a women's café or a women's bar. Usually, women who go to bars are prostitutes or considered to be prostitutes.

When I came to Berlin, it was such a pleasure to have a wide variety of entertainment offered for women. Every day there are events taking

place either in cinemas, bars or cafés. There are also quiet places like the Schoko-Café, to go to and have a safe quiet talk with a friend. It is such a pleasure to go to the MoKATO every Monday because it always has something different and special to offer. The events are advertised widely in magazines and flyers which are distributed in bars and cafés.
There is such a variety of women here, something I have only experienced in my dreams. I meet a different type of woman in Schoko-Café than I do at SO 36, Begine, MegaDyke, Bierhimmel, etc. It is not often that I meet the same women in different places. I like the idea of being in a women's café or bar and never having to bump into a man. I like to go from bar to bar and club to club, something that is not possible in my town. I feel priviledged in being here.
A show like Krista Beinstein's „phantoms of the phantasy“, a fetish performance that was staged here in Berlin, was a complete cultural shock to me. The fact that a show like that can happen here thrills me. I enjoyed it a lot but I did not like the bloody stuff, that was too heavy for me.
I also like to visit sex toy shops and my favourite is Laura Meritt's Sexclusivitäten. It is a homey atmosphere and she is always laughing and smiling, something that I rarely see here in Berlin.
One thing I found difficult as a non-German speaking person was finding information on where to go if I was in trouble, what sort of support lesbians here give to each other in times of need. For example, what does one do when one has been raped or beaten up or something traumatising like that? How does one know what is happening and who is affected and who needs support? It was also very difficult for me to find out about lesbian counselling services and how to get it, how to get an HIV test and where. Where do lesbians who are HIV+ meet? How do I find out about their support groups and how do the rest of the lesbian community show their support? I only saw information on gay men but after asking around for a while I was informed on where lesbians can go. One of my main concerns is that this information is made available to non-German speaking women as well.
Apart from this I am enjoying the lesbian scene in Berlin in all its variations and hope to do so a lot more.

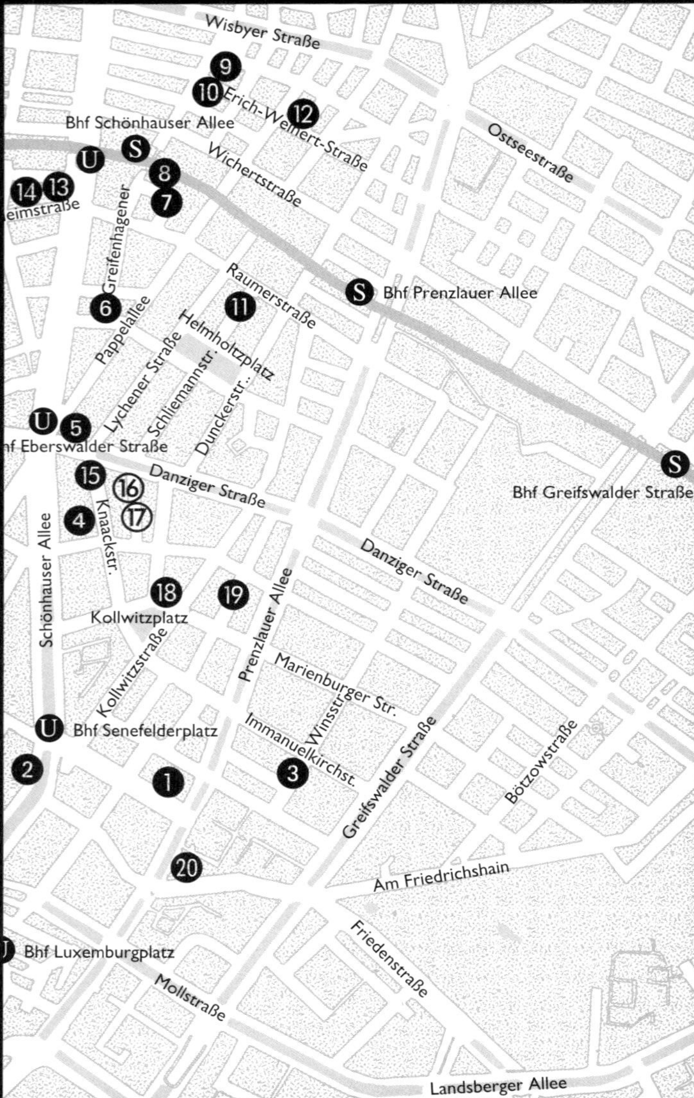
Wisbyer Straße
9
10
Erich-Weinert-Straße
12
Bhf Schönhauser Allee
S
U
8
7
14
13
Wichertstraße
Ostseestraße
eimstraße
Greifenhagener
Raumerstraße
S
Bhf Prenzlauer Allee
6
11
Pappelallee
Helmholtzplatz
Lychener Straße
Schliemannstr.
Dunckerstr.
U
5
hf Eberswalder Straße
15
16
17
4
Danziger Straße
Knaackstr.
S
Bhf Greifswalder Straße
Danziger Straße
Schönhauser Allee
18
19
Kollwitzplatz
Prenzlauer Allee
Kollwitzstraße
Marienburger Str.
U
Bhf Senefelderplatz
Immanuelkirchst.
Winsstr.
Greifswalder Straße
Bötzowstraße
2
1
3
20
Am Friedrichshain
Friedenstraße
Bhf Luxemburgplatz
Mollstraße
Landsberger Allee

# PRENZLAUER BERG

# *Kreuz und quer durch den Prenzlauer Berg*

*Barbara Keller, ergänzt von Julia Gerber*

Ähnlich wie in Mitte ergreifen heute auch im Stadtbezirk Prenzlauer Berg immer mehr Ureingesessene die Flucht: 1997 wendeten allein 42 661 BewohnerInnen – stadtweit unerreicht – dem Stadtbezirk den Rücken, um ihr Domizil in ruhigeren, familienfreundlicheren Randbezirken aufzuschlagen. Auch im Prenzlauer Berg siedelt neuerlich vorzugsweise der handybewehrte Einzeller mit seinen unvorstellbar gigantisch-globalen Zukunftsvisionen.

Der Prenzlauer Berg ist jener Stadtbezirk, in dem vor der Wende bekanntlich die Opposition agierte und die homosexuelle Szene sich zu Hause erklärte. Während es in Mitte verstreut einige mehr oder minder gut besuchte Schwulenlokale gab, darunter der von Lesben und Schwulen stark frequentierte DREISPITZ in der Rochstraße, kann die Schönhauser Allee im Prenzlauer Berg – zwar mit Ironie und Vorsicht – aber durchaus als die „kleine Christopher Street des Ostens" bezeichnet werden. Hier wurde viel Hochprozentiges die Kehlen hinuntergeschüttet und vor allem ungeniert gebaggert. Die einzige Tanzbar, die mittwochs ausschließlich für Frauen öffnete, war das als „Nahkampfdiele" verschriene CAFÉ PRENZLAU in der Prenzlauer Allee 26 (Heute: gleiche Belegschaft – aber Normalbetrieb.)



❶ *Café Prenzlau*

Eine nächtliche Odyssee konnte damals im Café am Senefelderplatz beginnen und peu à peu die Schönhauser Allee hinaufführen. Das noch heute von Karin Willuhn und Sigrid Kühne geführte Etablissement in der Schönhauser Allee 173 heißt inzwischen FLOWER POWER. Grüne Holztäfelung mit eingebauten Spiegeln und Tapeten mit blassem Blümchenmuster zeugten

❷ *Flower Power*

vom Willen zum aufgepeppten Lokalkolorit. Das kitschige Schlagerambiente und die legendäre Soljanka auf dem Speiseplan sind geblieben, doch die Bedienung ist freundlicher geworden. Dienstags ist „Ruby Tuesday“ mit Plattentauschbörse.

❸ *La Femme*

Nicht weit vom Senefelder Platz, in der Immanuelkirchstraße 22, befindet sich die kleine, aber feine Lesbenbuchhandlung LA FEMME – LIVRES POUR ELLE. Hier bekommt die Kundin besonders zu den aktuellen Neuerscheinungen fundierte Beratung. Zu Ostberliner Zeiten war die ultimative Adresse für all jene, deren Erlebnishunger auch nach der Geisterstunde keine Grenzen kannte, die SCHOPPENSTUBE (heute auch STONEHENGE) in der Schönhauser Allee 44/II.

❹ *Schoppenstube*

Die Besucherschaft gab eine Mischung ab, die man sich heute kaum noch vorstellen kann: Schwule, Lesben, KünstlerInnen, SchauspielerInnen, Bauarbeiter, AusländerInnen, Vereinsamte, SäuferInnen, Verrückte etc. Open End bis zum Morgengrauen. Ein letztes Mal begegneten sich die Unersättlichen früh morgens unter der U-Bahn-Brücke bei KONNOPKE. Der heute von Waltraud Ziervogel geführte, gutgehende altberliner Traditionsimbiss besteht bereits seit 1930 und hat bis heute von seinem guten Ruf kein Quäntchen eingebüßt. In das kalte Morgengrauen blinzelnd, vom emsigen Gezwitscher der stocknüchternen Stadtspatzen bespöttelt, stärkten sich die NachtschwärmerInnen hier mit einem Imbiss, bevor es entweder endlich ins Bett oder in die nächste Kneipe in der Kastanienallee ging. Von diesen Zeiten kann die Belegschaft der SCHOPPENSTUBE heute nur träumen.

❺ *Konnopke*

Wenige Minuten entfernt von der SCHOPPENSTUBE hat das SHAMBALA in der Greifenhagener Straße 12, einer Parallelstraße zur Schönhauser Allee, nach der Wende sein Domizil gefunden. Ein wunderbarer Ort zum Klönen bei Milkshakes oder Cocktails in einem improvisierten Dschungelparadies. Die Zeit als Frauen-Hochburg ist leider seit 2000 vorbei. Ein Besuch lohnt sich dennoch – wenn nicht zum Flirten, dann zum Flippern!

❻ *Shambala*



Zu Ostzeiten gab es natürlich auch private Zirkel und politisch engagierte Lesben. Gedacht sei hier an die Lesbengruppe unter dem Dach der GETHSEMANEKIRCHE, die 1989 schließlich zu jenen gehörte, die den Selbstauflösungsprozeß des DDR-Systems noch etwas beschleunigten. Die Kirche gewährte ihnen einen Raum in der Gethsemanestraße 9 hinter dem gleichnamigen Kirchengebäude.

❼ *Gethsemanekirche*

Marinka Körzendörfer war Mitglied der besagten Lesbengruppe. Gelernte Journalistin, bis etwa 1987 bei der Berliner Zeitung, schrieb sie fünf Jahre lang stromlinienförmig die TASS- und ADN-Nachrichten zurecht und arbeitete zuletzt im Archiv der Zeitung. Seit ihrem Coming-out 1983 verkehrte sie regelmäßig in der Gethsemanegemeinde. Der harte Kern der Lesbengruppe, der Vorbereitungskreis, bestand aus elf Frauen, die alle zwei Wochen in der Kirche einen offenen Abend zu diversen Themen vorbereiteten. Marinka: „Es gab Vorträge, es wurde diskutiert, Tee getrunken et cetera. Da konnte jede kommen. Aber vor allem war die Gruppe zu jener Zeit für uns wie eine große Familie. Mindestens zwei-, dreimal die Woche saßen wir zusammen in einer Wohnung oder in der Kneipe rum, unternahmen Ausflüge und die Liebschaften machten die Runde. Wir kannten sozusagen alles voneinander." Marinka fand, wie sie sagt, in der Berliner Lesbengruppe zu ihrem Selbstbewußtsein: „Naja, 'zu wenig getan, bzw. das haben wir uns nicht zugetraut', diese Plakette brauchen wir uns nicht anzuheften. Das, was in unserem Bereich lag, haben wir versucht." (Fußnote: Näheres zu Marinka Körzendörfer und der Lesbengruppe der Gethsemanegemeinde im Berliner Lesbenmagazin UKZ 11/12 1998.)

*8 Greifenhagener Kussbrücke*

Wir überqueren die S-Bahnbrücke, die sogenannte GREIFENHAGENER KUSSBRÜCKE. Sie ist so legendär wie die Jungfernbrücke im Stadtzentrum Mitte und sollte unbedingt – wie bisher von vielen anderen – zu einer romantischen Kussbegegnung genutzt werden. Wir kehren zur Greifenhagener Straße zurück, die sich allmählich zum lesbisch-schwulen Mittelpunkt in Prenzlauer Berg zu entwickeln scheint. Der seit Februar 2002 in der Greifenhagener Straße 31 gelegene BURGFRIEDEN gehört wiederum zur legendären homosexuellen DDR-Geschichte. Es handelt sich um ein räumlich sehr sympathisch eingerichtetes Nachtlokal, das allerdings von Frauen weniger frequentiert wird. Wie die SCHOPPENSTUBE war es (damals in der Wichertstraße) einer der Drehorte für den von Heiner Carow gedrehten Film „Coming Out", dem ersten auch heute noch sehenswerten Spielfilm zum Thema Homosexualität in der DDR.

*9 Burgfrieden*

In der Greifenhagener Straße 28 eröffnete am 1. Mai 1999 der multisexuelle SONNTAGS-CLUB erneut seine Pforten. Für Frauen werden zweimal im Monat spezielle Veranstaltungen angeboten. Zu bestimmten Terminen gibt es auch einen Frauenlesbentreff und einen Darkroom (siehe auch Seite 154). *⑩ Sonntags-Club*

Etwa zehn Minuten Fußweg entfernt, in der Raumerstraße 20, befindet sich die erotische Buchhandlung LUSTWANDEL, die von Sophie Hack und Stephanie Kuhnen geführt wird. In den lustvoll gestalteten Räumen ist das Stöbern und Schnuppern ausdrücklich erwünscht. *⑪ Lustwandel*



In der Erich-Weinert-Straße 67 befindet sich am Humannplatz der sehr empfehlenswerte STILLE DON. Vis-à-vis der katholischen Pfarrkirche „Zur Heiligen Familie“ – erbaut in den späten Zwanziger Jahren im Stil einer Zwingburg – führt das sympathische Etablissement sein stilles, freundliches Dasein. Ein Ambiente, das im allgemeinen auch Lesben zusagt, obwohl hier vorwiegend schwules Publikum verkehrt. *⑫ Stiller Don*

In unmittelbarer Nähe zum Kino Colosseum, führt der BUCHLADEN ADAM in der Gleimstraße 23 sein besonderes Angebot *⑬ Buchladen Adam*

für Lesben und Schwule. Nur wenige Meter entfernt in der Nr.
⑭ *Café Amsterdam* 24 ist das CAFÉ AMSTERDAM zu finden, in dem sich ein aufgeschlossenes gemischtes Publikum in szeniger Atmosphäre wohl sein lässt und wo die erworbenen Bücher ein erstes Mal genüsslich in Augenschein genommen werden können. Dem Café ist eine Pension angeschlossen, die ein gutes Preis-Leistungs-Verhältnis bietet.

Last but not least sei als wichtiger Veranstaltungsort die
⑮ *Kulturbrauerei* KULTURBRAUEREI in der Knaackstraße 97 genannt. Hier finden Frauenpartys im Zusammenhang mit dem lesbisch-schwulen Filmfestival, den EuroGames und dem Christopher-Street-Day sowie das internationale Frauenmusikfestival „Wie es ihr gefällt“ statt. Auch diverse Buchhandlungen und Verlage bieten ihre Veranstaltungen zum literarischen Lesbenleben gerne in der Kulturbrauerei an, die in der lesbisch-schwulen Szene inzwischen zum Begriff geworden ist. Gegenüber, in der Knaackstraße 7 befanden sich übrigens von 1991 bis 1997 das Künstlerinnenprojekt CNEMIDOPHORUS UNIPARENS⑯ und das Frauencafé WHISTLE STOP⑰.

Um allgemein bekannte Touristenattraktionen nicht ganz außer Acht zu lassen, können wir auf dem Weg zum FRAUEN-
⑱ *Kollwitzplatz* ZENTRUM EWA ja durchaus den KOLLWITZPLATZ und den Platz am Wasserturm überqueren. Hier lässt sich in diversen Kneipen allerhand Geld ausgeben. Bei dieser Gelegenheit biegen wir auch in die Rykestraße ein und werfen einen Blick auf die
⑲ *Synagoge* jüdische SYNAGOGE in der Nr. 53. Direkt um die Ecke kann übrigens original jüdisch gespeist werden. Oder lieber russisch orthodox, oder indisch drei Meter weiter?



Das EWA, der „Erste Weibliche Aufbruch“ in der Prenzlauer
⑳ *EWA* Allee 6, rechts neben dem St. Nikolai-Friedhof, steht am Ende unserer vorgeschlagenen Mammuttour. Wie der Name bereits sagt, entstand das EWA als eines der ersten Ostberliner Frauenprojekte nach der Wende. Neben zahlreichen Veranstaltungen für Frauen und Lesben legen hier jeden Samstag ab 22 Uhr DJanes ausschließlich für Lesben auf. Die Tanzfläche bleibt nie leer und die Preise am Tresen sind erschwinglich.

IM GESPRÄCH MIT:

# *Caspar & Bianca, Kabarett*

*„Danach. Aus Liebe zum Dasein oder der Scheiße zum Trotz."*
So der Titel des neuen Stückes, das Caspar & Bianca im Januar 2002 präsentieren, beflügelt, direkt aus dem Himmel, der sie noch mal entließ, um ihre neuen Lieder zu singen, zur Release-Party ihrer ersten CD im BKA am Mehringdamm.
Seit 1993 touren die beiden Kabarettistinnen mit dem Ruf „kluger Expertinnen in Sachen Frauen-Liebes-Beziehungen" bundesweit zu Lesbentreffen, Festen und Kleinkunstbühnen. Neben Kontrabass, Texten und Noten haben sie auch Bachblüten-Rescuetropfen im Gepäck, gegen das Lampenfieber. Manchmal gelingt es ihnen, sich diese lästige aber normale Begleiterscheinung *„als besonderen Erregungszustand schön zu reden"*, besser natürlich, sie in eine aufregende Bühnenpräsenz zu verwandeln. Schließlich wollen sie das Publikum entführen, verzaubern.
Als Bianca Caspar zum ersten Mal singen hörte, „im Jahr der untergehenden DDR", sagte sie ihr ganz direkt: *„Singen kannst du nicht, musikalisch sind deine Lieder nicht so doll, aber ich finde es mutig, daß du damit auf die Bühne gehst."* Das war kein Hinderungsgrund für die beiden, sich in einander zu verlieben, so sehr, dass sie die Maueröffnung später als andere mitbekamen. Waren sie doch zu sehr damit beschäftigt, Caspars Geburtstag auf romantische Weise zu feiern.
Biancas Aufforderung *„kannst ja mal gucken, was es so für bereits existierende Lieder gibt ..."* war für Caspar eine Herausforderung. Sie ließ nicht locker, schleppte Lieder und Pianistinnen an, um ihre Geliebte, die promovierte Musikwissenschaftlerin, von ihrem Talent zu überzeugen. Eine Pianistin war besser als die andere, doch immer wäre es auf ein Solo mit Caspar hinausgelaufen. Also setzte sich Bianca nach zwei Jahren selbst ans Klavier, das *„weniger Töne als bei den anderen Weibsperso-*

*nen"* zu haben schien und bekennt sich seit 1993 zur klavierspielenden Kabarettistin.
Caspar hat ein Händchen für die trivialen Dinge. *„Die ganze Welt liegt in der Gosse"*, sagt sie, *„auch die großen Gefühle „... Grüße an Sarah, aber sag ihr nichts von mir ...* stimmt sie an, zieht ihre Augenbrauen dabei hoch. Verschmitzt, ironisch. Die beiden nehmen sich selbst aufs Korn. Die Ost-West Differenzen, die wesentlicher Bestandteil ihrer vergangenen Programme waren, sind in den Hintergrund geraten. Stattdessen werden graumelierte Haare thematisiert, die Homo-Ehe, ich bin eine Frau, wär ich ein Bub, Alpträume, ein schiefgebautes Hochbett, Untervögeltsein, großstädtische Einsamkeit, ein Holiday-Blues, Fliegen lernen. Eben: Aus Liebe zum Dasein der Scheiße zu trotzen, sich selbst und andere verwöhnen, vergnügen, dem inneren Reichtum, der in allem steckt auf die Spur kommen.
*„Überall gibt es die Fliege im Bernstein, die da eingeschlossen ist und die es zu suchen lohnt, zu entdecken, zu präsentieren, zu bewahren,"* sagt Bianca zu Themen und Auswahl der Lieder, die ihnen gefallen, die sie elektrisieren. *„Wenn Lieder überleben und hundert Jahre später die Menschen durch sie so berührt werden, dass innerlich alle Knöppe aufspringen, ist da etwas Gutes, Tiefes, auch in Schlagern."*
Es gibt eine klare Aufgabenverteilung zwischen den Kabarettistinnen: Bianca ist für die musikalische Bearbeitung verantwortlich und Caspar greift nicht mehr nur „rüde" in die Liedertexte ein, sondern schreibt sie fast alle neu. In ihrem Duo *„vereinen sich die Wissenschaftlerin und die Wissenschaffende"*, so Caspar. Bianca: *„Seitdem wir die Konsequenzen aus dem auch bei uns eingetretenen lesbischen Bettentod gezogen und uns nicht ohne Mühe als Liebespaar aufgelöst haben (1994), arbeiten wir schonungsloser zusammen. Übrig ist eine a-sexuelle Erotik, die planlos ist, aber Ausdruck und Arbeit beeinflußt."* Caspar: *„Unsere künstlerische Zusammenarbeit ist unkompliziert. Wir haben Spaß, voneinander zu lernen."*
Bis vor kurzem bezichneten sie sich eher als Musikbenutzerinnen denn als Musikerinnen. Schöne Töne aus dem Hals las-

sen sind für Caspar das Eine, *„aber das reicht mir nicht als Ziel. Die kommen dann sowieso, wenn Gefühle und gern erzählte Geschichten dranhängen."*

Bianca sieht in der inhaltlichen Musik-Benutzung eine Möglichkeit, *„eine Song-Begegnung zu organisieren: Leute abzuholen, anzuknüpfen an ihre Erfahrungen, erinnern, eine Geste gegen das Wegwerfen von Sachen, von Gefühlen, von bereits Vorhandenem. Nachhaltigkeit."*

Im Laufe der Jahre sind Caspars Texte zugespitzter und Biancas musikalische Bearbeitung der Songs ausgefeilter geworden. Folglich nicken sie heute leicht zur Bezeichnung Musikerinnen. Ein Blick in die Werkstatt: die beiden putzen die Songs blank, bürsten sie gegen den Strich, beleuchten sie neu, nehmen sie auseinander, setzen sie anders zusammen, bis sie sich anfühlen wie eigene. *„Es ist wie das Schnüren eines Überraschungspakets."*

So ist der *Walzer danach* aus einigen Takten von Schostakowitsch entstanden, in denen Bianca die ganze russische Seele erscheint, aus Gloria Gaynors *I will survive* ist der Tango *Ich will mehr* geworden und aus Drupis *Piccole e fragile*, dem Kleinen und Zerbrechlichen wird eine balladenhaftes Aneinanderreihen von albtraumhaften Momenten.

Bisweilen gibt es kleine Kämpfe darum, wer welchen Song singt. Jede hat natürlich ihre Lieblinge, aber es geht ums Authentische. Manche Eigenschaften werden der Einen eher abgekauft als der Anderen, sie kann sie besser verkörpern. Danach richten sie sich, und wenn Caspar singt *„Wie lern ich nur zu fliegen"*, hält sich Bianca mit dem Klavierspielen zurück, will die Nuancen nicht übertönen, spielt glasklar, damit die „Front-Sängerin" ihren Raum hat.

Caspar begleitet Biancas Gesang auf dem Kontrabass. Sie liebt große Instrumente, hat es gern ein bisschen übertrieben – *„verpackt ihre subtile Poesie in übertriebene musikalische Mittel"*, sagt Bianca. Ihre neueste Schwäche ist die Tuba, ein Instrument, das sonst eher im Tanzsaal, bei Beerdigungen und von Marching bands gespielt wird. Für Caspar *„eine Ode an die Melancholie“*. Der Grat auf dem sie sich gern bewegen, liege *„zwischen Humor und kraftvoller Traurigkeit“*.

Ob die beiden für einen Auftritt siebenhundet Kilometer fahren oder am selben Ort mehrere Abende en suite spielen, sie feilen an ihren Liedern weiter, nehmen Publikumstimmungen auf, ändern eine Zeile ab, mehrere Töne, tauschen ein Lied aus, improvisieren auf der Bühne, ihrem geschützter Raum, singen *„... zusammen sind wir stark ... eine Freundschaft für die Ewigkeit ... „*
Anhaltender Beifall im BKA, die Engel sind am Ende, schließlich sind sie zur Zeit irdisch, doch hinterm Horizont gehts weiter ... immer weiter.

PRENZLBERG PROUDLY PRESENTS:

# *Das Frauenzentrum EWA – eine wichtige Adresse in Berlin*

Immer wieder samstags – und das seit nunmehr zehn Jahren – legen DJanes Altbewährtes und Aktuelles aus der angesagten Musikszene auf. Zur traditionsreichen Disco kommen Frauen jeden Alters aus Berlin und dem Umland, aber auch viele Berlinbesucherinnen ins EWA. Das eher intime Ambiente macht den besonderen Charme dieser Tanzveranstaltung aus.

Neben der liebgewordenen Partynacht gibt es im EWA – vom Alexanderplatz ein kurzes Stück bergauf – noch einiges mehr von Frauen, mit Frauen, für Frauen. Seit nunmehr zwölf Jahren wird hier eine bunte Palette von Nutzungsmöglichkeiten für Frauen und Mädchen aus Berlin geboten. Angefangen beim gemütlichen Plausch im FrauenCafé und FrauenTreffpunkt bis hin zur Medienwerkstatt als Bezugspunkt für Künstlerinnen und andere Neugierige. In der Computerwerkstatt werden regelmäßig Einführungs- und Aufbaukurse von Windows bis Internet angeboten. In einer eigenen Schmuckwerkstatt können Frauen den Schmuck der Urgroßmutter restaurieren oder für die Urenkelin neuen entwerfen. Die zahlreichen Sportkurse wie Wendo, Yoga, Pantomime und Massage sowie Sprachkurse u.a. für Englisch und Italienisch werden von Teilnehmerinnen aus ganz Berlin besucht.



Kultur wird im EWA ganz groß geschrieben. Jährlich finden über 100 Veranstaltungen statt. Ein Schwerpunkt liegt auf der sozio-kulturellen Bildungsarbeit und dem politischen Frauensalon (in Zusammenarbeit mit den Frauenzentren PAULA PANKE und FRIEDA), wobei Frauen aus unterschiedlichen Kulturen, aus Wissenschaft und Politik zusammengebracht und zum Dialog angeregt werden. Außerdem ist ein Forum für Schriftstellerinnen und Filmemacherinnen entstanden.

Die lesbische Lesereihe Amazonen, die in Kooperation mit der Buchhandlung Anakoluth durchgeführte Veranstaltungsreihe *Frauenbuchverlage stellen sich vor,* oder die Abende, an denen frau *Mit Filmemacherinnen ins Gespräch kommt,* sind beliebte Highlights im EWA. Im Februar 2002 waren zum Beispiel Lily Besilly und Nathalie Percillier mit einigen ihrer Filmprojekte zu Gast.
In den beiden Galerien des Frauenzentrums stellen bildende Künstlerinnen ihre Arbeiten aus. Und in der Frauenbibliothek und im Archiv ist u.a. die Frauenbewegung in Ost und West dokumentiert.
Das EWA bietet konkrete Hilfe für die unterschiedlichsten Lebenslagen und ist eine Anlaufstelle für Frauen aus aller Welt, die Informationen über veränderte Lebensbedingungen oder Kontakte zu Frauen bzw. Frauengruppen suchen. Des Weiteren gibt es wöchentlich eine kostenlose Rechtsinformation, psychologische Beratung, oder Hilfe bei der Gestaltung von Bewerbungsunterlagen – alles Angebote, die viel genutzt werden.



Wer mehr zum aktuellen Veranstaltungsprogramm und zum Angebot des Frauenzentrums wissen möchte, kann sich gern informieren (siehe Service-Teil, Rubrik Zentren, Arbeitsgruppen etc.).

# *Sonntags-Club e.V.*

„Absolut queer“ ist der Titel der Zeitschrift zum Jubiläum: 25 Jahre Sonntags-Club e.V. – 25 Jahre Emanzipationsarbeit. In der Selbstdarstellung heißt es: „Der Sonntags-Club trägt seinen Namen seit 1987 und ist seit 1990 ein eingetragener Verein. Der Name ergab sich aus der Tradition, daß die Veranstaltungen zum Thema lesbisch-schwule Emanzipation immer sonntags stattfanden. Diese Tradition lebt heute – nicht nur an Sonntagen – fort.“

Der Sonntags-Club e.V., Berliner Vereinigung lesbischer, schwuler, bi- und transsexueller BürgerInnen, ist ein Beratungs-, Informations- und Kommunikationszentrum für Lesben, Schwule, Bisexuelle, Transidente, Transvestiten und deren Angehörige mit Fragen zu den Themenbereichen geschlechtlicher Identität und sexuelle Orientierung.

Neben der psychosozialen Einzelberatung bietet der Sonntags-Club e.V. verschiedenen Gruppen ein Zuhause, in unseren Räumen treffen sich beispielsweise die lesbischwule Jugendgruppe und die lesbischen Mütter regelmäßig.

Das Veranstaltungsspektrum reicht von Gesprächsabenden wie „Was blieb von der Ex?“, „Neuer Lebensabschnitt – neues Glück?!“, in denen persönliche Erfahrungen im Vordergrund stehen bis zu Informations- und Bildungsveranstaltungen mit unterschiedlichen Gästen. Darüber hinaus bereichern Lesungen lesbischer Autorinnen, musikalische Darbietungen und Motto-Partys wie „Karibische Weihnachten“ und 20er Jahre Piano-Bar unser Kulturprogramm. Das jeweils aktuelle Programm ist inklusiver fester Gruppentermine im zweimonatig erscheinenden Faltblatt zu finden und wird in den Berliner Zeitschriften sowie im Internet veröffentlicht.

*20er Jahre Party 2001 zum internationalen Frauentag*

Wichtiges Kernstück des Sonntag-Clubs ist die professionelle psychosoziale Einzelberatung zum Thema Homosexualität und Geschlechtsidentität, durchgeführt von der Sozialpädagogin Silke Meyer. Zum Thema Geschlechtsidentität hieß es 1998 in der Fest-Zeitschrift, dass diejenigen, die *„mit ihren Eigenheiten nicht in die herkömmlichen Strukturen passen, ... sich in der Queer-Bewegung, jener Strömung, die mehr an Geschlechteridentitäten umfaßt als die notdürftige Bezeichnung gay", Die Begrifflichkeit von und die Diskussion über ‚queer' stammen aus den USA. Dennoch behaupte ich einmal ganz kühn und selbstbewußt, daß wir im Sonntags-Club schon ‚queer' handelten, als es dessen Bedeutung noch gar nicht gab oder niemand darüber nachdachte. Wir sind stolz darauf, daß sich unter dem Dach des Sonntags-Clubs alle Personen zusammentun, die dazu beitragen, über Homosexualität und Geschlechtsidentität aufzuklären, zu beraten und Bewußtsein zu bilden. ‚Absolut queer' ist unser Markenzeichen und Motto – nicht nur im Jubiläumsjahr."*

# DJane

*Ipek Ipekçioglu*

So wie das Schicksal, also „Kismet“ es wollte, habe ich vor fünf Jahren mehr oder weniger notgedrungen das erste Mal auf einer der damals berühmt-berüchtigten „Queer-Partys“ im SO 36 „Morgenland-Schleiertanz“ aufgelegt, da dem SO der türkische DJ entlaufen war. Auf die Bitte des Veranstalters hin packte ich sämtliche meiner türkischen und arabischen Kassetten (denn damals hatte ich noch keine schicken CDs) ein und machte mich auf den Weg. Ich, die Unerfahrene, stand zum ersten Mal in meinem Leben vor einem Mischpult und sollte damit Hunderte von Lesben und Schwulen zum tanzen motivieren. Tatsache war: die Leuten tanzten und ich war überglücklich. Schließlich war der Erfolg für mich eine Ehrensache, denn seit Jahren hatte ich sämtliche DJanes genervt, um nicht zu sagen angebettelt, doch auch mal arabische und türkische Musik aufzulegen. Nun sollte es endlich eine lesbisch-schwule Party mit orientalischer Musik geben.

Ich entdeckte damit für mich ein neues Hobby, nämlich das Auflegen, d.h. Menschen dazu zu bringen, zu tanzen. Dazu gehört auch, ihren Abend schön zu gestalten. Anfangs habe ich relativ sporadisch auf Soliparties von Jacaranda, Sorglos, dem Frauen-Notruf und auf der Lesbenwoche „gedeejayt.“

Mein Musikstil stieß leider nicht immer auf Gegenliebe. Auf einer Walpurgisnacht-Party im Pfefferberg anno 1995 wurde ich sogar ausgebuht, weil ich den Frauen zu „fremdländische“ Musik machte. Dabei hatte ich erst drei Lieder türkischer, arabischer und indischer Musik gespielt. Danach habe ich, zumindest an diesem Abend, nur noch angloamerikanische Musik aufgelegt. Was mich an diesem Ereignis schockierte, war dass die Walpurgisnacht-Demo den Schwerpunkt „Frauen und Lesben gegen Rassismus und Sexismus“ hatte. An der Reaktion der Frauen merkte ich aber, wie wenig Platz für andere Kulturen tatsächlich in der Szene war. An diesem Abend waren mindestens 20–25 Frauen und Lesben aus nicht-deutschen Kulturen anwesend, die auch zu ihrer Musik tanzen wollten, welche

aber von anderen boykottiert wurde. Für mich war dieses Erlebnis so einschneidend, dass ich mich aufgrund der Respektlosigkeit, Ignoranz und dem Rassismus nicht mehr als ein Teil der Lesbenszene begreifen konnte.

Von da an hatte ich den Ruf einer „Ethno-DJane“ und wurde für bestimmte Solipartys gar nicht mehr angefragt. Noch heute passiert es mir auf Lesbenpartys, dass die arabische, türkische oder hebräische Musik, die ich auflege, mit der Begründung, sie sei für Westeuropäerinnen nicht tanzbar, weil zu fremd, abgelehnt wird.

Da es allgemein bekannt ist, dass ich eine Türkin bin, werden Musikrichtungen wie Klezmer, Rai, Arabicpop und Türkischpop allesamt als türkisch eingeordnet, was ich als einen undifferenzierten Eurozentrismus verstehe. Außerdem werde ich beim Auflegen gefragt, ob ich die Inhalte der Texte verstehe, weil sie möglicherweise Sexismus und Gewalt gegen Frauen propagieren könnten. So fragte mich zum Beispiel eine Mann-zu-Frau-Transe, ob ich Musik aus nichtpatriarchalen Ländern hätte, weil gerade die arabische und türkische

Kultur besonders patriarchal sei und dort im Gegensatz zu Deutschland Gewalt gegen Frauen angewandt würde. Ich finde es bemerkenswert, dass gerade die Inhalte der nicht-anglo-amerikanischen und nicht-europäischen Musik auf so große Beachtung stoßen. Erstaunlich ist dabei, dass Patriarchat, Sexismus und Rassismus als arabische und türkische Phänomene betrachtet werden. Dieselben Inhalte europäischer und nordamerikanischer Lieder werden nicht hinterfragt. Um die Inhalte der Lieder zu verstehen, müsste ich Übersetzerin und keine DJane sein. Nichtsdestotrotz achte ich aufgrund meines politischen Selbstverständnisses sehr darauf, dass ich keine rassistischen und sexistischen Lieder auflege.

Meine Musikrichtung besteht aus einer Vielfalt von Stilen, zu der auch anglo-amerikanischer House und Queer-Classics wie Gloria Gaynor gehören. Auf Lesbenpartys weiss ich, dass ich mit der „fremdländischen Musik" nicht übertreiben, d.h. nicht mehr als drei Lieder hintereinander spielen darf. Dennoch sehe ich, wie das Interesse an der arabischen, türkischen und hebräischen Discomusik auch bei Frauenveranstaltungen langsam aber sicher wächst.

Trotz aller Hindernisse habe ich das Auflegen lieben gelernt. Es ist einfach toll, den Menschen zumindest für diese eine Nacht ein schönes Gefühl zu vermitteln, sie durch das Tanzen zum Schwitzen zu bringen, sie dazu zu bringen, nicht mehr aufhören und gar nicht mehr nach Hause zu wollen.

Das Deejaying ist ein hartes Brot, weil die DJane oder der DJ, den Musikgeschmack von Hunderten Tanzwütigen unter einen Hut bringen muss, ohne die eigene Musikrichtung zu vernachlässigen. Ich habe jedenfalls für mich entdeckt, dass ich sehr viel Kraft aus dem Publikum schöpfe und dass ich immer leidenschaftlicher auflege und es vor allem liebe, mit dem Publikum zu tanzen.

Zur Zeit lege ich einmal im Monat im SO 36 zur „Gayhane-HomOrientaldancefloor-Party" auf, die mittlerweile Kultstatus erlangt hat (siehe auch Projektlandschaften).

# *Der Arbeitskreis Lesben und Schwule in der ÖTV Berlin*

*Ilse Kokula*

200 Frauen und Männer aus europäischen und nichteuropäischen Ländern nahmen an einem Juliwochenende 1998 an der „Internationalen Konferenz über Gewerkschaften, Homosexualtität und Arbeit" in Amsterdam teil. Es war die zweite Tagung dieser Art, die erste hatte in einem kleineren Rahmen vor fünf Jahren in Berlin stattgefunden.

Elisabeth Vogelheim, Mitglied im geschäftsführenden Hauptvorstand der Gewerkschaft Öffentliche Dienste, Transport und Verkehr hielt am 29. Juli eine vielbeachtete Eröffnungsrede. In dieser ging sie u.a. ausführlich auf die Erfolge lesbisch-schwuler Gewerkschaftsarbeit ein und thematisierte die Situation lesbischer Frauen. Für sie ist es *„sicher kein Zufall, dass die grundlegenden (gewerkschaftlichen, I.K.) Beschlüsse zum Thema ‚Lesben und Schwule' in der ÖTV vor allem von (den gewerkschaftlichen, I.K.) Frauen- und Jugendorganisationen unterstützt wurden."* Weiter stellte sie fest, *„dass sich die unterschiedlich starke gesellschaftliche Position von Frauen und Männern auch in der unterschiedlichen Situation von Lesben und Schwulen widerspiegelt"* und fuhr dann fort:

*„In Deutschland, wie wohl in den meisten Ländern der Erde, sind Frauen im gesellschaftlichen Leben weniger sichtbar als Männer. Frauen haben zu qualifizierter Ausbildung und zu vielen, insbesondere zu besser bezahlten Berufen schlechteren Zugang. Damit sind sie nicht nur weniger sichtbar, sondern auch weniger handlungsfähig. Lesben sind im Unterschied zu Schwulen auch diesen Benachteiligungen ausgesetzt. Das heißt auch, daß sie sich an zwei Stellen für ihre Interessen einsetzen müssen bzw. sich in unterschiedlichen Koalitionen einsetzen können: zusammen mit anderen Frauen und zusammen mit schwulen Männern (…).*

*Wie gewerkschaftlich engagierte Lesben mit der doppelten Diskriminierung, dem doppelten Engagement bzw. der Entscheidung für den für sie wichtigeren Zusammenhang sowie mit den Schwierigkeiten der Zusammenarbeit mit schwulen Männern umgehen, gehört ebenfalls zu den Themen dieser Konferenz."*

Der Berliner Arbeitskreis Lesben und Schwule in der ÖTV hat maßgeblich am gewerkschaftlichen Umdenkprozess mitgewirkt. In den Gewerkschaften haben Lesben und Schwule sichtbare Spuren hinterlassen. Hier nur drei bemerkenswerte Schritte:

- Die ÖTV hat bei ihrem 11. Gewerkschaftstag 1988 per Beschluss den Deutschen Gewerkschaftsbund und seine Einzelgewerkschaften aufgefordert, „sich dafür einzusetzen, dass die Diskriminierung von homosexuellen Frauen und Männern in Beruf und Gesellschaft abgebaut wird".
- International hat die ÖTV wesentlich dazu beitgetragen, dass sich der Weltkongress der „Internationale des Öffentlichen Dienstes" (IÖD) 1993 in Helsinki verpflichtet hat, auf alle nationalen Regierungen für die Rechte von Lesben und Schwulen einzuwirken und entsprechende gewerkschaftliche Maßnahmen zu ergreifen.
- In Berlin wurde auf Drängen der hiesigen ÖTV – dank der Wühlarbeit des Arbeitskreises – der Schutz vor Diskriminierung aufgrund der sexuellen Identität im Artikel 10 der seit 1995 gültigen Berliner Verfassung aufgenommen.

Auch größere Erfolge haben oft mühsame Anfänge. Schwer hatte es 1977 eine kleine Gruppe von Lesben und Schwulen, die innerhalb der Berliner ÖTV einen homosexuellen Arbeitskreis bildeten, um auf ihr Anliegen aufmerksam zu machen. Die große Gewerkschaft nahm sie nicht mit offenen Armen auf. Man reagierte empört auf einen kleinen Aufruf im Berliner „ÖTV-Report" und nachdem ein Jahr später der „Arbeitkreis Homosexualität" von der damaligen ÖTV-Abteilung Sozialarbeit zugelassen wurde, schreckte sogar die Gewerkschaftszentrale im fernen Stuttgart auf und drohte den Mitgliedern mit Rausschmiss. Doch der Arbeitskreis hatte einen Auftrag bekommen (eine Broschüre über Diskriminierungen anzufertigen) und war von einer Abteilung zugelassen, also formal beschlossen, so dass auch die Rechtsabteilung eines Hauptvorstandes daran nichts ändern konnte.

Der „AK Homosexualtiät", in dem in Berlin nie mehr als 15 Aktive gleichzeitig tätig waren, entwickelte sich zu einer Anlaufstelle. Seit mehr als zwei Jahrzehnten sind Hilfe und Rat – nicht nur für Gewerkschaftsmitglieder beim Coming-out am Arbeitsplatz und in Diskriminierungsfällen – ein gleichbleibend wichtiger Aspekt bei der Arbeit. Ein weiterer ist die Öffentlichkeits- und Bildungsarbeit. Hier haben sich im Laufe der Zeit Themen und Adressaten geändert. Bildungsseminare in Gewerkschaftshäusern für Lesben und Schwule sind hinzugekommen. Verschiedene Gewerkschaftspublikationen berichten über die Lage von homosexuellen Frauen und Männern in der Arbeitswelt. Seit zwei Jahren wird der „ÖTV-Report Lesben und Schwule“ mit zwei bis drei Ausgaben im Jahr herausgegeben. Ein dritter Aspekt sind die von Erfolg gekrönten Bemühungen, die Institution Gewerkschaft für die Situation von Lesben und Schwulen sowie von Transsexuellen und Bisexuellen zu sensiblisieren und als gewichtigen Bündnispartner zu gewinnen.

Heute gibt es neben dem AK Lesben und Schwule in der Berliner ÖTV etwa 12 bis 15 weitere gewerkschaftliche Homogruppen in verschiedenen Städten. In vielen arbeiten Lesben und Schwule zusammen. Das ist nicht gerade üblich, auch wenn dies in den neuen Bundesländern leichter ist und seit Mitte der 90er Jahre in den alten Bundesländern und in West-Berlin zaghaft probiert wird. Im AK Lesben und Schwule der ÖTV-Berlin funktioniert diese Zusammenarbeit seit über 20 Jahren. Auch wenn zahlenmäßig die Lesben immer nur die knappe Hälfte bildeten, wurden ihre Belange berücksichtigt.

Einmal im Monat treffen sich die Mitglieder im ÖTV-Haus (Engeldamm 70) und in Abständen reihum privat. Das persönliche Kennenlernen und die gegenseitige Sympathie sind noch immer ein wichtiger Kitt in der eher trockenen Gewerkschaftsarbeit. Die Frauen und Männer in diesem Arbeitskreis haben nie das erlebt, was in den Berliner Lesben- und Schwulengruppen und -projekten üblicherweise vorkam, weder die Aufbruchseuphorie noch die Kräche untereinander am Ende. Sie haben sich gemeinsam auf die Mühen der Ebene eingelassen und an der gesellschaftlichen Veränderung mitgewirkt.

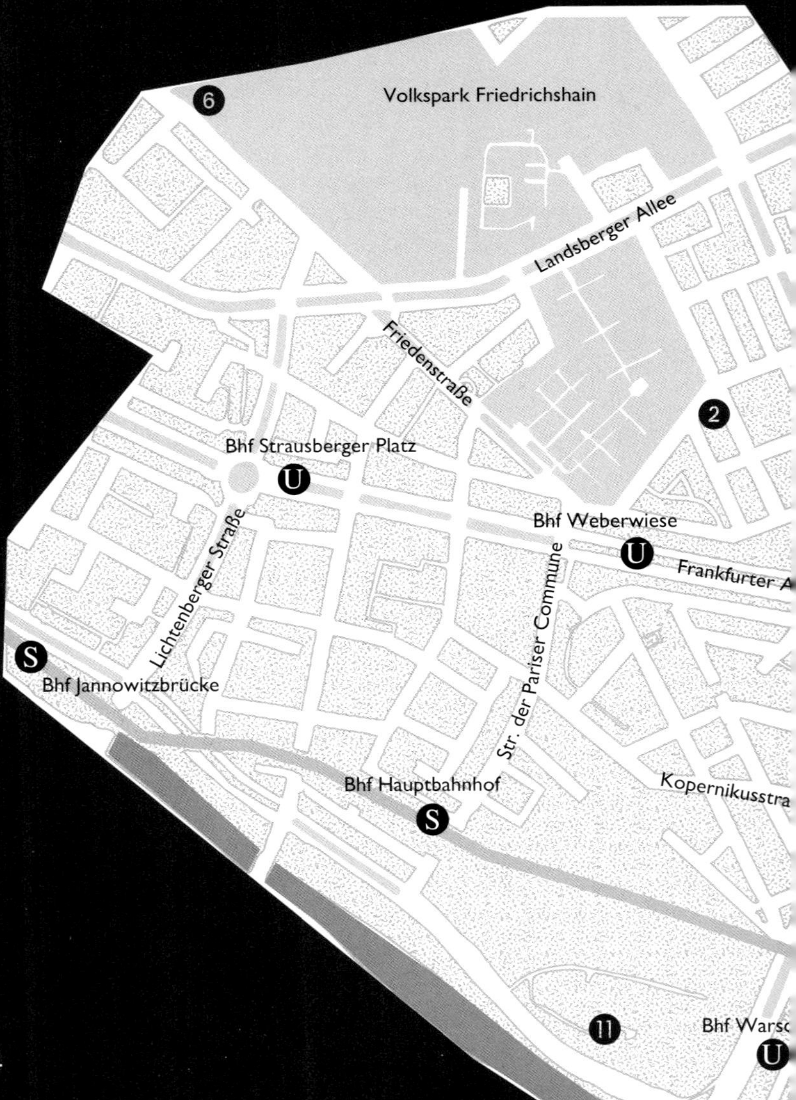
Volkspark Friedrichshain
6
Landsberger Allee
Friedenstraße
2
Bhf Strausberger Platz
U
Bhf Weberwiese
U
Frankfurter A
Lichtenberger Straße
Str. der Pariser Commune
S
Bhf Jannowitzbrücke
Bhf Hauptbahnhof
S
Kopernikusstra
11
Bhf Wars
U

# FRIEDRICHSHAIN

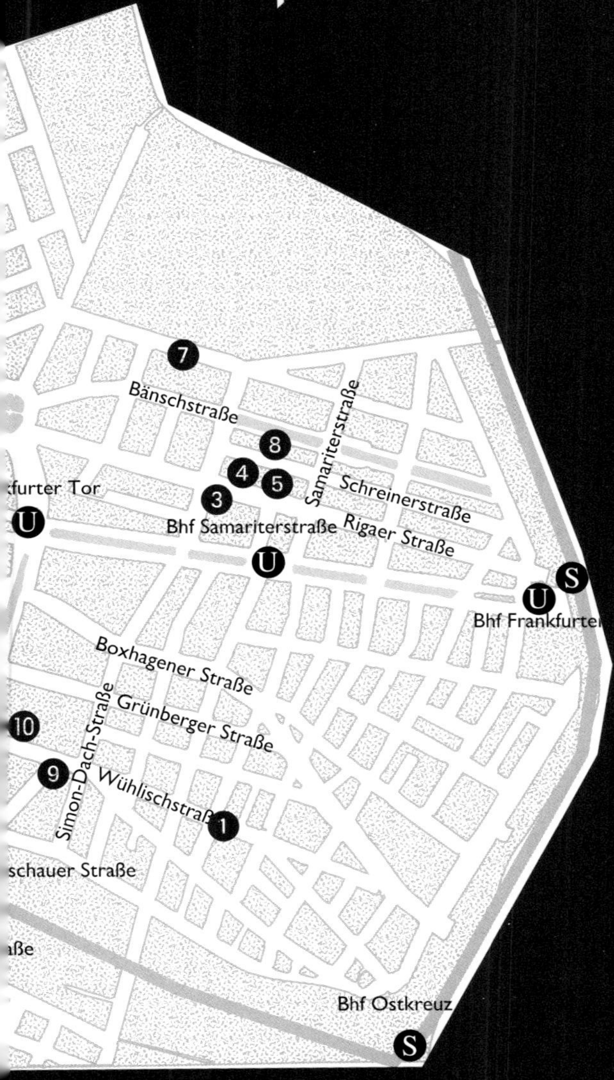

*Oberbaumbrücke*

# *Out in Friedrichshain*

*Leo Tesch*

Den versteckten Charme Friedrichhains zu entdecken, ist nicht leicht, es sei denn, frau verläuft sich in die Wühlischstraße in der Nähe des S- und U-Bahnhofs Warschauer Straße, wo sie an den vielen neuen Cafés und Restaurants entlangflanieren kann. Die einschlägigen Lesbentreffpunkte gibt es hier zwar noch nicht, aber das kann sich ja noch ändern. In der Wühlisch-straße 30 finden sich beispielsweise gleich drei Orte, die auch Lesben gerne frequentieren: das TRUXA und das WOWEREIZ, beides Café-Bistro-Bar und die Buchhandlung LESEN & LESEN

❶ *Truxa; Wowereiz; Lesen & Lesen Lassen*

Lassen, die von einer engagierten Frau geführt wird.

In Friedrichshain ist ein Sammelsurium an Baustilen anzutreffen. Ein Ergebnis der kleinen DDR-Baurevolutionen der 50er Jahre ist zum Beispiel die in russischer Manier erbaute Frankfurter Allee (ehemals Stalinallee). In den 60er Jahren kamen die Lückenneubauten in Mode, in den 70ern freistehende Neubauten (zum Beispiel an der Landsberger Allee) und in den 80ern wieder ein anderer Neubaustil (am Bersarinplatz zu besichtigen). So wirkt Friedrichshain etwas zusammengeflickt. Seine ehemals geschlossenen Schönheit mit dem bizarren Charme eines ArbeiterInnenbezirks ist nur noch in einigen Straßenzügen zu erahnen wie zum Beispiel in der Samariterstraße, der Kreutzigerstraße, der Wühlischstraße, am Boxhagener Platz und noch einigen anderen.

Friedrichshain – das sind Nachkriegs-Lückenneubauten, zerfallene Altbausubstanz und seit der Wende auch unzählige Hundehaufen. Da sind u.a. zwei kleine Bühnen: das Theater im Kino – TiK, in der Boxhagener Straße 18; das Theater Schmales Handtuch in der Marchlewskistraße 6-9; drei große Kinos und die Tilsiter Lichtspiele in der Richard-Sorge-Straße 25a. Das sehr empfehlenswerte Szene-Kino mit etwa 100 Sitzplätzen hat eine angenehm rustikale Kneipe, in der auch Lesben gut Backkartoffeln speisen können. 1998 gingen die MacherInnen des Kinos zum ersten Mal das Wagnis ein, experimentelle Lesbenvideos vorzustellen, was auch Westberlinerinnen in den Friedrichshain lockte.

❷ *Tilsiter Lichtspiele*

Die kleinen und großen Lesben-/Schwulenorte verstecken sich in den Seitenstraßen Friedrichshains: Links von der Frankfurter Allee (Ausstieg U-Bahnhof Samariterstraße) sind es die Rigaer Straße, die Schreinerstraße und die Proskauer Straße, rechts davon die Simon-Dach-Straße und die Kopernikusstraße.

Zentraler Punkt des Friedrichshainer Lesbenlebens ist nach wie vor das FRIEDA FRAUENZENTRUM – mittlerweile ein historischer Ort der einst sehr bewegten Ostfrauen. Das Zentrum wurde 1990 von Frauen und Lesben in der Simon-Dach-Straße eröffnet und zog 1992 in die Proskauer Straße 7 um. Auch heute noch ist das FRIEDA die erste Anlaufstelle für Lesben aller Altersgruppen. Hier gibt es Infos über weitere Lesbenorte in Berlin und eine umfangreiche Frauen- und Lesbenbibliothek. Es ist ein Ort zum Relaxen und besonders geeignet für verzagte Lesben, die sich noch an den rüden Umgang in dieser Stadt gewöhnen müssen.

*❸ Frieda Frauenzentrum*

Wir lieben es gemischt im Friedrichshain und halten uns deshalb nicht nur an den einschlägigen Orten auf. Die Kneipen-Kiezkultur findet lesbe im Quadrat Warschauer Straße, Frankfurter Allee, Neue Bahnhofstraße zwischen den U-Bahnstationen Frankfurter Tor und Frankfurter Allee. Das Publikum ist bunt durcheinandergewürfelt und Lesben sind immer mit von der Partie. Ich selbst bin überzeugt davon, dass dieser Kiez einmal zum lesbisch-schwulen Mekka avancieren wird.

Vor zehn Jahren war Friedrichshain das bevorzugte Terrain der BotschafterInnen der neuen Alternativ-Kultur. Sie kamen u.a. aus Westberlin, Westdeutschland, Großbritannien, der Schweiz und Österreich, um hier noch einmal die Aufbruchsstimmung der 70er Jahre zu erleben. Während sie sich durch unser graues, aber scheinbar doch nicht so reizloses Ambiente bewegten, um hier ihre alternativen Träume zu verwirklichen, blieben wir Ostfrauen und -lesben eher skeptisch. Positiv zu erwähnen seien allerdings die HausbesetzerInnen, deren Projekte bis heute bestehen, zum Beispiel der gemischte Verein FILMRISS, Projektkneipe EISENSTEIN e.V. in der Rigaer Straße 103. Die Mainzer Straße, die 1994 wegen der dort ansässigen Haus-

*❹ Filmriß; Eisenstein*

besetzerInnenszene in die Schlagzeilen geriet, ist inzwischen „gesäubert" und rekonstruiert worden.
Wir Ostberlinerinnen leisteten derweil wie eh und je in Selbsthilfeprojekten Frauenbildungsarbeit und mussten zusehen, wie wir aus nichts etwas für uns schaffen konnten. Wir trafen uns privat und planten neue Möglichkeiten. 1989 waren es die Frauen und Lesben des Neuen Forum, die Friedensfrauen aus der Samaritergemeinde, die Aufmüpfigen aus den Frauengruppen der ehemaligen DDR, die Frauen vom Herbsttreffen 1989 in der Volksbühne und die politisch Engagierten aus dem zukünftigen Unabhängigen Frauenverband, die etwas bewegen wollten. Sie waren die Basisgruppe des Unabhängigen Frauenverbandes und konzipierten das Erste Friedrichshainer Frauenforum. So entstanden die Friedas, Abkürzung für Friedrichshainer Damen, Frauen, Mädchen, Weiber. Im Friedrichshain herrschte Aufbruchsstimmung und es folgten unzählige Protestaktionen, zum Beispiel gegen den Paragraphen 218, gegen die geplanten Kürzungen von Fördermitteln oder gegen Gewalt an Frauen. Friedrichshainer Frauen und Lesben nahmen am bundesweiten Frauenstreik teil, initiierten den Friedrichshainer Frauenmärz und das Zweite Friedrichshainer Frauenforum. Neben dem alternativen X-B-LIEBIG in der Liebigstraße 34 sind die Friedas der politische Farbtupfer im Friedrichshain.

❺ *X-B-Liebig*

Queer leben in Friedrichshain heißt im Sommer im zweitgrößten Park Berlins, dem VOLKSPARK FRIEDRICHSHAIN auf der Wiese liegen oder dort am berühmten MÄRCHENBRUNNEN (Friedenstraße, Ecke Am Friedrichshain) Eis essen. Wir Lesben sind überall, ob als Kartenverkäuferinnen im Filmtheater Friedrichshain, als Hundbesitzerinnen auf dem kleinen FORCKENBECKPLATZ (am Ende der Proskauer Straße) oder Mitarbeiterinnen bei der lesbisch-schwulen Zeitschrift „Die andere Welt", die im Jahr 2000 ihr 10jähriges Bestehen feierte und lange Zeit in der Pillauer Straße ansässig war.

❻ *Märchenbrunnen*

❼ *Forckenbeckplatz*

Lesben gibt's bei Queer City – das schwullesbische Radio (Offener Kanal) mit den Sendungen „On Air" und „KNACKpunkt – das lesbisch/schwule Magazin" oder jeden Samstag beim Frühstück im Frieda Frauenzentrum.

„Lesben gehören hier zum Alltag," versichert mir die aus dem Schwarzwald stammende Manuela, ehemalige Hausbesetzerin sowie einst Mitarbeiterin bei Radio „KNACKpunkt" und bei „Die andere Welt". Sie liebt die Atmosphäre von Akzeptanz in Friedrichshain: „Hier habe ich keine Angst, mit meiner Freundin Hand in Hand zu gehen." Sie weiß von vielen Lesben, die hier im Friedrichshain leben „ganz zu schweigen von den vielen lesbischen Hundebesitzerinnen," fügt sie lachend hinzu, eine Tatsache, die mir entgangen ist, da ich keinen Hund habe. Ein weiterer Vorteil im Friedrichshain ist die Zusammenarbeit von Lesben und Schwulen „was die Toleranz untereinander fördert", so Manuela. Am liebsten saß Manuela im CAFÉ OFFENBAR in der Schreinerstraße 5, auch heute noch sehr zu empfehlen. Ebenso wie die Bar „AD LIBITUM" in der Simon-Dach-Straße 36, auf der anderen Seite vom Friedrichshain, oder für die Junglesben das Jugend-Info-Café IF (ehemals Café Grünberg) in der Kopernikusstraße 23. Im Vorderhaus gibt es eine weitere geräumige Kneipe mit tollen Fensterplätzen, das HT.

*8 Café Offenbar*

*9 Ad Libitum*

*10 Info-Café IF, HT*

*11 Die Busche*

Auch in der ältesten lesbisch-schwulen Ostdiscothek DIE BUSCHE in der Mühlenstraße 11-12 geht es gemischt zu. Hier werden eine große Tanzfläche, eine separate Bar und genügend Sitzplätze für VoyeurInnen geboten.

Im Gegensatz zu Kreuzberg, wo die großen Lesbenpartys stattfinden, ist der Grenzbezirk Friedrichshain scheinbar ein Ort leiserer Partytöne, wenn wir einmal von den Walpurgisnächten im FRIEDA-FRAUENZENTRUM absehen. Doch so langsam wird der Bezirk lebendiger. Nun sind wir mit Kreuzberg zu einem Bezirk zusammengeschmolzen und der Partywind wird auch zu uns herüberwehen. Vielleicht erleben wir demnächst große Feste unter dem Dach des Jugendnetzwerks LAMBDA in der Kopernikusstraße 23, wo in einer renovierten Fabriketage im Jahr 2000 10jähriges Bestehen gefeiert wurde.

*10 Lambda*

Also Lesben: Out in Friedrichshain, denn dort sind wir in!

IM GESPRÄCH MIT:

# *Tommy – Hundeliebhaberin & Tierpflegerin & Rentnerin*

22 Jahre war sie Inhaberin des ehemals größten Hundesalons Berlins in der Friedrichshainer Thaerstraße. Nach der Wende musste Tommy ihren Salon DIXI wegen zu hoher Miete aufgeben. Auch ihre Wohnung im selben Haus kostet inzwischen fast tausend Mark. *„Man muss immer wissen, wo was billiger ist. Das Rumfahren braucht viel Zeit ... Das ist keine Freiheit heute, dass ist Zwang,"* begrüßt mich Tommy bei unserem Rendezvous im Frieda-Frauenzentrum. Sie hat gerade Pflanzen für ihren Schrebergarten in Weißensee gekauft. Ihre Hündin Ayka, ein Riesenschnauzer, wartet im Auto auf sie, zu Hause Katze Kitty und eine Ratte. *„Schon als Kind war ich eine Tierliebhaberin, hatte weiße Mäuse und habe die Hunde von anderen ausgeführt. Von meinem ersten verdienten Geld bei den Alliierten 1946 (ich war damals 15) habe ich mir keine neuen Schuhe gekauft, die ich dringend gebraucht hätte – bei den alten kamen vorne die Zehen raus– sondern einen Hund."*

Danach arbeitete sie zeitweise bei einem Schausteller auf dem Rummelplatz, „bei den Kohlen" und als Trümmerfrau. 1952 beginnt ihre Ausbildung zur Tierpflegerin, sie legt die innerbetriebliche Prüfung ab, macht sich zehn Jahre später selbständig und übernimmt 1968 den Hundesalon DIXI, benannt nach der Hündin ihrer ehemaligen Chefin. Tommy badete und trimmte Hunde aller Rassen und Größen, schor Pudel für Ausstellungen und verfilztes Fell von Perserkatzen.

Mit der Schließung des Hundesalons 1990 hat sie ihren Beruf als Tierpflegerin nicht aufgegeben. Seitdem arbeitet sie auswärts. Von der Rente allein könnte sie nicht leben. Als Haustierfriseurin und Beraterin bietet sie ambulant ihre Dienste an:

handtrimmen, bürsten, kämmen, Fell schneiden, Nägel schneiden, Ohren und Augen säubern. *„Ich würde auch Schafe oder Pferde scheren."* Falls lesbe also am verfilzten Fell ihrer Perserkatze verzweifelt, der Liebsten zum Geburtstag ihrer Hündin ein neues Styling schenken will oder Ernährungstipps für ihre Ratte braucht: *„Nicht verzagen, Tommy fragen, Telefon: 427 55 42."*

Tommy versteht sich nicht nur auf die Pflege von Tieren, sondern trainiert sie auch.
So arbeitete sie ab 1984 acht Jahre lang in der Rettungshundestaffel, zuletzt mit den Riesenschnauzern „Cessy von Zschierbach" und „Ava von Sakrido". Danach fürs Theater. Ihr Hund Lucy-Baby bekam im „Freischütz" der Komischen Oper Berlin die Rolle des Kettenhundes Nero. Tommy war hinter der Bühne die Kettenzieherin und Souffleuse. „Der Hund war das Beste am ganzen Stück" bekam sie manchmal nach der Aufführung zu hören.
In dem Kinofilm „Zwei schräge Vögel" bekam Lucy-Baby die Hundehauptrolle. Mit einem Fleischstück vor der Nase dirigierte Tommy seinen Blick in einen Fernseher. Sie selbst bekam eine Statistinnenrolle in dem DDR-Film „Fleur la Fontaine" mit Angelika Domröse und im Schwulenflim „Coming Out". In dem Lesbenfilm „Viel zuviel verschwiegen" ist sie eine der Interview-Partnerinnen.
Tommy, 1931 als Rita Thomas in Weißensee geboren, hat viel zu erzählen. Kriegsjahre, Nachkriegsjahre, Mauerbau und Mauerfall hat die eingefleischte Friedrichshainerin hautnah miterlebt. Ebenso die Wandlungen des lesbischen Berlins. Mit fünfzehn nannte sie sich Tommy. Weil sie Mädchen „ganz gut"

fand und immer Hosen trug, fand sie diesen Namen passender. Ansonsten wurde sie mit „Bubi“ angesprochen, von ihrer Mutter mit „Krümel“, weil sie so klein war, gerade mal 1,50 m. Es ist ein Vergnügen, die Fotos anzuschauen. 1951: cooler KV, androgyn würde eine heute sagen oder vielleicht Drag-King. 1955: mit Elvistolle und aufgekrempelten Hosen lässig auf einem Herrenfahrrad. 1963: sonnenbebrillte Motorrad-Leder-Lesbe, Femme auf dem Rücksitz. 1968: mit Pudel-Kundin in ihrem Salon...

*„In den 50er Jahren sind wir viel nach Kreuzberg gefahren, von der Warschauer Straße aus mit der U-Bahn bis Kottbusser Tor, zu Rudi in der Adalbertstraße 21. Da gingen die hin, die nicht soviel Geld hatten, eine Kneipe im Hinterhof, samstags war Tanz nur für Frauen ... Manchmal waren wir auch in der Chianti-Bar am Südstern und bei Evi und Kati oder im Eldorado, ich weiß nicht mehr wo das war.“* Am 12. August 1961 kamen sie morgens um fünf Uhr von Rudi zurück und erfuhren, dass die Grenzen zu sind. Sie hätten in West-Berlin bleiben können. *„Aber ich hatte ja all meine Tiere hier, ich musste ja wieder zurück.“* *„Wir haben uns dann vor allem in den Wohnungen getroffen ... Wir waren ein sehr gemischtes Volk. Da waren Künstler dabei und einfache Leute, alles durcheinander. Es war auch so, dass einige wegen ihres Berufes nicht gern öffentlich gesehen werden wollten. Zu Hause ja, aber woanders hingehen war für sie nicht drin. Wir haben hauptsächlich eigene Partys gemacht. In der Friedrichstraße war so ein kleines Lokal, da sind wir manchmal hingegangen. Meistens waren da Jungs drin. Das war die G-Bier-Bar und der Glaskasten daneben, das war eine Baracke in der Friedrichstraße. Dann war die Mocca-Bar noch da, wo der Friedrichstadtpalast jetzt ist. Aber es war sehr ungemütlich, da musste man stehen, man konnte sich zwar unterhalten, aber es war so voll und so klein.“* (Aus: ...Viel

zuviel verschwiegen. Eine historische Dokumentation von Lebensgeschichten lesbischer Frauen in der DDR, herausgegeben von Christina Karstädt und Anette von Zitzewitz. Hoho-Verlag, Christine Hoffmann, Berlin 1996.)

*„Meistens sind wir mit den Schwulen mitgezogen,"* erzählt Tommy weiter, *„manchmal mit Segelbooten auf dem Müggelsee ... Wir hatten einen großen Bekanntenkreis und irgendwo haben wir uns immer getroffen. Wir haben eben zusammengehalten."*

1972 gründete sie mit einer anderen Lesbe und ungefähr zehn Jungs das HIB (Homosexuelle Interessengemeinschaft Berlins), dann das HIBARET, die Theatergruppe des HIB – nicht um Geld zu verdienen, sondern aus Spaß am Theaterspielen. Für die Aufführungen wurden Gaststätttten gemietet. In dieser Zeit haben sie Charlotte von Mahlsdorf kennengelernt und sich immer öfter in ihrem Gründerzeitmuseum getroffen.

*„Dann gab es noch die Buschallee in Weißensee, Café Prenzlau, Café Senefelder, und Café Schönhauser ... die Schoppenstube. Man war zufrieden, daß man unter sich war ... "*

Heute geht Tommy, wenn es ihre knappe Zeit erlaubt, ins EWA oder FRIEDA-FRAUENZENTRUM, zu besonderen Anlässen auch mal ins CAFÉ SENEFELDER oder in die BEGINE. Ihre Freizeit verbringt sie vor allem mit derjenigen, die sie zu ihrem 18. Geburtstag mit 18 roten Rosen überrascht hat. Sie nennt sie „meine Kollegin".

Ihr Wunsch für dieses Jahrtausend: *„Die Erdlinge (Menschen) sollen sich nicht einbilden, dass ihnen die ganze Welt gehört. Die Natur lässt sich nicht vergewaltigen, sie schlägt zurück. Die Menschen gehen mit der Welt um, als hätten sie noch eine zweite im Kofferraum, diesen Aufkleber klebe ich auf mein Auto."*

FRIEDRICHSHAIN PROUDLY PRESENTS:

# *Jugendnetzwerk Lambda, Berlin - Brandenburg e.V.*

Am „Runden Tisch der Jugend" in der ehemaligen DDR entstand nach Auflösung der FDJ die Idee zu einem Verband für lesbische und schwule Jugendliche. Und so wurde 1990 das Jugendnetzwerk LAMBDA gegründet.
Die erste größere Aktion im selben Jahr war das Sommercamp für lesbische und schwule Jugendliche am Knappensee in der Lausitz. Über hundert Jugendliche aus den neuen Bundesländern und den Niederlanden nahmen daran teil. Im Jahr darauf wurden die ersten Landesverbände gegründet: Berlin und Mecklenburg-Vorpommern.
Heute engagieren sich in den verschiedenen Projekten des Berliner Netzwerks fünf bezahlte MitarbeiterInnen auf Teilzeitstellen und zirca 70 ehrenamtliche „als tragende Säulen" der Einrichtung. Lambda Berlin wird von der Senatsverwaltung für Jugend, Sport und Familie gefördert.
Die Jugendarbeit von und mit jungen Lesben und Schwulen besteht aus Information, Beratung, Aufklärung, Aus- und Fortbildung, Freizeitgestaltung und Öffentlichkeitsarbeit. „Eines unserer wichtigen Anliegen ist es, Jugendliche in ihrem Selbstfindungsprozeß zu unterstützen – sei es am Telefon, unter vier Augen oder in einer Coming-out-Gruppe.
Bei den angebotenen Bildungsveranstaltungen ist die zentrale Forderung eine gleichberechtigte Darstellung von hetero- und homosexuellen Lebensweisen im öffentlichen Leben, speziell in den Schulen. Im Sommercamp, bei Kulturtagen und in Seminaren gibt es internationale Jugendbegegnungen, zum Beispiel mit PartnerInnen aus Paris und Budapest, aus Russland, Spanien und Italien.

Folgende Publikationen sind bisher erschienen: eine Studie zur Lebenssituation junger Lesben, Schwuler und Bisexueller mit Behinderung und „KIT“ – ein Handbuch von und für AufklärerInnen. In der eigenen Bibliothek können sich Interessierte in Bücher von und über Lesben und Schwule vertiefen: Liebesromane und Biografien sind ebenso vorhanden wie Ratgeber und Fachliteratur.
Lambda Berlin-Brandenburg will einen Ort bieten, an dem Initiativen und Projekte von jungen Lesben und Schwulen stattfinden können. Der Verein selbst bietet notwendige Angebote für lesbische Mädchen und schwule Jungs, zum Beispiel Seminare zu Themen wie Sprache und Sexualität, Queertheorien, HIV-Prävention sowie Theater-, Foto-, Computerworkshops u.ä. Besonderer Anziehungspunkt ist das Jugendinfocafé IF. Es richtet sich in erster Linie an junge Lesben und Schwule. Damit eine neuankommende Junglesbe nicht meint, sie hätte das Café verpasst: einmal im zweiten Hinterhof angelangt, ist es nicht mehr zu übersehen! Die großflächigen Lambda-Räume befinden sich im 3. Obergeschoss desselben Gebäudes.
Für lesbische Mädchen und junge Frauen im Alter von 16 bis 24 bietet LAMBDA regelmäßig stattfindende geleitete Coming-out-Gruppen, die über einen Zeitraum von 10-12 Wochen laufen und jeweils im Frühling und Herbst neu beginnen.

Weitere Angebote:

• Le fusion sexual (lesbischwule Jugendgruppe, Di ab 18.00 Uhr) Grätchengruppe (lesbische Jugendgruppe Fr ab 16 Uhr, Alter bis ca. 23 Jahre)

• Mädchengruppe (Alter 14-18 Jahre)
inbetween (Beratung und Informationen zu Fragen der Geschlechteridentität; Kontakt: Ammo Reda, Tel. 29 66 85 05)

• Lambda hoch zwei (Gruppen und Angebote für lesbische, schwule und bisexuelle Jugendliche mit Behinderung)

• Im Beratungsprojekt „in&out“ (Mo, Mi, Fr 18-20 Uhr) beraten und informieren geschulte junge Lesben andere junge Lesben telefonisch, persönlich oder schriftlich zu Coming-out, Eltern, Safer Sex und über Gruppen, Treffpunkte und Discos.

# *Kontaktbörse Berlin*

*Ursula Sillge*

Neu in Berlin? Coming-out geschafft oder nicht? Von der Liebsten getrennt? Es gibt viele Gründe dafür, eine Freundin bzw. „die Neue“ zu suchen, egal ob für immer oder für eine Nacht. Die Frage ist nur wie und wo?

In Berlin gibt es Frauenkneipen, ein Frauen-Hotel und Frauenzentren. Da sind auch viele Lesben. Es gibt Lesben-Archive und Lesben-Vereine. Trotzdem ist die Kontakt-Anzeige noch immer ein probates Mittel, eine bzw. die Freundin zu finden. Und es gibt zahlreiche Erfolgs-Beispiele. Aber: Ohne Mühe hat die Bäuerin keine Kühe.

In der DDR gab es kein einziges Lokal nur für Frauen und erst recht nicht für Lesben. Da waren Anzeigen eine ganz wichtige Möglichkeit. In allen Zeitungen und Zeitschriften durften aber nur Heiratsofferten veröffentlicht werden – mit einer Ausnahme: der Wochenpost. Dort konnten Briefwechselannoncen erscheinen. Es waren mindestens zwei Interessengebiete anzugeben und es blieb offen, ob der Briefwechsel mit Frauen oder Männern gewünscht wurde.

Da stand dann: Frau, 27 J./1,70, Dipl.-Agr.-Ing. sportl., unkonventionell su. Briefw. ü. Theater u. Lit. „Sportl.“ und vor allem „unkonventionell“ sollten signalisieren: Lesben aufgepaßt! Auf diese Annonce meldeten sich vier Frauen und über vierzig Männer. Pech für die Männer.

Noch zu Beginn der siebziger Jahre wurde der Text: „Frau sucht Freundin“ mit der Begründung „Platzmangel“ abgelehnt. Und in den achtziger Jahren entsprach „so etwas“ nicht der sozialistischen Moral.

Die DEWAG hatte das Anzeigenmonopol für alle Presseerzeugnisse. Nach dem Fall der Mauer stellte sich heraus – wie konnte es anders sein –, dass alle aufgegebenen und gedruckten Anzeigen von der Stasi kontrolliert werden konnten. Und sie kontrollierte. Trotzdem gab es zahlreiche Forderungen nach eindeutigen Anzeigen, was etwa 1979 zur Abschaffung der Briefwechselannoncen führte. Nun war den Frauen auch diese Möglichkeit genommen. Die Männer hatten ihre Kneipen und Klappen. Erst 1986 gab „die Partei“ die generelle Erlaubnis, solche unmissverständlichen Annoncen wie „Frau sucht Frau“ oder „Mann sucht Mann“ aufzugeben.

Eine Frau formulierte: „Frau sucht zärtliche Freundin“, musste das Wort „zärtlich“ aber streichen. Hatte es bei den Briefwechselanzeigen der Wochenpost sechs bis zehn Wochen gedauert, bis die Anzeige erschien, verlängerte sich die Wartezeit für Lesben auf rund ein halbes Jahr vom Aufgeben der Annonce bis zu ihrem Erscheinen.

Das eindeutige Formulieren machte subtilere Signale eigentlich überflüssig. Manche hatten noch in den siebziger Jahren bei den Interessengebieten angegeben: „Bücher von Waldtraut Lewin“. Die Schriftstellerin gehörte zu den wenigen, in deren Büchern Lesben und Schwule vorkamen. Zwar wurden sie nicht als solche benannt, aber jedenfalls nicht auf diskriminierende Art und Weise beschrieben. Das ist von der lesbischen Emanzipationsbewegung noch gar nicht richtig gewürdigt worden.

Anfang der achtziger Jahre inserierte eine Lesbe in der Berliner Zeitung: „Wahlberlinerin sucht Frau für gemeinsamen Besuch von Theater und Kino“. Sie hatte das Glück, dass ihre Anzeige durch alle Kontrollen rutschte und bekam zahlreiche Zuschriften – mit und ohne Bild. Einige Frauen suchte sie auf, auch mich. Als wir uns kennenlernten, wussten wir gleich: Freundschaft ja, Liebe nein. Wir blieben in Verbindung. Eines Tages rief mich Carmen an und berichtete von der Freundin, die sie endlich gefunden hatte, jung und schön. Vor Freude gab sie mir einige der restlichen Zuschriften, denn mir war es nicht gelungen, zu inserieren.

Ich machte mich auf den Weg – unangemeldet, weil ich nichts vorgegaukelt bekommen wollte. Die erste Adresse bestand nur aus einer Telefonnummer. Entweder meldete sich niemand, oder mir tutete das Besetzt-Zeichen ins Ohr. Es war die Nummer vom VEB Dampferzeugerbau.

Die zweite Adresse war in der Ackerstraße. In dem Brief hieß es: „Ich bin schlank, attraktiv, intelligent, gebildet, interessiert an Kunst und Kultur...“. Ich klingelte. Eine dralle Frau mit Silberblick öffnete. „Was ist?“

Ich sagte: „Ich habe hier einen Brief von Ihnen...“

„Na und?“

„Darf ich mal reinkommen? Ich möchte nicht gern im Treppenhaus darüber reden“. Ich durfte in die Küche. „Und was wollen Sie?“

„Sie haben hier auf eine Anzeige geschrieben.“

„Na und?“

„Es ist die Anzeige von einer Frau.“

„Na und?“
„Ich dachte, Sie suchen eine Freundin.“
„Ich suche einen Mann.“
„Und warum schreiben Sie dann auf die Annonce einer Frau?“
„Na und?“
Ich ging.
Die nächste Adresse befand sich in der Invalidenstraße. Die Dame war Journalistin, herzte ihren Goldhamster und erklärte mir ihr Problem. Ihre Nase tropfte häufig und sie meinte, deshalb würde sie keinen Mann bekommen und wollte wenigstens eine Freundin haben. Peng. Sie fand ihren Mann im Jahr darauf im Zivilverteidigungslager.
Eine wohnte in der Veteranenstraße und fuhr am nächsten Tag in den Urlaub an die Ostsee. Als sie wiederkam, hatte sie den Mann für's Leben gefunden. Das war's.
In Weißensee öffnete auf mein Klingeln ein phantasievoll gewandetes Wesen, die Haare auf einer Seite nach vorn, auf der anderen nach hinten gekämmt. Für eine Frau ein herber Typ mit tiefer Stimme. Ich zeigte den Brief und durfte hereinkommen. Ein Stuhl wurde freigeräumt. Ich bekam ein Getränk in einem schlanken Glas. Das Wesen setzte sich mir schräg gegenüber, das Gewand fiel auseinander und ich blickte auf die edlen Teile eines jungen Mannes. Er erläuterte mir etwa zwanzig Minuten lang seine endogene Psychose und seinen Kaufzwang. Dann kam die Mieterin der Wohnung von einer Radtour zurück. Die Psychologie-Studentin kümmerte sich um den jungen Schwulen und hatte auf die Anzeige geschrieben, weil sie immerhin wusste, dass es Homosexualität auch bei Frauen gibt. In den Vorlesungen hörte sie nichts darüber. Abgehakt.
Einen Brief hatte ich noch. Carmen hatte mir gesagt: „Da brauchst du gar nicht hingehen. Die will wirklich nur ins Theater.“ Doch ich bilde mir gern mein eigenes Urteil. An einem lauen Juniabend fuhr ich mit dem Fahrrad zum Arkonaplatz. Die Wohnungstür ging auf und ich dachte: „Die sieht solide aus.“ Das ist sie auch. Die personifizierte preußische Korrektheit. Wahrscheinlich die richtige Ergänzung, denn das war vor siebzehn Jahren.

zen Sie zwei Briefumschläge. Den äußeren Brief-
senden Sie an den Bergmann-Verlag, Berlin SW 19,
19/20. In diesen Umschlag legen Sie **lose** Porto für
Weiterleitung bestimmten Brief. Briefe, denen kein
gefügt ist, sind von der Weiterbeförderung aus-
n und werden vernichtet. Zensur vorbehalten. Inse-
nderungen ohne Rückfrage vorbehalten.

nserem Leserkreis häufen sich die Beschwerden, daß
e Photos nicht zurückgesandt werden. Wir betrachten
nsache, daß die **Bilder sofort zurückgesandt** werden.

Bergmann-Verlag, Berlin SW 19,
Roßstraße 19/20. Berolina 0292.

**Gelegenheit**
eiden findet Trans-
verstehender Dame.
nt. 2602 a. d. Verl.

**Getragene**
Damengarderobe,
r, 1,72, Figur 42.
. 2634 a. d. Verlag.

**Dresden.**
Jahre, sucht liebe,
Freundin. Offerten
an den Verlag.

**Berufstätige,**
ugengläser, 26, kein
ttsmensch u. durch-
auenswürdig, sucht
el mit aufrichtiger,
Dame. Nichtanonyme
e Bildofferten unter
n Verlag.

**29jährige**
rakterfeste Freun-
ten unter 2636 an
g.

**igsberg i. Pr.**
ame, bester Kreise,
ersehnt ebensolche,
, verstehende Her-
in, ohne Geldinter-
erten unter Lager-
Königsberg i. Pr.,

**Capri.**
Modernes Ehepaar, Transv., siedelt sich auf Capri an (Landeskenner) und sucht sympathischen, vermögend. Partner. Offert. u. 2639 a. d. Verl.

**Geeignete Damen**
für wissenschaftliche Versuche mit maskulinen Hormonen (Drüsenpräparaten) gesucht. Nähere Auskunft: Postschließfach 28, Berlin W 35.

**Berufstätige**
Dame, (B.), in guten Verhältnissen lebend, sucht liebevolle Freundin. Offerten unter 2641 an den Verlag.

**Dame**
39 Jahre, in guten Verhältnissen lebend, sehr einsam, sucht Dame in ähnlichen Verhältnissen, zwecks Briefwechsel. Off. u. 2642 a. d. Verlag.

**Selbständige**
Dame, 34 Jahre alt, (B.), mit guter Dauerexistenz, sucht liebevolle Dauerfreundin mit etwas Vermögen, zur Erweiterung des Geschäftes. Offerten unter 2643 a. d. Verlag.

**Dauerfreundin**
gesucht. Alter 25—30 Jahre. Offerten mit Bild unter 2638 an den Verlag.

fond“ auf das Postscheckkonto Berg
Verlag, Berlin 162 168, geleistet werde

**Weibliche**
Büste durch echtes Drüsenwachstum! Einzig existierendes, natürliches Verfahren auf exakt wissenschaftlicher Grundlage. Wirkliche Dauererfolge! Klinische Versuche sogar an männlichen Personen und Tieren mit Vollerfolg bestätigt. Garantiert unschädlich. Jahrelange Erfahrungen. Erklärendes Buch mit Beweisen und näherer Auskunft 0.50 (verschlossen 0.80) Briefmarken. Schließfach 28, Berlin W 35/R. 13.

**20jähriges**
Mädel sucht Freundin. Offert. evtl. mit Bild unter 2646 an den Verlag.

**Feinsinnige**
Dame, mit festem Charakter, ersehnt Briefwechsel. Offerten unter 2631 an den Verlag.

**Tageszimmer,**
Genthiner Straße 33,
parterre, Nachtglocke.
sion Simson.

**Dresden.**
Vierundzwanzigjährige
liebe, kluge Freundin
schöner Freundschaft.
unter „Nora“, Dresd
Hauptpostlagernd.

**Ehepaar**
Enddreißig, sucht A
an Dame, Herrn ode
paar. Offerten unter 2
den Verlag.

**Krankenschweste**
dipl., jung, gebildet, g
scheinung, Röntgenaus
Elektrobehandlung, su
schäftigung, evtl. Priva
Reisebegleitung. Offert
2640 an den Verlag.

## Deutscher Freundschafts-Verba

**Geschäftsstelle: Berlin SW 19, Roßstraße 19—20**

**Ortsgruppe Berlin.** „Damenklub Monbijou e. V.“ tagt
Dienstag, Freitag, Sonnabend und Sonntag im
zollern-Café, Berlin W 57, Bülowstraße 101.

**Ortsgruppe Leipzig.** Adresse: Lagerkarte 1, Leipzig N
amt 12.

**Ortsgruppe Chemnitz.** Damenvereinigung „Geselligkeit“
sammenkunft der Damen jeden Mittwoch, jeden
15., auch Sonnabends. Auskunft erteilt: Gert Sc
berger, Zwickauer Straße 2, I.

**Ortsgruppe Dresden.** Veranstaltungskalender verschic
sonstige Auskünfte erteilt Lagerkarte 328, Dresden-A

**Transvestiten, Vereinigung „D'Eon“,** In den Zelten 9a

**München.** Die Frauenliebe zu erhalten bei J. Rötzer, S
straße 5 b, Gartenhaus 1 Treppe.

**Wandergruppe** (Mitgl. des D.F.V.). Damen, die Lust ha
den Wanderungen der Wandergruppe teilzunehmen, woll
schriftlich melden an die Wandergruppe des D. F. V.,
SW 19, Roßstraße 19/20.

**Klubnadeln**

mit der Inschrift „DFV.“ (Deutscher Freundschafts-V
zum Preise von 75 Pf. durch die Geschäftsstelle und
Vereinsabenden des Damenklubs „Monbijou“, im Kl
Café Dorian Gray, Bülowstraße 57, erhältlich.

# KREUZBERG

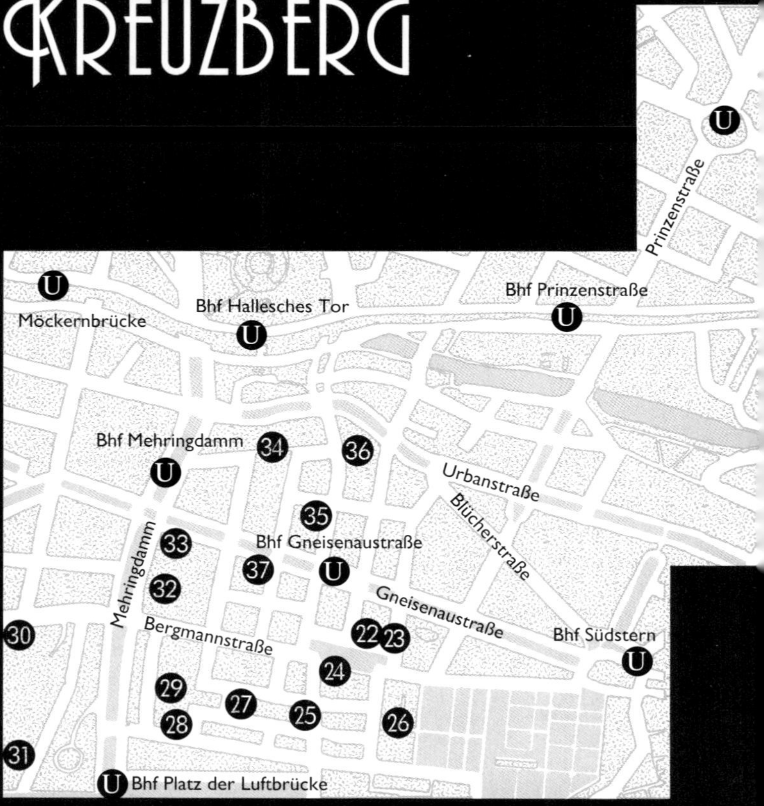
Prinzenstraße
Bhf Prinzenstraße
Möckernbrücke
Bhf Hallesches Tor
Bhf Mehringdamm
34
36
Urbanstraße
Blücherstraße
35
Bhf Gneisenaustraße
33
37
32
Mehringdamm
Gneisenaustraße
Bergmannstraße
30
22
23
Bhf Südstern
24
29
27
25
26
28
31
Bhf Platz der Luftbrücke

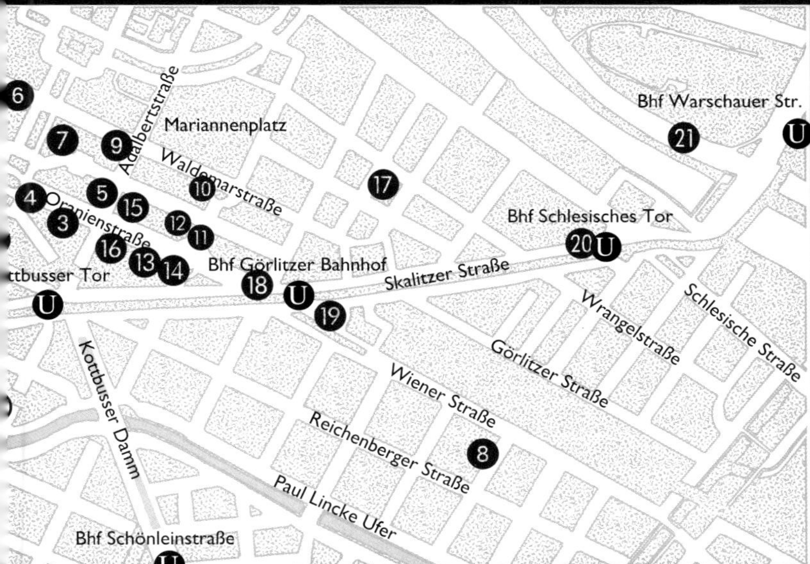

6
Mariannenplatz
Adalbertstraße
Bhf Warschauer Str.
21
U
7
9
Waldemarstraße
10
17
4
5
15
Oranienstraße
3
12
11
Bhf Schlesisches Tor
20
U
16
13
14
Bhf Görlitzer Bahnhof
Skalitzer Straße
ttbusser Tor
18
U
U
19
Wrangelstraße
Schlesische Straße
Kottbusser Damm
Görlitzer Straße
Wiener Straße
Reichenberger Straße
8
Paul Lincke Ufer
Bhf Schönleinstraße
U

KREUZBERG

AUSSTIEG: KOTTBUSSER TOR

Wir beginnen mit einem Abstecher in die Geschichte und zwar zum DAMENKLUB ERATO① in der Admiralstraße 18c, heute der Neubau Nr. 16, ein paar Häuser vom Fraenkelufer entfernt. Hier fanden in der Gaststätte Märkischer Hof die Treffen und Damenbälle des Klubs statt.

*„Im ‚schönen intimen Saal‘ in der ersten Etage vergnügten sich jeden Sonnabend Mitglieder wie Gäste des Klubs bei Bonbonpolonaisen, Rekordtänzen, Saalpost oder der Wahl des schönsten Freundinnenpaares. Der Damenklub Erato, von Selma ‚Selli‘ Engler im Herbst 1929 gegründet und benannt nach der Muse der Liebesdichtung, war eine der zahlreichen Vereinigungen lesbischer Frauen im Berlin der zwanziger Jahre …“*

Die Klubs waren wie Vereine organisiert, mit eigenen Abzeichen und Fahnen. Es wurden Ausflüge und gesellige Abende veranstaltet.

*„Unterschiede gab es je nach Stadtteil und sozialer Herkunft der Frauen. Während im ‘reichen Westen’ exklusivere Damenklubs ihren Sitz hatten, befanden sich die Vereinigungen von Frauen proletarischer Herkunft eher in Berlin-Mitte um den Alexanderplatz. Zu den letzteren gehörte auch der Damenklub Erato, der seine Treffen in der damaligen Geschäftsstraße eines zunehmend von Arbeiterinnen und Arbeitern bewohnten Viertels abhielt. In der Admiralstraße hatten sich auch kleinere Handwerksbetriebe gehalten, die sich vor allem in den Hinterhöfen der Gewerbekomplexe 18, 18 A-E befanden. Diese typische Kreuzberger Mischung ist heute nur noch in der Admiralstraße 17, früher 18D, vorhanden. Das Gebäude 18C fiel der Kahlschlagsanierung der siebziger Jahre zum Opfer.“* (Aus: Immer den Frauen nach. Spaziergang am Landwehrkanal von Cornelia Carstens und Margret Luikenga, Berliner Geschichtswerkstatt 1993)

Selli Engler gab 1924 die „Blätter idealer Frauenfreundschaften“ heraus, arbeitete dann bei den Zeitschriften „Frauenliebe“ und „Freundin“, schrieb bis 1931 zahlreiche Gedichte und Geschichten und rief zu mehr gegenseitiger Unterstützung lesbischer Frauen und Bekennermut auf. Den neuen politischen Verhältnissen passte sie sich schnell an und sandte ein von ihr verfasstes Theaterstück „Heil Hitler“ an den Führer persönlich. Über ihren weiterern Werdegang ist nichts bekannt, 1982 starb sie in Ost-Berlin.

Zurück zum Kottbusser Tor. Von der Adalbertstraße biegen wir links (durch einen Hausdurchgang) in die Dresdener Straße ein, rechter Hand befindet sich der MILCHLADEN in der Nr. 20. Nicht weit entfernt in der Oranienstraße 163 befindet sich das SHIATSU-ZENTRUM von Edith Storch. Und in der Oranienstraße 165a (von der Dresdener rechts um die Ecke) die BUCHHANDLUNG DANTE-CONNECTION. Italienische Literatur ist hier die Besonderheit sowie ein breites Angebot an Frauen/ Lesben-

❷ *Milchladen*

❸ *Shiatsu-Zentrum*

❹ *Buchhandlung Dante-Connection*

Literatur. Die nach einem Buch Suchende wird hier von der Geschäftsinhaberin Stefanie Hetze gut beraten.

Fast gegenüber, im Hinterhaus der Oranienstraße 34 befindet sich im 4. Stock der VERBAND BINATIONALER FAMILIEN UND PARTNERSCHAFTEN IAF E.V. Wir gehen rechts den Oranienplatz entlang zur Waldemarstraße 24. Donnerstags zwischen 14 und 18 Uhr kann dort die EROTIC-TOYS-MANUFAKTUR PLAYSTIXX von Stefanie Dörr besichtigt und Toys wie Dildos und Vibratoren aus Silikon natürlich gekauft werden, ansonsten auf telefonische Vereinbarung. Die NAUNYNSTRASSE 58 ist ein von Lesben und Frauen im Frühjahr 1981 besetztes Haus, das nach wie vor in Frauenhänden ist. Auch das legendäre HEXENHAUS in der Liegnitzer Straße 5, das im Januar 1981 erste von Frauen besetzte Haus, 20-30 Minuten zu Fuß von hier entfernt, ist Frauenwohnraum geblieben. Der Hausverein schreibt fest, dass es in Frauenhänden bleibt. „Vielleicht ist die Haustür gerade offen“, sagt Uschi Munker, eine der Besetzerinnen, die dort immer noch wohnt, „und du kannst einen Blick in den schönen Garten werfen“.

Von der Naunynstraße biegen wir links in die Adalbertstraße. In der Nr. 76 befindet sich PULSATRULLA, feministische und naturheilkundliche Beratung auf kostenloser Basis. Zurück zur Naunynstraße, kurz vor der Mariannenstraße, in Nr. 72, ist das SCHOKOBÜRO (siehe Kreuzberg proudly presents) und das FRAUENKRISENTELEFON. Möchte sich eine an der frischen Luft ausruhen und picknicken, sei der Mariannenplatz empfohlen. Obst, Gemüserollen, Apfeltaschen kann sie in KRAUT & RÜBEN, Mariannenstraße, Ecke Oranienstraße kaufen. Hat eine Lust auf ein warmes oder kühles Getränk laden das SCHOKO-CAFÉ in der Mariannenstraße 6 mit einem Patio oder der BIERHIMMEL in der Oranienstraße 183 ein. Auf dem Weg dorthin kommen wir vorbei am Partytempel SO 36 in der Oranienstraße 190 und dem ROSES in der Nr. 187 (siehe „Warmes Bier und kühle Blicke“ von Manuela Kay).

Gegenüber in der Nr. 21 befindet sich der linkspolitische

*5 IAF e.V.*
*6 Playstixx*
*7 Naunynstr. 58*
*8 Hexenhaus*
*9 Pulsatrulla*
*10 Schokobüro*
*Frauenkrisentelefon*
*11 Kraut & Rüben*
*12 Schoko-Café*
*13 Bierhimmel*
*14 Roses*

*Jane-Bond-Party im SO 36*

*Mega-Lesbenparty [M].Appeal*

Buchladen OH21 mit gutem und sichtbarem Lesbensortiment. Professionellen Schneiderinnen oder hobbymäßigen Dekorateurinnen sei der LADEN ein paar Häuser hinter dem BIERHIMMEL, Richtung Adalbertstrasse, empfohlen: Stoffe, Knöpfe, Schnallen, Flitter ... ist sie keine Schneiderin oder Dekorateurin, wird sie spätestens hier eine Umschulungsmaßnahme in Betracht ziehen.

*⑮ Buchladen Oh21*

*⑯ Deko-Laden*

Ihren Beruf geändert hat zum Beispiel auch Tina, die einst Wirtin des Schöneberger Gasthauses Paramount war: Sie arbeitet heute mit Inge, Maria und Manuela im Frauenkollektiv des MALERLADENS AMINDOBÉ (benannt nach den Gründerinnen) in der Pücklerstraße 30, Fachhandel für biologische und umweltfreundliche Farben, Öle, Wachse, Lacke, Pigmente, Verleih von Schleifmaschinen. Also, wenn eine gerade nach Berlin zieht, umzieht oder renovieren will – hier wird sie gut beraten.

*⑰ Malerladen AMINDOBÉ*



Für die ökologisch-politisch Orientierten sei auch auf den LESBENBEREICH BÜNDNIS 90/DIE GRÜNEN hingewiesen – das Büro ist in der Oranienstraße 25, Nähe Görlitzer Bahnhof.

*⑱ Lesbenbereich Bündnis 90/Grüne*

Und wer auch bei alkoholischen Getränken Ökologisches bevorzugt, sollte in der Lausitzer Straße 1 vorbeischauen,wo Erika Baierl in ihrem Laden „ALLES FLIESST“ ökologische Weine und mehr anbietet.

*⑲ Alles fließt*

Vom Görlitzer Bahnhof kann eine weiter zum Schlesischen Tor laufen und dort im KATO-CAFÉ im U-Bahnhof Schlesisches Tor einkehren. Hier finden jeden Montag ab 21 Uhr die afrikanischen Salons MoKATO statt, organisiert von Mahides kulturellen Produktionen AHOI.

*⑳ Kato-Café*

Auf der anderen Seite der Spree blicken wir auf die rückwärtige Wand der EAST-SIDE-GALLERY. Im Sommer 1990 haben sich KünstlerInnen aus aller Welt die Mauer zu eigen gemacht. Die Malereien sind zum großen Teil erhalten.

*㉑ East-Side-Gallery*

## AUSSTIEG: GNEISENAUSTRASSE

22 *Locus*
23 *Passionskirche*
24 *Buchhandlung Chronika*
25 *Wildwasser*
26 *Krug & Schadenberg*
27 *Chamissoplatz*
28 *M&K Bestattungsinstitut*
29 *Ballhaus Walzerlinksgestrickt*

Erster Treffpunkt ist CAFÉ-BAR-RESTAURANT LOCUS mit mexikanischen Spezialitäten am Marheinekeplatz 4, das Katharina von Oertzen seit 15 Jahren engagiert bewirtet. In der PASSIONSKIRCHE nebenan fand 1999 monatlich das „Lesbische Quartett" statt, organisiert von den beiden schwulen Inhabern der BUCHHANDLUNG CHRONIKA schräg gegenüber, Bergmannstraße 26. Hier gibt es ein breites Angebot an Lesbenliteratur. Um die Ecke, in der Friesenstraße 6, befindet sich ein Infoladen von WILDWASSER. Von der Bergmannstraße aus gehen wir zur Heimstraße. In Nr. 19 hat der Verlag KRUG & SCHADENBERG seinen Sitz. Seit 1993 veröffentlichen Andrea Krug und Dagmar Schadenberg Bücher für Frauen, die Frauen im Sinn haben, so zum Beispiel Leslie Feinbergs Kultroman „Träume in den erwachenden Morgen" oder Sonja Steinerts Debütroman „Cantando" sowie Themenbände rund um das lesbische Alltagsleben. Über die Willibald-Alexis-Straße und den im Sommer reizvollen CHAMISSOPLATZ (samstagvormittags ist dort Bio-Markt) gelangen wir zur Fidicinstraße 42, zum M&K BESTATTUNGSINSTITUT von Claudia Marschner. Hier geht es um eine neue Begräbniskultur, eine buntere, eine individuelle. Die in den hellen Räumen ausgestellten Särge und Urnen sind farbenfroh. Lesbe kann ihre ganz besonderen Wünsche für Sarg- oder Urnengestaltung äußern: plüschig, pink, postmodern. Im Malzimmer kann sie auch selbst einen Sarg bemalen. Nachdem die 40jährige Claudia Marschner, gelernte Bauzeichnerin und Bürokauffrau, zwei Jahre in der Bestattungsbranche gearbeitet hatte, eröffnete sie 1992 ihr eigenes Geschäft: Feuer, Erde, Wasser, Luft. Vom Tod zum Tanz. Im BALLHAUS WALZERLINKSGESTRICKT, Am Tempelhofer Berg 7d, in einer ehemaligen Fabrik treffen sich die Tanzfreudigen in Tanzkursen, zu Diva-Dancing und Bällen. Hin und wieder gibt es ladies-only Tanzvergnügen, ansonsten gemischt, in den jeweiligen aktuellen Ankündungen nachzulesen (siehe Anita Meiers Artikel „Vom Zweikampf zum Paartanz"). Zurück zur Bergmannstraße und Zeit für eine Erfrischung, einen Tee oder Imbiss in einem der Cafés.

*Von hier aus gibt es drei Möglichkeiten, den Spaziergang fortzusetzen:*

FORTSETZUNG A Ein (Einkaufs-)Bummel über die Bergmannstraße. Schon immer war diese Straße von vielen Trödelläden gekennzeichnet, nur wenige befinden sich heute noch im Souterrain und bieten tatsächlichen Trödel an: Sperrmüll, Geschirr, Bestecke, Spiegel, Bettgestelle, Nippes und Fundstücke aus Wohnungsauflösungen. Viele sind den Edeltrödelläden und großfensterflächigen Cafés gewichen.



FORTSETZUNG B Wir überqueren den Mehringdamm in die gegenüberliegende Kreuzbergstraße. Nach fünf bis zehn Minuten können wir linkerhand den einzigen Wasserfall Berlins bewundern – falls das zuständige Amt gerade genug Geld hat, den Wasserhahn aufzudrehen. Etwas weiter, in einer Villa in der Kreuzbergstraße 62, ist der Internationale Mädchentreff im MÄDCHENZENTRUM DOUBLEX angesiedelt, dessen Café Di-Sa von 15-20 Uhr geöffnet ist. Der Rundgang kann mit einem Picknick auf dem KREUZBERG beendet werden oder einfach mit einem Blick über gesamt Berlin.

*30 DoubleX*

*31 Kreuzberg*

FORTSETZUNG C Von der Bergmannstraße biegen wir rechts in den Mehringdamm. In der Nr. 61 im Hinterhof befindet sich das SCHWULENMUSEUM. Ab und zu präsentieren hier auch Lesben ihre Werke, zum Beispiel in der Ausstellung „Die 16 Rippen – Internationale Künstlerinnen im Schwulenmuseum". Im Februar1999 wurde die erste schwullesbische Ausstellung „Nobody is perfect" eröffnet: Filmidole von Lesben und Schwulen. Außerdem gibt es hier noch den rar gewordenen Eldorado-Katalog von 1984 zu kaufen. Im selben Gebäude befindet sich das AHA-Café, für Lesben und Schwule, sonntags ab 17 Uhr für Frauen … Und nicht zu vergessen, das vielbesuchte, lesbischwule CAFÉ MELITTA SUNDSTRÖM, das einen Ableger der schwulen Buchhandlung PRINZ EISENHERZ beherbergt. Vom Mehringdamm gehts um die Ecke rechts. In der Gneisenaustraße 2a liegt der linksalternative MEHRINGHOF, langjähriger Veranstaltungsort der Lesbenwochen. Nach wie vor gibt es den Frauen/Lesbenraum im Mehringhof, die SFE, Schule für Erwachsenenbildung, wo so manche Lesbe ihr Abitur nachholt/e oder unterrichtet/e. Das im Mehringhof integrierte CAFÉ MUVUCA, Nachfolgerin des Ex, wird von einem afrobrasilianischen

*32 Schwulenmuseum*

*33 AHA-Café, Café Sundström*

*33 Mehringhof, SFE, Café Muvuca*

Kulturkollektiv um Sandra Bello geführt. Abends bietet das MUVUCA nicht nur eine exzellente Küche, sondern auch kulturelle Highlights wie Musik, Filme und Poetry. Hier treffen sich auch diverse Stammtische, u.a. von ADEFRA (siehe Projektlandschaften). An der Kreuzung überqueren wir die Gneisenaustraße zum DREIFALTIGKEITS-FRIEDHOF am Mehringdamm (einen zweiten Eingang gibt es von der Zossener Straße), wo Rahel Varnhagen, Fanny Hensel und Henriette Herz begraben sind.

*34 Dreifaltigkeits-Friedhof*

Auf dieser Ruheinsel können wir auch der in Kreuzberg 61 gestorbenen, von Lesben belebten Frauenprojekte gedenken: dem FRAUENZENTRUM in der Hornstraße, später Stresemannstraße 40, dem LESTRA im Frauenzentrum, das die erste Lesbenwoche 1985 initiierte, den Frauenbuchladen LABRYS, von 1975-81 in der Yorckstraße, dem Frauenbuchvertrieb und Verlag (1975–1985), Mehringdamm 32–34. Etwas weiter auf dem Mehringdamm, zum Platz der Luftbrücke hin, befand sich in den Siebzigern die historische VIVA-Frauendruckerei, wo Broschüren, Plakate und Flugblätter gedruckt wurden. Doch von grauer Literatur ist leider nicht zu leben.



Falls die Lustwandelnden mit und ohne Gefolge noch keine Lust haben, 61 zu verlassen, oder überhaupt Lust aufeinander haben: freitags von 14-20 Uhr ist Laura Meritts SEXCLUSIVITÄTEN-SALON in der Fürbringerstraße 2 geöffnet (siehe Artikel „Toy, Toy, Toy“ von Susanne Kaiser).

*35 Sexclusivitäten-Salon*

In die Zossener Straße links einbiegend befinden sich seit 2000 in der Nr. 55-58 die neuen Räume des ORLANDA VERLAGES. Der Verlag gehört zu den beiden ältesten deutschen Frauenverlagen. Das 1974 erschienene „Hexengeflüster“ verkauft sich heute noch. 1981, als der umstrittene Lesbensexratgeber „Sappistrie“ erschien, hieß der Verlag noch Subrosa Frauenverlag. Pat Califias Klassiker wird unter dem Titel „Wie Frauen es tun“ immer noch gern gekauft. Heutige Schwerpunkte sind Gesundheitsbücher, Lesbenromane, Schwarze Frauen, Ratgeber und Sachbücher zu aktuellen Themen.

*36 Orlanda Verlag*

Manch eine beschließt den Abend gerne in der JUNCTION-BAR, Gneisenaustraße 18, wo Jazz- und Blues-MusikerInnen und hin und wieder Lesben-Musik-Gruppen auftreten.

*37 Junction-Bar*

IM GESPRÄCH MIT:

# *Yvonne Amé Kolagbodi, Locks, Online-Versand, KünstlerInnen-Vermittlung*

Locks, wie die gedrehten Haare der Rastafaris heute genannt werden, sind Yvonne Kolagbodis Spezialität. Das Wort Dreadlocks ist nicht nur für sie negativ besetzt, schließlich bedeutet dread auf Englisch Angst und Schrecken.

Ihre eigenen Locks hat Yvonne kürzlich abgeschnitten, den Schädel rasiert, zum ersten Mal in ihrem Leben. Jetzt bewahrt sie die Haare in der Schublade auf. Traditionell hätte sie sie schon vor zehn Jahren abschneiden müssen, als Zeichen der Trauer um ihren verstorbenen Vater in Nigeria. Doch damals fand sie ihr Haar kurz genug. *„So habe ich es eben jetzt getan… Wahrscheinlich hängt es mit den Veränderungen in meinem Leben zusammen.“*

Das Telefon klingelt. *„Vier bis acht Stunden dauert es (das Drehen der Locks)“*, sagt Yvonne in den Hörer. *„Wär' gut, wenn du hinterher Zeit hast, dich auszuruhen, du mußt lange sitzen und es kann etwas ziehen.“*

Mit den meisten der ungefähr sechzig Haarsorten, die es so gibt, kennt sich Yvonne Kolagbodi aus: wie das blonde und dunkle Haar, das dicke, krause, glatte, strähnige, das kurze, das lange, das rauhe, das splissige Haar unterschiedlicher Methoden bedarf, damit es verfilzt. Das Grundprinzip ist ganz einfach, sagt sie: das Haar wird gewaschen und getrocknet, niemals gekämmt. Aber auch das will gelernt sein. Das Drehen gibt den Locks die gewünschte Form, verhindert Knoten. Yvonne hat für jedes Haar die entsprechenden Mittel, die der Verfilzung förderlich sind: Bienenwachs, rötlichen Conditioner, der nach Kokosnuss riecht, sowie eine spezielle gemahlene afrikanische Pflanze.

*„Für Locks braucht man Geduld. Filz-Tricks wie Klebstoff und andere Mittel ruinieren nicht nur die Haare, sondern sind zudem wirklich gesundheitsgefährdend."*
Da ist der fachgerechte Dreh durch geübte Hände sicher die bessere Wahl, um sich Haarwünsche zu erfüllen.



Yvonnes Motto: Haare heilen.
Haare sind ihr Thema geworden. Sie möchte sie erforschen und schreibt über Locks, um ihr Haarwissen zu vermitteln und eine Art Leitfaden für die begehrte Frisur zusammenzustellen. Die Fragen, die bei ihren online-Beratungen gestellt werden, kommen ihr dabei zugute.
Die Locks-Kundinnen und Kunden kommen über Anzeigen in den Berliner Stadtmagazinen Tip und Zitty, im Internet und durch Mundpropaganda. Es kommen Schwarze und Weiße gleichermaßen, Heteros, Homos, Lesben, Junge und Ältere, aber vor allem junge Leute, denn bei ihnen sind Locks gerade angesagt. *„Nach Europa kamen Locks über die spirituelle Tradition der jamaikanischen Rastafaris, worauf sich viele schwarze Menschen auch heute noch beziehen"*, erzählt Yvonne.
Die Leute lassen sich von Yvonne beraten, frisieren und betreu-

en, etwa alle 3-4 Monate, bis die Locks nach zirka anderthalb Jahren so sind, wie sie sein sollen. Der Ort des Geschehens wird immer flexibel vereinbart.

Seinen Anfang nahm das Locks-Drehen für Yvonne im eigenen Afroshop und Kulturladen am Anhalter Bahnhof: Kolamé - Fenster zu Afrika. Den musste sie nach fast fünf Jahren Durchhalten leider aufgeben. Dort hatte sie erstmals die Gelegenheit, die Locks von KünstlerInnen nachzudrehen und „bühnenreif" zu gestalten. Die ehemalige Physiotherapeutin fand Gefallen am Haardrehen, und heute ist es eine Arbeit, die sie nach drei Jahren immer noch fasziniert.



Yvonnes Kopf ist voller Ideen. Durch die Ladenaufgabe habe sie ihre Freiheit wieder gefunden, sagt sie. Ihren geliebten Treffpunkt hat sie vom Anhalter Bahnhof ins Internet verlegt. Der Computer ist ihr Fenster zur Welt geworden: *„Man kann weltweit gucken, was andere machen."* So begeistert sie von den Möglichkeiten des Computers ist – sie kommuniziert kaum noch über Telefon – interessiert sie dabei eher die Arbeit mit kreativen Menschen als das Technische. Online ist sie weiterhin Kontaktbörse, Shop, Kunstverleih, KünstlerInnen-Agentur in den Bereichen Musik, bildende Kunst, Schauspiel. Sie hat eine Datenbank von schwarzen KünstlerInnen in Berlin und außerhalb, vermittelt auch für Produzenten, für Film und Fernsehen. Die afroamerikanische Fotografin Deborah Moses-Sanks ist eine dieser Kreativen in der Vermittlungskartei. Sie hat u.a. Fotos für Yvonnes Online-Shop gemacht.

Yvonne hat schon immer eine enge Verbindung zu MusikerInnen gehabt. Sie schätzen ihre konstruktiven Vorschläge und ihre Kritik. Sie arbeitet beispielsweise mit der afroamerikanischen Perfomance-Künstlerin und Sängerin Stormé Webber aus New York und den Berliner Blues-Sängerinnen Louey & Amy zusammen.

Seit Jahren ist sie bei der schwarzen Frauengruppe ADEFRA aktiv, die sich jeden ersten Montag im Monat im MUVUCA zum Stammtisch trifft. In dem von einem afrobrasilianischen

Kulturkollektiv geführten Café und Veranstaltungsort in Kreuzberg (Gneisenaustr. 2a, Mehringhof) treffen sich manchmal bis zu 30 schwarze Frauen. *„Das sind meine Leute“*, sagt Yvonne lächelnd. *„Ich freue mich, dass immer mehr jüngere Frauen das Bedürfnis haben, sich mit anderen auszutauschen und etwas dafür zu tun, eine Community zu schaffen.“*
Heraus aus ihrer „Zentrale“ im Bergmann-Kiez kommt Yvonne, wenn sie mit einem Waren- oder Essensstand an Festivals teilnimmt, zum Beispiel am Afrika-Festival in Würzburg oder am Masala Festival in Hannover.

Wenn Yvonne von ihrer Arbeit und ihren Aktivitäten spricht, sagt sie oft wir. Damit meint sie alle, die sie bei ihrer Arbeit unterstützen, zum Beispiel ihre Familie, Lebenspartnerin, Freundinnen und Freunde. Den „Wir-Ansatz“ kennt sie aus Nigeria, wo sie die ersten 16 Jahre ihres Lebens verbrachte.
Auch nach über 20 Jahren Ost- und Westdeutschland kann und will sie diese Einstellung nicht ablegen. *„Alleine komme ich nicht weit. Wir haben alle so viele Talente, die wir bündeln können. Für mich geht es gar nicht anders.“*

Sie hat die Vision, ihr kreatives Potenzial mit anderen an verschiedenen Orten umzusetzen. Am liebsten würde sie ein KünstlerInnenprojekt in Nigeria aufbauen, in Berlin weiter Locks drehen, das Online-Geschäft ausbauen, Drehbücher schreiben, Filme machen… Am meisten liegen ihr befristete Projekte, bei denen sie das Ende absehen kann. Und dann wieder etwas Neues.
Doch momentan dreht sich für Yvonne alles um Haare – ob blond, ob braun, ob schwarz …
Mehr gibt's unter www.kolame-afroshop.de.

# *Frauenzentrum Schokoladenfabrik e.V.*



Nicht der Geruch, sondern der Name lässt noch auf auf die Ex-Schokoladenfabrik schließen, die, nachdem sie jahrelang in sich verfiel, 1981 von Frauen besetzt wurde. Vom Keller bis zum Dach hinauf, das die Tauben bewohnten, begannen die Ausmist- und Instandsetzungsarbeiten. Ziemlich bald wurde ein Café als Treffpunkt und ein Büro für das geplante Frauenstadtteilzentrum eingerichtet. Künstlerinnen experimentierten in den noch leeren Räumen. 1982 fand in der Schoko, wie sie schnell hieß, der erste Frauensommer statt. Der Schwerpunkt lag auf Aktion: Mal-Aktionen, Videovorführungen, Lesungen, Diskussionen in- und ausländischer Frauen machten das Stadtteilzentrum einer größeren Frauenöffentlichkeit bekannt. 1983 wurde ein Nutzungsvertrag mit der gemeinnützigen Wohnungsbaugesellschaft über das 1 800 qm große Gebäude abgeschlossen. Senat und Ikea unterstützten das Projekt finanziell. Neben dem Café entstanden eine Tischlereiwerkstatt, eine Kita, Wohnungen, Räume für Kurse und Ausstellungen, die Sportetage und nicht zuletzt das türkische Bad HAMAM.

Konzepte, Gruppen, Macherinnen, Ideen, finanzielle Förderungen wechselten im Laufe der Zeit. Die einzelnen Projekte arbeiten heute weitgehend selbständig und finanzieren sich über Einnahmen bzw. Kursbeiträge. Die Miete wird zum Teil vom Senat gefördert. Zweiwöchentlich treffen sich die Projekte zur Teambesprechung.

Gehen wir also vom Keller bis zum Dach hinauf:

Das HAMAM im Souterrain „ist ein Bad für Entspannung, Kommunikation und Pflege des Körpers ...“ Neben dem orientalisch gekachelten türkischen Dampfbad und der Sauna gibt es Masssage-Angebote, biokosmetische Behandlung, Enthaarung, Haarefärben mit Henna und Ganzkörperpeeling (Ter-

*Zariamma Harat, Kulizeichnung (Nov. 1998)*

mine nach Vereinbarung). Außerdem werden eine Internationale Mädchengruppe und wechselnde Veranstaltungen angeboten. Für Asylbewerberinnen gibt es einmal im Monat einen kostenlosen Hamam-Besuch. Das Hamam ist auch für private Feste zu mieten.

Im SCHOKO-CAFÉ im Hochparterre, das von Kiki und Ute geführt wird, „finden regelmäßige Tanzveranstaltungen und kulturelle Highlights statt“, so Konzerte „über russische, indische, senegalesische, lateinamerikanische, hebräische, US-amerikanische bis deutsche Musik“. Künstlerinnen, die ihre Werke ausstellen möchten, sind mit Fotografien, Malerei, Collagen, Textbildern und zuweilen Plastiken herzlich willkommen.



Politische Veranstaltungen werden immer gerne unterstützt. Regelmäßig samstags von 18 bis 20 Uhr trifft sich der „Lesben- und Frauentauschring“ Kreuzbergs, der Polit-Stammtisch dienstags 19 Uhr, der Tischlerinnenstammtisch jeden vierten Dienstag im Monat 20 Uhr. Jeden zweiten Samstag im Monat lädt das Café ab 22 Uhr zur Disco ein und jeden zweiten Freitag im Monat ab 21 Uhr zur Salsathek. „Das Café ist mit einer rollibefahrbaren Toilette ausgestattet, leider gibt es eine relativ steile Treppe mit sieben Stufen vor dem Café. Für jeden Tip, das Café auf bezahlbare Art berollbar zu machen, wären wir dankbar.“ Das Café wird auch für Privatveranstaltungen vermietet.

In der SCHOKO-WERKSTATT in der ersten Etage werden Auftragsarbeiten durchgeführt sowie Kurse mit handwerklichen und künstlerischen Inhalten angeboten. Montags ist offener Nachmittag, an dem Frauen unter Anleitung eigenständig werkeln und reparieren können.

SCHOKO-SPORT UND TANZ in der zweiten und vierten Etage bietet fortlaufende Kurse von Akrobatik bis (Mädchen-)WenDo und Trimesterkurse von Argentinischem Tango bis „Zentriert im Alltag“. Außerdem gibt es Workshops in Feministischer Selbstverteidigung, Butoh und Salsa Merengue.

In der dritten Etage befindet sich der TREFFPUNKT BILDUNG UND

Beratung für Frauen und Mädchen aus der Türkei, der als soziales Projekt vollständig vom Senat finanziert wird. Hier werden Deutschkurse mit Kinderbetreuung und Programm angeboten, Hausaufgabenbetreuung und Nachhilfe für Schülerinnen sowie soziale Beratung.

*Im Schoko-Café*

Das Schoko-Büro bietet nach Vereinbarung Sozial-, Miet- und Rechtsberatung an. Für letztere muss ein Termin mit Rechtsanwältin Ewa Alfred (Tel. 851 85 27) abgesprochen werden. Hinzuweisen ist auch auf den Veranstaltungsbereich politisch-feministischer Bildung mit dem Schwerpunkt Rassismus/Fundamentalismus, geleitet von Dr. Jale Ahmadi.
Die Kurs- und Veranstaltungsprogramme sind in der jeweiligen Etage zu erfragen oder dem Blattgold zu entnehmen. Im Service-Teil des Buches sind die Telefonnummern und Öffnungszeiten unter der jeweiligen Rubrik zu finden.

# *Mülltonnen-Eklat*

*Giovanna Padova*

Ich lebe in einer italienischen Kleinstadt und verbringe meine Sommer damit, am Strand die ragazze zu beobachten und die Lesben unter ihnen ausfindig zu machen. Als ich Katia ankommen sah, traute ich meinen Augen nicht. Sie sah aufregend aus, wagemutig, mit abrasierten Haaren, bis auf ein rotes „Teufelshorn", hätte meine Mutter gesagt. Eine Lesbe, und sie gefiel mir, außerdem kam sie aus Berlin, dem Lesben-Paradies. Ein irres Abenteuer begann. Ich mochte ihr Butch-Aussehen, und ihre verwegene Art im Bett war genau das, was ich brauchte, die Utensilien einer perfekten sexy Lesbe hatte sie mitgebracht …

Im September, nach mehreren heißen Telefonaten, habe ich nur noch an eins gedacht: auf nach Berlin. Mit meinen neuen Doc Martens kam ich am Flughafen Tegel an und machte mich rasenden Herzens auf den Weg nach Kreuzberg. In den ersten Tagen verlief alles super. Absolut geil. Wir schlossen uns ein, der Kühlschrank war voll und die Cafés die ganze Nacht geöffnet, wenn es uns doch mal auf einen Drink nach draußen trieb.

Aber dann musste der Abfall heruntergebracht und eingekauft werden. Da Katia arbeiten ging, übernahm ich den Stress der Hausarbeit. Von da ab ging alles schief. Trotz ihrer Liste fand ich nicht das Richtige in den Geschäften. Den Orangensaft kaufte ich bei Aldi, weil er dort billig war und 100% Fruchtgehalt. Als sie ihn sah, fluchte sie ganz fürchterlich auf deutsch und goss ihn in die Spüle: Er war nicht aus dem Bioladen von nebenan … Nach einer mittleren Krise und einem heftigen Streit wollten wir essen gehen. Um mich wieder in ein gutes Licht zu bringen, nahm ich die drei Abfallbeutel, ging entschieden in den Hof und warf sie pfeifend in die erstbeste Mülltonne. Ein spitzer Schrei, ich glaubte, Katia würde mich erwürgen: „Siiehst du denn nicht, dass es eine für Papiier gibt, eine für Plastiik, eine für weißes Glas und eine andere für braunes?" Ihre Is schienen mich aufzuspießen. Aus Spaß fragte ich, in welche sie denn ihr Latex mit Vanillegeschmack werfe und ihre vom intensiven Gebrauch unbrauchbar gewordenen Dildos? Das fand sie überhaupt nicht zum Lachen.

*Kraut und Rüben*

Ich versuchte zu verstehen. Doch vergebens. Für mich sahen alle Mülltonnen gleich aus, grün oder blau, ich weiß nicht mehr. Ich nahm mir also vor, sie nicht mehr zu beachten. Die Regale in den Bioläden studierte ich jedoch eingehend, um es Katia recht zu machen. Und eifrig sortierte ich in der Küche Papier und Plastikabfall. Nach zwei Tagen allerdings streikte mein Gehirn. Seine Funktionsfähigkeit setzte aus. Und meine recyclete Bio-Libido flackerte schwach wie eine ausgehende Kerze. Ich hatte mehr Lust auf ein Steak als auf eine wilde Nacht. Meine so geliebte Berlin-Affäre nahm den Geruch von Verwesung an, bevor meine Doc Martens Zeit hatten, durch die berüchtigten Bars zu vagabundieren.
Eine Frage beschäftigt mich seitdem: Ist in Berlin auch die Liebe recyclebar?

# *Toy, Toy, Toy*

*Susanne Kaiser*

Früher aß frau freitags frischen Fisch. Frischen Fisch aß frau früher freitags. Heute sind meist weder die Fische noch die Freitage so exklusiv – dennoch gäbe es Grund genug, dieser alten Tradition wieder zu frönen, wurde der Freitag doch nach der Liebesgöttin Venus benannt, woran das französische „vendredi" oder italienische „venerdi" noch erinnert. Und woran erinnert Fisch? Richtig!

Eine hat diese Tradition wiederbelebt: Freitag, das ist heute der Tag der Salonlöwinnen bei „Sexclusivitäten", dem ältesten lesbischen Sex-Dienstleistungsunternehmen in Deutschland. Laura Méritt lädt alle Arten von Weiblichkeiten ein, sich in gemütlicher Runde „stimulustig An-Regungen" zu holen und sich auf weitere schöne Sinnesereignisse für das Wochenende (oder die Tage, Wochen oder Jahre danach) einzustimmen.

Hier geben sich die „HabichallesinSanFranciscoschonprobiert"-Dykes mit just Neuland entdeckenden Nachwuchs-Lesben jeden Alters erst die Klinke und dann die Sexspielzeuge in die Hand. Hier wird gleichermaßen über wünschenswerte Dildo-Kreationen mit eingebauten Klit-Stimulatoren gefachsimpelt wie über neue und alte Clubs, Regierungskoalitionen oder Beziehungskisten getratscht. Künstlerinnen breiten ihre neuesten Werke auf dem Teppich aus, während neugierige Provinzlerinnen einen Blick in die frisch eingetroffenen Frauen-Erotik-Videos werfen. Oder umgekehrt. Laura Méritt kredenzt dazu leckeren Milchkaffee und ihr alle zwei Minuten durch die Räume schallendes Lachen. Sie freut sich über kleine Mitbringsel jeder Art und drückt für jede Besucherin einmal auf's kleine Zählwerk im Flur, das nach nicht ganz einem Jahr Salonbetrieb bei fast sechshundert steht.

Im Laufe der Jahre wird es wohl eine fast fünfstellige Zahl von Personen gewesen sein, die bei der Sexpertin um Rat, Tat & Toy gefragt haben. Anfangs zog die ehemalige Luxemburger Meisterin im Kugelstoßen, diplomierte Gymnastik- und Germanistiklehrerin und Hure in spe nach ihren Seminaren zu geschlechtsbezogenem Gesprächsverhalten an der Freien Universität mit ihrem „Ficknickköfferchen" los, um auf den Sofas von

*Biedermeiersalon von Laura Méritt*

Freundinnen das noch spärliche Sortiment an frauenkompatiblem Sexspielzeug feilzubieten. Die Fuckerwear-Party war geboren. Damals wie heute kam Laura Méritt je nach Anlass als Nicoletta, Nonne, Cowgirl, Krankenschwester oder Emma Peel ins Haus. Das Geschäftchen mit den Spielzeugen wurde auf den Namen „Sexclusivitäten" getauft und erhielt einen Stammplatz im ureigensten Reich der Frau – im Küchenregal von Lauras Charlottenburger Wohnung.

Der Wunsch nach einer persönlichen Atmosphäre hält die Dildo-Dealerin – wie eine Dealerin kam sie sich jedenfalls vor, als in den 80er Jahren die ersten von Penetrations- und PorNo-Debatten gebeutelten Kundinnen zu ihr schlichen – seit über 10 Jahren davon ab, einen Laden für ihre „Sexclusivitäten" zu mieten. Nach dem Umzug unter die Dächer des lesbischwulen Kiezes Kreuzberg 61 mutierte und sexpandierte die Sexküche, die zuletzt kaum noch Platz zum Kochen bot. Denn auch wenn der einstige Bauchladen noch immer mehr aus dem Bauch heraus als nach wirtschaftlichen Notwendigkeiten betrieben wird, füllte sein Inhalt im Laufe der Jahre mehrere Vitrinen und Regale, die heute in einem von der Frau Mama eingerichteten Biedermeierzimmer stehen. Und wenn das (natürlich

knallrote) Köfferchen mit der Chefin zu einer der zahlreichen „ToyToyToy-Shows" in einen selbst noch so entlegenen Teil der Republik unterwegs ist, fällt die Qual der Wahl schwer. Hurra!

Dass sich das Angebot an ästhetischen und qualitativ hochwertigen Sexspielzeugen für Frauen so vervielfältigt hat, ist nicht zuletzt auch ein Verdienst von Laura Méritt selbst. Mit der Idee eines Frauen-Sexnetzwerkes im Kopf, das Designerinnen, Produzentinnen, Verkäuferinnen und Sexarbeiterinnen miteinander verbindet, hat sie immer wieder Herstellerinnen mit Ideen und Wissen versorgt. Dazu ist sie weltweit immer auf der Suche nach Neuigkeiten, mit denen sich die Damen verlustieren können. Bei ihren Reisen rund um den Globus wurde sie am häufigsten in den USA, dem Mutterland der Frauensexwelle, fündig, importierte aber auch Vibratoren, Dildos, Kugeln, Stäbe, Videos und Kuriositäten aus Japan, England, China, Schweden oder den Niederlanden. Von den Reisen im Kopf brachte die Linguistin praktische Anregungen aus dem Studium antiker bis neuzeitlicher Literatur mit – und bringt so manche Gästin mit ihren Schilderungen, wie beispielsweise Cleopatra den Vibrator erfand, indem sie Fliegen in eine Papyrosrolle steckte und das Brummsel an ihre Klit hielt, auf „dumme Gedanken".

Letzteres ist sowieso Hauptzweck der Institution Laura Méritt. Ginge es nur um den Verkauf technischer sexueller Hilfsmittel, wie es so schön im Beate-Uhse-Jargon heißt, wäre die Sexpertin als erste zu (Bett-)Tode gelangweilt. Schließlich macht ein Dildo allein noch keinen ekstatischen

Frühling. Und weil es in unserer Gesellschaft rar ist, dass sexuelles Wissen von Mutter zu Tochter oder auch Freundin zu Freundin weitergegeben wird – daran ändert aller Klatsch und Tratsch über das Thema No. 1 in Lesbenkneipen nichts –, versucht Laura vor allem, den Schlüssel zum verborgenen Museum namens „Sexualität der Frau“ weiterzureichen. Und zwar egal, ob das in einem Beratungs- und Verkaufsgespräch oder in einem ihrer zahlreichen Workshops wie „S/M – leicht gemacht“, „Sprache und Lust“, „Klappen auf“ oder „Hure und Heilige“ geschieht – oder bei ihrer praktischen Arbeit als Betreiberin des „Club Rosa“, dem europaweit einzigartigen Escort-Service von Lesben für Frauen. Bei aller vermeintlichen Aufgeklärtheit reißt kurz nach der Jahrtausendwende das Bedürfnis an Entdeckungsreisen zu G- (oder A-, B-, L-) Flächen, Tipps zum Training der Mösenmuskulatur (und deren Einfluß auf Art und Intensität von Orgasmen), wörtlich zu nehmende Spritztouren oder dem ganz simplen „Wie benutze ich eigentlich ein ...“ nicht ab. Ganz im Gegenteil. Deshalb gehörte der praktische Teil, das Ausprobieren, schon immer mit zur Angebotspalette – für die, die „mit“ wollen.
Das alles wird übrigens begleitet von einer Spezialität, ohne die Laura undenkbar wäre: ihrem Lachen. Über alles, mit allen, und (auch) vollkommen unmotiviert. Lachen macht sexy. Schön. Willig. Und hebt vor allem eins auf: den Ernst der Sache. Schließlich: Humor heißt (lateinisch 😀) Feuchtigkeit! Und Lust kommt von lustig!

# *Panta rhei oder der feminine Geist des Weines*

*Erika Baierl*

Hat es mit Frauen und Wein etwas auf sich oder ist es nicht schnurzegal wer Wein trinkt? Ich behaupte, es ist nicht egal, sofern frau den Wein bei einem Mann kauft. Beim Autokauf ist es dasselbe ... aber das ist ein anderes Thema.

Wer kennt nicht den väterlichen Weinverkäufer, der grundsätzlich davon ausgeht, dass Frauen es gerne etwas lieblicher mögen. Und wenn die Kundin gar nach einem preiswerten Wein verlangt (denn sie verdient leider nicht so viel), kriegt sie schon mal zu hören: Tja, für 10 Mark kann man nicht viel verlangen. Ist doch klar, dass der Wein dann nicht schmeckt. Um das zu unterstreichen, textet sie der Fachverkäufer mit Fachvokabular über Boden, Klima, Rebstockerziehung, Kellerausbau und vielen anderen wichtigen und unwichtigen Dingen zu, anstatt mal nach ihren geschmacklichen Vorlieben zu fragen.

Zu Anfang habe auch ich mich mit dem klassischen analytischen Anspruch an den Wein herangetastet. Heute sehe ich weitaus mehr Möglichkeiten und das ist auch das, was echten Spaß macht. Ich denke, dass jeder Mensch Wein genießen kann. Keine muss sich dafür entschuldigen, dass sie keine Ahnung von diesem alkoholischen Getränk hat (was ich aber öfters bei mir im Laden erlebe). Spaß soll der Wein machen und schmecken soll er!

„Wein ist Vertrauenssache", so lautet ein ziemlich doofer Werbespruch der Weinlobby. Aber wahr ist er doch! Je mehr ich als Händlerin über deine Weinvorstellungen informiert bin, umso genauer werde ich mit meiner Empfehlung deinen Geschmack treffen. Und ich behaupte einfach mal, dass du jedem, der dir irgendwas andrehen will, schnell auf die Schliche kommst. Und dann hast du die Macht der königlichen Kundin: Du kannst kaufen oder du kannst es lassen (und die daraufhin verduzten Gesichter genießen).


Welche Aufgabe haben denn WeinfachverkäuferInnen, wenn nicht die, dir

deinen Wunschwein aus dem Sortiment herauszupicken? Ohne deine Hilfe geht das allerdings nicht. Also: Versuche einmal so gut es geht deinen Geschmack zu beschreiben. Lerne von dir selbst, indem du eine Zeit lang Weine bewußt trinkst und dir aufschreibst, was dir an ihnen gefällt und vor allem, was dir nicht gefällt.
Der eigene Weingeschmack lässt sich auch spielerisch herausfinden. Triff dich mit Freundinnen, die auch Lust am Wein haben. Jede bringt einen Wein mit, der nach vorher ausgemachten Kriterien eingekauft wurde. Legt den Preisbereich fest, überlegt, wie er sein soll: schwer, leicht, rot, weiß, rosé, aus einem bestimmten Land, von einer bestimmten Rebsorte, fruchtig, beerig, mit oder ohne Säure, mit oder ohne Restsüße, mit oder ohne Tannin... Dann packt ihr die Flaschen ein und beschriftet sie mit schönen Frauennamen oder Nummern. öffnet sie zwei Stunden vor der Verkostung, denn Wein braucht Luft, damit sich die Fruchtaromen entfalten können. Dann geht es los mit dem Testen. Beurteilt zuerst die Farbe und Klarheit, dann den Geruch. Dafür das Weinglas leicht schwenken (Achtung, Fleckengefahr!), dann die Nase ins Glas, ja richtig ins Glas reinstecken, und schnüffeln. Als nächstes schlürfen und kosten. Schreibt alle Eindrücke auf, tauscht eure Gedanken aus und habt Spaß. Wenn ihr Lust habt, ordnet dem Wein eine Farbe zu – mal sehen, wieviele die selbe Farbe empfinden. Ebenso können die Astrologie-Fans dem Wein Sterne und Planeten zuordnen, Automechanikerinnen können ihn mit Automarken benennen. Sport, Figuren, Linien, Kurven – alles ist möglich und eins ist garaniert: Ihr habt Spaß und lernt, euren Geschmack zu beschreiben.
So denn ihr Frauen – ran an den Wein und panta rhei (was Altgriechisch ist und nach Heraklit heißt: alles fließt).

Wenn du Spaß daran hast, mit Wein zu experimentieren: Ich freue mich über jede Mitteilung. Kontakt: Erika Baierl, alles fließt – ökologische Weine und mehr; Lausitzer Straße 1, 10999 Berlin; Tel./Fax: 612 70 11

# *Vom Zweikampf zum Paartanz*

*Anita Meier*

Standhaftigkeit im Zweikampf ist eine gute Voraussetzung für die ersten Schritte im Paartanz. Ich spreche aus Erfahrung. Nach jahrelangem Wen-Do-Training und Ausflügen in andere Kampfsportarten suchte sich mein Grundbedürfnis nach erotisch-sportlichem Körperkontakt allmählich eine rhythmisch-harmonischerere Form. Jenseits von Angreifen und Verteidigen. Vorbereitet durch hartes Training, jede Menge Lust und Frust, Atemlosigkeit und Gelächter zu zweit war ein Anfang in Richtung Paartanz bereits gemacht.

Denn auch der Weg zum lesbischen Ballgenuss ist bisweilen steinig. Nicht jede wird als Tänzerin im Sturm geboren. Tanzpartnerinnensuche oder stundenlange Beziehungsgespräche begleiten die ersten Tanzstunden. Und das Hadern darüber, warum die Füße bloß so weit vom Hirn entfernt sind ... Doch die Motivation steigt, je mehr Tanzgelegenheiten das Blattgold hergibt. So lockt die Verheißung eines baldigen Ballgenusses. Mit Diven-Bällen, fatalen Tanzcafés und lokalen Tanzterminen steigt die süße Qual der Wahl. Wer regelmäßig ausgeht, kommt kaum darum herum. Es bleibt ein Gesellschaftstanz. Das ist das Schöne. Und war schon immer auch das Fürchterliche daran. Denn es gehört nun schon zum guten lesbischen Ton, doch etwas mehr als die Grundschritte aufs Parkett zu legen.

Warum der Boom? Weil in wirtschaftlichen Krisen die Vergnügungswut ausbricht? Wir die Verbindlichkeit dieser Tanzform verstärkt brauchen? Weil nach Jahren Frauenkampf, Lesbenpolitik, (Selbst)verteidigung, Räume und Bedürfnisse für Vergnügen entstanden sind? Weil es schick ist, als Lesben wieder verteilte Rollen zu haben – oder zumindest nicht mehr verpönt? Weil wir uns gegen jene bürgerliche Gesellschaft, die uns tanzbiografische Alpträume beschert hatte, nicht mehr mit Händen und eben auch nicht mit Füßen abzugrenzen brauchen? Gegen jenes schicksalsergebene Frauenbild mit den entsprechenden Benimmregeln?

 Wenn auch nicht schicksalsergeben, gesittet geht es dennoch zu. Die mei-

sten kommen als Paare an und gehen als Paare weg – dazwischen Amüsemeng. Ein Tänzchen mit der einen oder anderen Freundin – die Grenzen sind markiert. Oder aber wir verabreden uns mit unserer Tanzstundenbezugsgruppe. Für viele Ungebundene mit ein Grund, das soziale Gefüge der Unterrichtsgruppe auch über längere Zeit nicht zu verlassen.
Der Flirt gehört sowohl zum Tanzschritt wie zum Musikstück. Wirklich angemacht und abgeschleppt wird eher selten. Um begehrt zu werden, reicht ein aufregendes „Dress-to-impress"-Outfit allein kaum aus, es muss eine den fortgeschrittensten F-Kurs auch weit hinter sich haben.
Überhaupt wird Leistung seit ein paar Jahren immer größer geschrieben. Mit Blick auf Medaillen an Turnieren; erst den gleichgeschlechtlichen, dann vielleicht gar den offiziellen, sobald sich der Deutsche Tanzlehrerverband entschließt, seine starren Heteronormen aufzulösen. Diese sportliche Orientierung löst wieder ähnliche Diskussionen aus wie einst im Kampfsport. Von wem lassen wir uns beurteilen und nach welchen Kriterien? Warum werden in schwullesbischen Turnieren Männerpaare besser bewertet als Frauenpaare?

Jede setzt ihren Schwerpunkt, entscheidet sich für das ihr entsprechende Ambiente; und in der regenbogenbunten Berliner Tanzszene findet heute auch tatsächlich jede paartanzwütige Lesbe etwas nach ihren Geschmack. Von der Schwofspaßorientierten oder Balltrunkenen bis zur Medaillenhungrigen, von der Salsasüchtigen bis zur Tangobesessenen.
Wer hätte das damals gedacht, als sich 1983 eine Anti-AKW-Frauengruppe der alternativen Energie Tanz zuwandte. Bewegte Frauen organisierten sich ein pensioniertes Tanzlehrerehepaar, das ihrer „Mädchengruppe" zeigte, wo es mit der Tanzrichtung langgeht. Erst noch mittwochs Politik und montags Tanz, dann wurde mittwochs immer weniger. Schließlich regte Ida Schillen 1986 in der Schoko den ersten Tanzkurs an. Biggi Garten und Marion Schmidt avancierten zu den ersten Tanzlehrerinnen. In der zweiten Etage des noch kurz zuvor von Frauen besetzten Hauses hieß es immer: erst von der Wen-Do-Gruppe davor Matten wegräumen, um dann auf dem harten Beton zu tanzen. (Die Renovierung der vierten Etage mit Tanzparkett kam später.) Oder bei Lärm und Lust gegen winterliche Kälte antanzen, dafür auch mal mit Live-Musik.
1988 bei Claudia Neidig im Hinterzimmer vom Extra Dry war es weicher und wärmer. Der Teppichboden, auf dem nur in Socken getanzt werden durfte, hat uns ganz schön die Fußsohlen eingeheizt. Dass Claudia als autonome Stadtamazone ihre Tanzturniergeschichte ausgrub, dazu gehörte Mut von ihr und Überredungskunst von uns. Inzwischen hat sie eine neue Tanzlehrerinnengeneration herangebildet und mit ihrer Partnerin Anette Meeuw an dem Gay Games Turnier in Amsterdam 1998 eine Medaille gewonnen. Mit ihrer Tanzschule GARÇONNE knüpfen Claudia und Anette heute an Traditionen der 20er und 30er Jahren an, als in unzähligen Freundinnen-Bars in Berlin geschwoft wurde. Und auch Biggi und Marion unterrichten nach Unterbrechungen mit ungebremsten Elan inzwischen wieder in der Schoko.
In den Genuss der zweiten Generation feministischer Tanzlehrerinnen kommt eine an all den einschlägigen Orten wie Begine, RUT, DoubleX, im Caminada, aber auch in Außenbezirken. (Siehe Adress-Teil. Dort stehen auch die Adressen der etablierteren Tanzschulen, die sich entweder fast ganz auf schwullesbisches Publikum spezialisiert haben oder es deutlich willkommen heißen.)

So steht einer sich weiter ausbreitenden lesbischen Tanzwelle nichts mehr im Wege. Vermutlich ist die Sehnsucht, mit einer andern im Arm in Leichtigkeit übers Parkett zu schweben, so schnell auch nicht mehr unterzukriegen. Um so weniger, je öfter wir mit Neid auf jene blicken, bei denen es immerhin so leicht aussieht. Wenn nach dem dritten F-Kurs das Zählen und Schwitzen auch wirklich aufhört und wir dann endlich die Augenfarbe der Tanzpartnerin wahrnehmen; wir nichts als den Augenblick genießen und den kommunikativen Spielraum lesbischer Zwiegespräche ausloten, vom klaren (über)mutigen Führen bis zum hingebungsvollen Folgen.
Und die befreundete Wen-Do-Trainerin stellt trotz ungebrochener Nachfrage bedauernd fest, dass sich ihre Schülerinnen neuerdings scharenweise zum Paartanz anmelden …

# SERVICE

# *Projektlandschaften in Berlin – Selbstdarstellungen*

*(Alle Adressen, Treffpunkte und Kontakte im Service-Teil)*

## ADEFRA – DIE FRAU, DIE MUT ZEIGT

*Audre Lorde*

Jeden 1. Montag im Monat trifft sich die ADEFRA-Gruppe zum Stammtisch im MUVUCA. ADEFRA, das sind Schwarze Frauen in Deutschland – und immer sind Lesben dabei.
ADEFRA startete 1986 in München, im gleichen Jahr, als das Buch *Farbe bekennen. Afro-deutsche Frauen auf den Spuren ihrer Geschichte* (hrg. von Oguntoye/ Opitz/Schultz, Orlanda) erschien. ADEFRA war ursprünglich ein Zusammenschluß von AfroDEutschen FRAuen. Heute schließt die Gruppe schwarze Frauen unterschiedlichster Herkunft ein. Im Amharischen heißt Adefra „die Frau, die Mut zeigt“ – das hielten wir für ein passendes Motto, denn auch zu einem Coming-out als schwarze Frau gehört Mut.
Die afroamerikanische Dichterin Audre Lorde war die erste, die in den 80er Jahren afrodeutsche Frauen dazu ermutigte, für sich einzustehen. Vielleicht war es die Tatsache, dass sie lesbisch war, die besonders schwarzen Lesben in Deutschland den Impuls gab, einander zu suchen.
1996 wurde ADEFRA ein eingetragener Verein. Weitere ADEFRA-Gruppen gibt es in München und Erfurt. Die Berliner ADEFRAs haben sich zunächst zum Ziel gesetzt, ein sozialer Treffpunkt für schwarze Frauen jeden Alters und jeder sexuellen Orientierung zu sein, wobei die Treffen auch als Kontaktbörse für die unterschiedlichsten Interessen dienen, Aus dem Stammtisch entwickeln sich weitere Gruppen schwarzer Frauen, die sich unter bestimmten Aspekten treffen, beispielsweise beruflichen oder politischen. Innerhalb der Gruppe von ca. 30 Frauen zwischen 20 und 70 kommt Lesbischsein selten zur Sprache. Für viele bedarf es keiner Diskussion mehr; die eine oder andere ist aber auch schon durch die starke lesbische Präsenz abgeschreckt worden. Bei uns heißt es aber für jede: Welcome, sister!

## AHOI KUNST+KULTUR

AHOI! Dykes on Board! – AHOI! Lésbicas à bordo! Angefangen hat es im besetzten Haus in Frankfurt am Main 1968. Das erste Frauencafé im berühmten Kettenhofweg/Niedenau wurde beherzigt von Capitana Mahide und anderen bewegten Damen & Sluts. Durch Mahides Erfahrung in vielen weiteren Frauen/Lesben-Treffs, den Tod ihrer Ge-

*Tania & Mahide*

liebten, durch Projekte wie LÄSBISCH-TV, den Berlinale-Teddy-Award, die Hurenbewegung, das queere Perestrojka, die Irrenoffensive, durch eine Afrikareise u.v.a.m. kamen weltweit viele Kontakte zusammen. Aus Mamaismus wurde Agentur - aus Sternchen wurden Stars. Seit zwei Jahren ist die Kulturvermittlerin Tania Taterka aus Brasilien Co-Kapitänin von AHOI. Aus aller Welt - in alle Welt werden KünstlerInnen, AktivistInnen und Veranstaltungspakete vermittelt. Die AHOIs lieben Kostümbälle und laden zum breitgefächerten Mix ein. Kongresse werden mit begleitendem Kulturprogramm aufgefrischt, Konzertabende und Diskotheken balancieren mit Talking Heads und anderen Kunstrichtungen - alle Sinne werden angesprochen.

AHOI hat zwei Standbeine: einerseits das alltägliche Booking, die Vermittlung von KünstlerInnen und anderseits eigene Festival-Ideen. Dazu gehören das Tibetische Neujahrsfeier „LOSAR", Legalize Sexarbeit mit dem „KultHurFestival", die Irrenoffensive mit „Macht Wahn Sinn", Schnitte ins Leben mit „Terre des Femmes", der Jour fixe in Berlin im „MoKATO" sowie Brücken Bauen und „Über die Kunst, ein Medium zu sein!"

AHOIs Motto: Macht mit: Gemeinsam Tabus brechen - Tabularasa! Participem: juntas destruimos tabus - tabularasa!

## AMUSO,

Arbeitskreis MigrantInnen unterschiedlicher sexueller Orientierungen. Der Gründung 1999 war der Freitod drei schwuler Männer türkisch-arabischer Herkunft vorausgegangen. Aktiv beteiligt an diesem Arbeitskreis sind die Lesbenberatung, Schwulenberatung, die türkisch-arabische Aidsberatungsstelle ADM, Schwule International, der Lesben- und Schwulenverband Deutschland LSVD, das Jugendnetzwerk Lambda sowie einzele Lesben und Schwule. Bei den neun jährlichen Treffen findet ein Austausch statt über die politische Situation und psychosoziale Versorgung lesbischer und schwuler MigrantInnen in den Projekten und in der Stadt. Gemeinsam mit dem Fachbereich für gleichgeschlechtliche Lebensweisen in Berlin hat AMUSO eine Broschüre zu diesem Thema herausgegeben. Zur Zeit stellt der Arbeitskreis eine Liste verschiedensprachiger Therapeutinnen und Therapeuten zusammen und eine sechssprachige Broschüre (englisch, deutsch, persisch, türkisch, russisch und arabisch).

## AUTOFEMINISTA

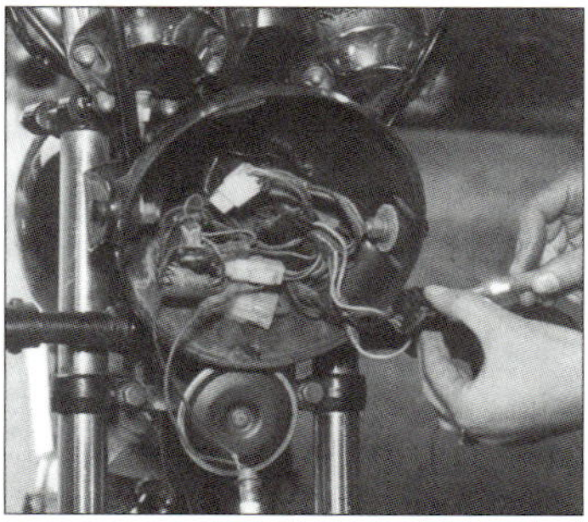

In der Satzung des gemeinnützigen Vereins steht, dass hier die „technischen Kenntnisssen und Fähigkeiten von Frau-

en am Beispiel Auto" gefördert werden sollen. 1983 schlossen sich etwa 40 frauenbewegte und technikinteressierte Frauen zusammen, um im Lern- und Arbeitszusammenhang mit anderen Frauen theoretische Kenntnisse und praktische Fertigkeiten zu erwerben, auszutauschen sowie an andere weiterzugeben. Zu diesem Zweck mieteten die Vereinsfrauen eine Kfz-Werkstatt im Wedding. Sie steht – mittlerweile mit Hebebühne, Werkzeugen und Maschinen gut ausgestattet – bis heute allen technikinteressierten Frauen und Mädchen offen.
In der Selbsthilfewerkstatt können die Vereinsfrauen (gegenwärtig etwa 20) jederzeit Wartungs- und Reparaturarbeiten an ihren Kraftfahrzeugen vornehmen. Allen anderen Frauen steht die Werkstatt einmal wöchentlich mittwochs von 15-19 Uhr zur Verfügung. Bei Bedarf stehen ihnen Vereinsfrauen unterstützend zur Seite. Oft wird auch „nur" deren fachlicher Rat gesucht, z.B. beim Gebrauchtwagen- und Ersatzteilkauf oder auch zur Identifizierung unbekannter Fahrzeuggeräusche.

WIR BIETEN FOLGENDE KURSE AN:
Fahrradreparaturkurse · Technikkurse für Mädchen · Metallbearbeitung, · Elektronik · Alltagstechnik für Frauen · Kraftfahrzeug-Technik · Autopannenhilfe · Kfz-Kurse für Anfängerinnen und Motorradkurse.
Jeden ersten Montag um 19 Uhr findet unser Plenum statt, an dem interessierte Frauen immer willkommen sind. Wir freuen uns über jede Förderin und Förderung!

DIE BÄURINNEN GBR
Die Bäurinnen GbR in Buchholz wird seit 1994 von den Landwirtschafts-Meisterinnen Isrid und Chris, der Gemüsegärtnerin Ina und den Diplom-Agraringeneurinnen Katharina und Stephanie auf 37 ha Ackerland bewirtschaftet. „Davon wird auf 4,5 ha Gemüse angebaut. Für Feldsalat, Tomaten und frühen Kohlrabi stehen uns 500 qm im Folientunnel zur Verfügung. Außer Spargel, Chicoree, Schwarzwurzeln und Pilzen befindet sich jede Kultur auf dem Land. Das meiste Gemüse benötigen wir für die Abo-Kisten, die an zwei Tagen, mittwochs und donnerstags, nach Berlin gefahren werden ... Die BÄURINNENKISTE beinhaltet ausschließlich regionales Gemüse, die QUEERKISTE bringt im Winter und Frühjahr mehr Abwechslung, z.B. Tomaten aus Italien, die dann zugekauft werden. Die SCHNELLE KÜCHE KISTE liefert mehr Salat und Rohkost und immer mindestens eine Obstart. Und zu guter Letzt die MUTTER-KIND KISTE, die kein blähendes Gemüse enthält. Die Kisten werden größtenteils an Verteilstellen geliefert. Viele unserer Kundinnen mögen den Überraschungseffekt: 'Was ist denn diese Woche wohl in meiner Kiste?'"
Das Gemüse wird zusätzlich auf zwei Wochenmärkten in Berlin verkauft. In Kreuzberg am Lausitzer Platz und in Friedrichshain auf dem Boxhagener Platz, jeweils freitags von 12 bis 18 Uhr.
(aus: Blattgold, September 1998)

## COMPANIA – FRAUENKULTURSERVICE

Seit sechs Jahren führt Compania erfolgreich das Subschlepping „Streifzüge durch die Frauen- und Lesbenkultur" durch. Jeden Freitagabend geht es durch einen der Bezirke Prenzlauer Berg, Schöneberg, Kreuzberg, Mitte, Friedrichshain oder Charlottenburg. Die Frauen- und LesbenKulturszene ist ja alles andere als leicht zugänglich, eben eine „Sub"kultur. Und welche sucht sich schon selbst lange und mühsam die Wege zu den z.T. leicht übersehbaren oder verborgenen Orten und Nischen – deshalb „Schlepping". Frauen im Alter zwischen 17 und 60, Neu- und Alt-Berlinerinnen, Frauen aus dem Umland, Berlinbesucherinnen aus allen Regionen Deutschlands und Europas, nehmen daran teil.

Die Streifzüge sind eine vielfältige Mischung aus Informationen, Kontakten und Unterhaltung. Die Hintergründe der Frauen- und Projektszene der 90er Jahre, aber auch frühe Plätze der Emanzipationsbewegung der 70er Jahre in West-Berlin werden vor Ort serviert. Zu sehen sind die aktuellen und längst vergangenen Frauencafés und FrauenLesbenProjekte sowie Orte, an denen bedeutende Frauen in ihrem Umfeld zu ihrer Zeit gewirkt haben. Zu hören ist vieles rund um die alternative und lesbischwule Kultur bzw. Kiez-/ Stadtteilgeschichte. Nicht zu kurz kommt dabei das Einander-Kennenlernen bei der Vorstellungsrunde in der Kneipe. Geselligkeit, viele Fragen und Austausch persönlicher Geschichten machen das Einmalige dieser Streifzüge aus. Manche Gespräche wollen gar kein Ende finden und die eine oder andere Besucherin ist nach der Tour mit anderen zum Tanzen oder einem Kneipenbummel weitergezogen.

Jeden Freitagabend um 19.30 Uhr kann frau für 10 Euro einen informativen, erlebnis- und überraschungsreichen Abend haben. (Termine siehe Adress-Teil). Seit 2001 gibt es bei Compania weitere interessante Rundgänge zu her-storischen Themen, z.B. „Lila Nächte" zu den Anfängen der Lesbenkultur 1890-1933, im Pergamonmuseum zu „Göttinnen" und in Potsdam zu den „Staatsfrauen in Preußen".

## DAS FEMINISTISCHE FRAUEN GESUNDHEITSZENTRUM (FFGZ)

Das Feministische Frauen Gesundheitszentrum (FFGZ) besteht seit über 20 Jahren. Wir informieren und beraten Frauen und Mädchen zu körperlichen Vorgängen und Veränderungen, Sexualität und sexuellen Orientierungen, gynäkologischen Erkrankungen sowie zu Prävention, schulmedizinischen oder naturheilkundlichen Diagnosen und Behandlungen. Speziell für Lesben bieten wir Informationsveranstaltungen an wie „Lesben und Kinderwunsch", „Lesben und Älterwerden" oder „Lesben und Safer Sex."

Halbjährlich erscheint die Zeitschrift CLIO – eine feministische Zeitschrift zur gesundheitlichen Selbsthilfe, die neben frauengesundheitsspezifischen Informationen auch feministische Analysen der gesundheitspolitischen Entwicklungen, aktuelle Berichte und Buchbesprechungen enthält. Außerdem ist das FFGZ Herausgeberin von Informationsbroschüren und Diaserien.

Zu unseren Öffnungszeiten können Frauen die Präsenzbibliothek zu allen Themen der Frauengesundheit einsehen. Sie ist mit über 2 000 Fachbüchern, Zeitungsartikeln und Fachaufsätzen in der Bundesrepublik die größte Spezialbibliothek und Materialsammlung zu Frauengesundheit.

## DENKWIDERSTAND

DenkWiderstand ist ein 1996 gegründetes autonomes Projekt politischer Bildung und politischer Wissenschaft mit dem Schwerpunkt lesbisch-feministische Bewegungs- und Theoriegeschichte. Konkrete Themen sind u.a.

- Historische Bedingungen und Entwicklungen lesbischen Selbstverständnisses im Deutschland des 20. Jahrhunderts, politische Geschichte von Lesben.
- Lesbisch-feministische kritische Wissenschaft: Lesbisch-feministische Theorien, Ethik und Philosophie, kritische Betrachtung von Sexualwissenschaften und Bewegungen.

Wir konzipieren feministische Forschung und Lehre in und außerhalb der Hochschule sowie autonome feministische politische Bildung. Wir übernehmen auch Auftragsarbeiten in Forschung und Lehre, Politischer Bildung und im publizistischen Bereich. Wir vermitteln Schlüsselqualifikationen im Bereich kreatives Schreiben in Wissenschaften und Beruf, Techniken wissenschaftlichen Arbeitens, Stimm- und Sprechtechniken, Internetrecherche-Strategien, konzipieren virtuelles Lernen und Lehren.

DenkWiderstand will

- politische Geschichte, insbesondere Bewegungsgeschichte tradieren und diskutieren, „lila Fäden“ spinnen zwischen Vergangenheiten, Gegenwart und Zukunft.
- Lust an Politik und an Auseinandersetzungen vermitteln und die Perspektive der politischen Veränderungen durch Denken und Handeln in den Blick rücken.
- politische Solidarität von Frauen in Anerkennung von Verschiedenheit neu erarbeiten und dafür Orte schaffen
- akademisches Wissen zugänglich machen und zur Diskussion stellen
- eine Gesellschaft auf dem Weg zu Freiheit von Herrenmenschenideologien und -politik.

DenkWiderstand sind Irene Beyer und Christiane Leidinger. Beide denken wir die Welt aus einer radikal-feministisch-lesbischen Perspektive, gewachsen aus einem langjährigen innigen Verhältnis zur autonomen Frauenbewegung. Wer Lust dazu hat, möge und ansprechen, wir freuen und über „Zuwachs“, Vernetzungen und Kooperationen in verschiedensten Formen!

## FRAUENFORMAT

Rebekka Uhlig und Regine Kuschke bieten Malen und Zeichnen für Frauen an. Neben regelmäßig stattfindenden Kursen werden auch Wochenend-Kurse angeboten. Inhalte des Unterrichts sind u.a. die Vermittlung der Grundlagen grafischen und malerischen Gestaltens sowie die Auseinandersetzung mit Themen wie

Stilleben, Menschenbild und Abstraktion. Die Kurse sind auf sechs Teilnehmerinnen begrenzt.

## FRAUENKREISE, EIN PROJEKT DER LILA OFFENSIVE E.V.

Dieses feministische und soziokulturelle Projekt ist nicht explizit lesbisch, jedoch arbeiten dabei sowie im Trägerverein Lila Offensive Frauen und Lesben zusammen. Zu den Veranstaltungen gehören kreative Projekte, literarische Reihen, Gesprächsrunden, Salons und Filmabende. „Unsere Räume sind nur Frauen vorbehalten. Die Inhalte unserer Arbeit orientieren sich an Themen, die uns beschäftigen und die von den Projektnutzerinnen eingebracht werden. Seit 1992 ziehen sich Themen durch wie Arbeitslosigkeit, Ost-West-Sozialisation, Frauen aus anderen Ländern und Kulturen, die in Berlin leben, Frauenkörper/Weiblichkeit, Alter, Sexualität/Erotik."

Das „zweite Standbein" der Frauenkreise ist die Beratung in Krisen- und Konfliktsituationen, zum Thema Frau und Körper sowie Begleitung, Unterstützung und Übersetzung für Frauen/ Migrantinnen auf ihren Wegen zu Ämtern, Institutionen, ÄrztInnen. Spezielle Angebote gibt es für mongolische und russische Frauen. Außerdem steht eine Datenbank zu Beratungsangeboten von Frauen für Frauen in Berlin zur Verfügung. Die Beratungen sind kostenlos und anonym. Bitte telefonisch anmelden.

## GAYHANE IM SO36

Einmal im Monat gehen in Kreuzberg – bekannt für seinen hohen Anteil an EinwohnerInnen türkischer oder arabischer Abstammung sowie für seine lesbischwule Subkultur – hunderte von Lesben und Schwulen zum „Salon Oriental" bzw. „Gayhane -HomOriental-Dancefloor." (Gayhane bedeutet wörtlich „Schwulenhaus", da gay auf Englisch schwul/Schwuler bedeutet und hane auf Türkisch Haus) Sie kommen um zu tanzen, sich zu treffen, sich zu amüsieren und zu entspannen. Zu diesem Anlass wird der Partytempel SO36 orientalisch dekoriert: Überall liegen türkische und arabische Süßigkeiten aus, Çay (Tee) wird ausgeschenkt und die Gäste werden mit türkischem Kölnischwasser (Kolonya) begrüßt.

Der Abend beginnt mit einem Travestie-Kabarett, das von Migranten der zweiten Generation aus der Türkei, vorbereitet und vorgetragen wird. Anschließend wird u.a. arabische, hebräische, griechische und türkische Oriental-, Pop- und Housemusik aufgelegt. Zur Mitternachtsshow gibt es Türkischunterricht mit Homo-Wörtern und Auftritte zahlreicher KünstlerInnen. Natürlich fehlt die Transen-Bauchtanzeinlage nicht.

Das Publikum besteht aus arabischen, kurdischen und türkischen Lesben und Schwulen, deren heterosexuellen Verwandten, FreundInnen oder einfach KreuzbergerInnen aus der Nachbarschaft. In den zwei Jahren, die es diese Veranstaltung gibt, sind es mehrheitlich immer wieder dieselben Personen, die den „Salon Oriental" besuchen. Manche kommen für diesen Abend sogar aus anderen Städten angereist. Das liegt mit-

unter daran, dass die Veranstaltung die einzige ihrer Art in Berlin ist.
Tatsache ist, dass sie mittlerweile Kultstatus erlangt hat: „Ach ... immer wenn die DJane Ipek Halay bei uns auflegt, dann sollten Sie mal sehen wie Lesbe, Macho und Tunte Arm in Arm in Arm zusammen tanzen, da blüht mir jedes Mal das Herze auf“
(Fatma Sonad im Selbstdarstellungsblatt des „Salon Oriental“. Berlin 1998)

## GRAUZONE

Dieses Projekt ist eine Dokumentationsstelle zur nichtstaatlichen Frauenbewegung in der DDR. Das Material umfasst archivarische Dokumente von Frauen, die in den 80ern in inoffiziellen Frauengruppen aktiv waren oder sich in diversen Zusammenhängen mit frauenspezifischen Themen und gesellschaftlichen Utopien auseinandersetzten. Dazu gehören Zeugnisse von Freundinnenkreisen und Gruppen wie „Frauen für den Frieden“ oder Lesbengruppen; Dokumentationen der Lesbenarbeit der kirchlichen und staatlichen Arbeitskreise Homosexualität sowie von Arbeitskreisen feministischer Theologinnen und unterschiedlicher kirchlicher Frauengruppen.
„Diese vielschichtige Bewegung aus der Grauzone herauszuheben und öffentlich sichtbar zu machen ist das Bestreben unserer Dokumentationsstelle, denn aus der Auseinandersetzung mit der eigenen Geschichte erwachsen Bewusstsein und Selbstbewusstsein."
GrauZone sammelt inoffizielle, illegale und private Schriften, die obwohl öffentlich gedacht, nicht öffentlich gemacht werden konnten. „Sie vor dem Vergessen zu bewahren, haben wir uns zur Aufgabe gestellt. Die Sammlung umfasst überwiegend Unikate: Manuskripte, Artikel, Berichte; wissenschaftliche Arbeiten, Studien; Mitschriften von Veranstaltungen; Vorträge, Reader; Briefe und Rundbriefe; Nachlässe; Notizen, Reden, Tagebuchaufzeichnungen; inoffizielle Zeitschriften und Schriftenreihen; Plakate; Fotos; Film- und Tondokumente; Flugschriften, Handzettel; Einladungen, Programme; Eingaben, Briefwechsel.“
GrauZone verfügt ebenfalls über den Nachlass des Unabhängigen Frauenverbandes und strebt die Übernahme von Nachlässen aktiver Frauen an. Die von GrauZone herausgegebene Dokumentation „Frauengruppen in der DDR der 80er Jahre“ kann im Archiv bestellt werden.
Das Archiv kann nach telefonischer Vereinbarung mit Samirah Kenawi (siehe Museen und Archive im Adress-Teil) genutzt werden.

## KIAI! – SELBSTVERTEIDIGUNG FÜR FRAUEN E.V.

50 Frauen gründeten 1976 den weltweit ersten Verein für Selbstverteidigung von Frauen. Die ersten Karate-Kurse gab Martha Schediwy in Räumem des LAZ, die aber schnell zu klein wurden, so dass der Verein im selben Jahr in eine Fabriketage im 2. Hinterhof der Hauptstraße 9 umzog.
Immer mehr Frauen wollten sich körperlich und psychisch gegen Vergewaltigung und Überfälle von Männern zur Wehr setzen können. Das Karatezentrum wurde auch eine Zentrum für politische Aktivitäten. Demos gegen Vergewaltigung wurden oft von hier aus organisiert. Zuerst wurden Karate, Taekwondo und Jiu-Jitsu trainiert. Später kamen Aikido, Wen-Do, Gymnastik sowie Konditionstraining für Frauen ab 40 hinzu.

1992 sind die Räume mal wieder zu klein. Der Verein zieht um in die 5. Etage und hat damit doppelt so viele Quadratmeter. „Ein feministisches Bewusstsein und starke Frauen sind bei uns als Trainerinnen und Schülerinnen selbstverständliche Vorbilder für alle Frauen und Mädchen, die zu uns kommen. Ausschließlich besonders qualifizierte Trainerinnen bieten bei uns Unterricht in den vielfältigen Möglichkeiten zur aktiven Ggenwehr. Dieses Angebot nehmen zur Zeit ca. 300 Frauen und Mädchen wahr."
Zum Kennenlernen der verschiedenen Stile finden immer wieder Workshops oder Schnupperkurse statt. Eine Probestunde in einem fortlaufenden Kurs ist kostenlos. KIAI!

## LACHESIS E.V – BERUFSVERBAND FÜR HEILPRAKTIKERINNEN UND VEREIN VON FRAUEN ZUR FÖRDERUNG DER NATURHEILKUNDE

Lachesis wurde 1987 als bundesweiter Berufsverband gegründet. Wunsch für diesen Zusammenschluss war und ist der fachliche Austausch, die feministische Betrachtung und Bewertung der Naturheilkunde und die Förderung einer frauenorientierten und lesbenfreundlichen Heilkunde und Gesundheitspolitik. All dies wird in dem stetig wachsenden Verband (mit über 400 Mitfrauen) auf Verbandstreffen, Kongressen, Fortbildungen und in Publikationen umgesetzt. Die Verbandsarbeit verteilt sich auf fünf Regionalgruppen. In der Region Berlin/Ost finden alle sechs Wochen Treffen zum fachlichen und politischen Austausch statt. Regelmäßig werden Fachvorträge für alle interessierten Frauen angeboten. Das Regionalbüro vermittelt Adressen von Frauen- und Lesbennaturheilpraxen und informiert über die verschiedenen naturheilkundlichen Therapieformen sowie kostenlose Beratungsangebote. LACHESIS gibt Hilfestellung bei der Praxisniederlassung, bei Praxisalltagsfragen, bietet Fortbildungen an und vermittelt Ausbildungen.

## LESBENBERATUNG

Wir beraten lesbische und bisexuelle Frauen und Mädchen zu allen Themen des lesbischen Lebens, zum Beispiel: Coming-out, Safer Sex, Partnerschaftsverträge, Umgang mit lesbenfeindlicher Gewalt, Sexualität, Trennung, HIV/Aids. Zur Beratung gehört die Unterstützung von Frauen und Mädchen, die in Bezug auf ihre emotionale und sexuelle Identität unsicher sind. Auch Probleme wie Depressionen, Kontaktschwierigkeiten, Auswirkungen sexueller Gewalt, Suchtverhalten u.a. können Inhalt der Beratung sein. Sie findet auf Wunsch anonym statt und wir wahren natürlich immer die Schweigepflicht.
Die Beratung kann telefonisch, persönlich oder sogar online erfolgen.
Wir bieten allgemeine Informationen über lesbisches Leben, Einzelberatung, Paarberatung, Beratungsreihen, Therapieberatung und Beratung für Eltern oder Angehörige.

Die Online-Beratung ist unter der Adresse http://www.das-berlin.de zu finden in der virtuellen Stadt „das-berlin".

Die laufenden Gruppen, Workshops, Veranstaltungen und Ausstellungen bitte telefonisch oder persönlich erfragen. Für Beratungsgespräche bitten wir um Terminvereinbarung. Nach Absprache beraten wir auch in behindertengerechten Räumen.

## LESMIGRAS – LESBISCHE MIGRANTINNEN IN EUROPA

Seit zwei Jahren besteht das Projekt, das lesbische Migrantinnen europaweit vernetzen und sich mit den diskriminierenden Strukturen sowohl in MigrantInnen - als auch in lesbischschwulen Projekten auseinandersetzen will, ebenso wie durch eine intensive Öffentlichkeits- und Lobbyarbeit in Theorie und Praxis, Schritte gegen die mehrdimensionalen Diskriminierungen lesbischer Migrantinnen unternehmen.

Ziel ist die Bekämpfung der Mehrfachdiskriminierung als Frau, als Migrantin und als Lesbe. Dieses Projekt soll mit Spenden der Lesbenberatung, finanzieller Unterstützung der EU-Kommission und dem Ministerium für Familie, Frauen, Jugend und Sport in mehreren europäischen Ländern durchgeführt werden. Bisher gibt es Austausch und Vernetzung mit Projekten in Österrreich, Frankreich, England, Dänemark und den Niederlanden.

## LILA ARCHIV E.V.

Dieser Verein ging aus einer Privatsammlung frauenrelevanter Literatur hervor und ist inzwischen international bekannt und seit 1991 gemeinnützig.

Das Lila Archiv besteht es aus einem Archiv, Veranstaltungsräumen und Gästeräumen. Es besitzt eine umfangreiche Sammlung an Frauenbiografien, Berliner Frauenzeitschriften („Für Dich", „Frau von heute", „Sybille"); Belletristik von und über Frauen der ehemaligen DDR; Texte und teilweise einmalige Dokumente zu oppositionellen Gruppen in der DDR; Materialien zu den ILGA-Konferenzen in Osteuropa, die von 1987-1995 jährlich z.B. in Warschau, Prag, Leipzig, Bratislava stattgefunden haben. „Es wird nichts be- oder gedrucktes weggeworfen, schon gar nicht, wenn es Bezug zu Lesben und Schwulen hat," so Ursula Sillge, die das Archiv mit aufgebaut hat. Außer den Schriftstücken bietet das Archiv u.a. Fotos, Plakate, Buttons, Mikrofilme, organisiert frauenbezogene Vorträge, Stadtführungen und -rundfahrten und informiert darüber.

Das Lila Archiv publiziert Wand-Kalender über bedeutende Frauen, Frauen-Biografien, Broschüren über MISS MARPLES SCHWESTERN und kritische Texte zur DDR-Geschichte. Das Archiv kann nach Vereinbarung genutzt werden.

## LESBEN UND KIRCHE: COME AND HAVE A LUK!

Die LuK – der Ökumenische Arbeitskreis Lesben und Kirche – ist in Berlin Teil der EKiBB und existiert seit 1986. Zusammen mit anderen Regionalgruppen gibt es ein bundesweites Netzwerk. In der Luk treffen sich Frauen, die sich in unterschiedlicher Weise dem Glauben und der Kirche verbunden fühlen und sich darüber austauschen wollen. Ein Anliegen der LuK ist es, an die Öffentlichkeit zu treten, um lesbisches Leben in der Kirche sichtbarer zu machen, Diskriminierung und Ignoranz entgegenzuwirken sowie patriachale Formen in der Kirche und in Gottesdiensten zu kritisieren und neue Formen zu entwickeln. Die Luk versteht sich als Teil der Lesbenbewegung und ist offen für die Zusammenarbeit mit anderen lesbischen Gruppen und Organisationen. Wir beschäftigen uns u.a. mit folgenden Themen: Gottesdienstgestaltung, Segnung, Vorbereitung des nächsten evangelischen Kirchentages, Info-Veranstaltungen, Überlegungen zum CSD.

Die LuK ist offen für alle Lesben und andere Frauen, die sich mit dem Thema Lesben und Kirche auseinandersetzen wollen.

## DAS EGALITÄRE MINJAN

Minjan heißt „Zahl" oder „Zählung", die Mindestzahl von zehn erwachsenen jüdischen Personen, die eine Betgemeinde bilden. In traditionellen jüdischen Gottesdiensten werden nur Männer gezählt – wir zählen Frauen und Männer zum Minjan der Zehn, die alle aktiv und egalitär den Gottesdienst mitgestalten können. Ebenso zählen wir nicht nur die Nachkommen jüdischer Mütter, sondern auch Jüdinnen und Juden jüdischer Väter zu unserem Minjan.

Der Gottesdienst entsprang dem Bedürfnis, den Schabbat gemeinsam zu feiern und eigene Formen des Betens für unsere unterschiedlichen Geschichten und Erfahrungen auszuprobieren. Seit fünf Jahren treffen wir uns alle drei Wochen am Schabbatvormittag. Da unser Anspruch feministisch ist, sind Frauen in der Mehrzahl, einige aufgeschlossene Männer kommen jedoch dazu und sind bei uns herzlich willkommen.

Wir haben eine eigene Liturgie, die die wichtigsten Inhalte des traditionellen jüdischen Gottesdienstes beibehält, doch viele andere Gebete und Sprüche hat, die nicht im Traditionellen zu finden sind, wie zum Beispiel das Coming-out-Gebet, das Gebet der Wahrheit für Lesben und Schwule.

Wir singen viel und wie bei den Chassidim wird bei uns manchmal auch getanzt. Während in der traditionellen Synagoge die Sprache des Gebetes ausschließlich Hebräisch ist, betet jede(r) in der Sprache, die für sie/ihn am bequemsten ist: Hebräisch, Deutsch oder Englisch. Für viele Gebete haben wir eigene, deutsche Fassungen gedichtet.

Auch Frauen tragen die traditionelle Kipa (Käppchen) und Tallit (Gebetsschal), die sonst beim Gebet den Männern vorbehalten sind. Es geht uns darum, als Frauen für Rechte einzustehen, die uns früher zuteil waren, uns jedoch durch die Jahrhunderte zunehmend abgesprochen wurden.

Den Mittelpunkt des Gottesdienstes bildet die Parascha – der Wochenabschnitt – aus der Tora. Nach den Gebeten feiern wir gemeinsam Kiddusch, das Segnen des Schabbats, und genießen zusammen ein einfaches Schabbatessen.

## MOMO-AUFTRAGSBÜRO

Mit dem Momo-Auftragsbüro hat sich die promovierte Soziologin und gelernte Großhandelskauffrau Marlies Grüning im Sommer 1998 in Mitte selbständig gemacht. Sie bietet ein Netzwerk preisgünstiger DienstleisterInnen, vowiegend aus Kleinunternehmen, an. Für diese ist das Auftragsbüro eine Hilfe im Konkurrenzkampf mit Großunternehmen, für die KundInnen eine bezahlbare Hilfe in einer Not- oder Alltagssituation. Dabei kann es sich um einen kaputten Fernseher, eine renovierungsbedürftige Wohnung oder ein Computerproblem handeln.

Marlies Grünings Anliegen ist es, „unter

einer Ansprechstelle ein breites Netzwerk an Dienstleistungen anzubieten, damit Frauen ihre knappe Freizeit für sich nutzen können und sie nicht für die Suche nach guten Dienstleistungen opfern müssen. Wünsche nach Dienstleisterinnen möchte ich soweit wie möglich erfüllen." (aus: Blattgold, Oktober 1998) Sie bietet auch Besonderheiten an, z. B. den Bau amerikanischer Blockhäuser.

## RUT – RAD UND TAT

*Doli Hilbert*

Das RuT ist eine Begegnungsstätte und ein kulturelles Zentrum für lesbische und nicht-lesbische, alte und junge, behinderte und nicht-behinderte Frauen aller Hautfarben und Nationalitäten. Die Initiatorinnen und Mitarbeiterinnen des RuT sind Lesben; unsere Veranstaltungen sind allerdings, wenn nicht anders angegeben, für alle Frauen offen.

Unsere Räume in Neukölln konnten wir 1989 eröffnen. Sie liegen ebenerdig und sind behindertengerecht ausgestattet, so dass alle Frauen die Möglichkeit haben, an unseren Angeboten teilzunehmen. Speziell für ältere Frauen und Frauen mit (sichtbaren und nicht sichtbaren) Behinderungen gibt es bei uns Veranstaltungen, die dem Austausch, der Emanzipation und Solidarität untereinander dienen.

Wir bieten angeleitete Gruppen und psychosoziale Beratung zu Themen aus allen Lebensbereichen, Wochenend-Seminare, Workshops und Kurse sowie Räume für Selbsthilfegruppen an. Außerdem initiieren und organisieren wir Vorträge, Lesungen, Ausstellungen, Gesprächsrunden und Kurse.

Im RuT befindet sich eine Bibliothek, zu der auch eine kleine Hörbibliothek für blinde Frauen gehört, in der Frauen- und Lesbenliteratur ausgeliehen werden kann, außerdem spezielle Literatur zu manchen Krankheiten, zum Leben mit Behinderungen, zum Älterwerden und zur Auseinandersetzung mit Sterben und Tod. In einem Filmarchiv haben wir eine breite Auswahl an Dokumentar- und Spielfilmen, die Frauen und Lesben in den verschiedensten Lebenssituationen betreffen. Da unsere öffentliche Finanzierung nicht ausreicht, sind wir auf Spenden angewiesen. Unser Spendenkonto: Bank für Sozialwirtschaft; BLZ 100 205 00; Konto-Nr.: 310 77 01.

## SAFIA – LESBEN ORGANISIEREN IHR ALTER

Wann fängt Alter an? Bei SAFIA ab 40. SAFIA bietet Safiantisches Leben und Möglichkeiten, sich mit älteren Lesben auszutauschen, Kontakte zu knüpfen, gemeinsam über Wünsche und Utopien zu reden, sich zu bestärken, im allgemeinen Sumpf des Patriarchats ein Netz lesbischer Lebens- und Wohnformen zu knüpfen, d.h. auch die Schaffung einer materiellen Basis, die es uns ermöglicht, Ideen zu realisieren.

Wir leben in einer Gesellschaft, wo jung IN ist und alt OUT. Wir haben uns ent-

schlossen, ALT zu zelebrieren und IN zu sein. (Nach einem Interview mit Alraune, Radio Lora, Zürich 1993)
Die Regionalgruppe SAFIA Berlin gründete sich als Teil des bundesdeutschen Netzwerks 1995 zu Kitty Kuses 91. Geburtstag. „Wir sind kein Wohnprojekt – noch nicht. Wir erzählen uns Geschichten aus unserem Leben, lernen uns kennen. Wenn eine krank ist, kommt schon mal eine andere vorbei und kauft ihr was ein oder singt ihr ein Lied. Wir teilen ein bisschen von unseren Schätzen: Ein Treffen im Garten, eine Animation im kreativen Unfug, ein Nachmittag mit vielen Farben, Kreiden und Malpapier ...

*Helga Trachsel und Eva Bornemann*

Wir sind sehr verschieden und zelebrieren unsere Unterschiedlichkeit mit gelegentlichen Verzweiflungsanfällen. Und wenn wir im Lotto gewonnen haben oder reich beschenkt werden, könnte der Kauf einer Villa Safiante nicht mehr sehr fern sein." SAFIA feiert 2002 ihren 16. Geburtstag. Zu SAFIA bekennen sich bundesweit um die 400 Lesben. Im März 1998 wurden die künstlerischen Ideen der SAFIAS zu „Safische Behausung" im RUT vorgestellt.

## SHURI-RYU BERLIN

Schule für Selbstverteidigung und Kampfkunst für Frauen und Mädchen mit und ohne Behinderung
Shuri-Ryu Berlin wurde 1996 von Lydia Lang und Ute Pemöller aus der Idee heraus gegründet, auf die individuellen Bedürfnisse jeder Frau und jedes Mädchens genauer einzugehen und sie ihren Möglichkeiten entsprechend optimal zu fördern. Wesentliche Ziele dieser Schule liegen im Bereich der Gewaltprävention, der Gesundheitsvorsorge und der Persönlichkeitsentwicklung. Die Unterstützung eines positiven Selbstbildes, das Wachsen des Selbstvertrauens sowie Prinzipien wie Hilfsbereitschaft, Rücksicht und Toleranz stehen im Vordergrund. Es gibt zwei Wege, die o.g. Ziele zu erreichen. Zum einen die Selbstverteidigungs- und Selbstbehauptungskurse, zum anderen Shuri-Ryu Karate. Die Frauen und Mädchen können ihren Neigungen und Vorlieben entsprechend wählen, welchen Weg sie gehen möchten. Zur Zeit trainieren ca. 70 Frauen und 50 Mädchen in fortlaufenden Kursen bei Shuri-Ryu Berlin. Zudem gibt es zusätzliche Angebote wie Wochenendworkshops oder terminlich begrenzte Kurse.
Ein wesentliches Prinzip dieser Schule ist die Zugänglichkeit, denn ca. 20 Prozent der Frauen und Mädchen, die sich auf die unterschiedlichen Kurse verteilen, sind behindert: gehbehindert, spastisch gelähmt, querschnittsgelähmt, einseitig gelähmt, asthmatisch, gehörlos bzw. schwerhörend, lernbehindert und geistig behindert, sitzen im Rollstuhl oder benutzen Gehhilfen.

## T.A.G.

Die Therapeutische- Arbeits- Gemeinschaft T.A.G. in Berlin-Schöneberg ist eine Suchtberatungsstelle mit frauenspezifischem Beratungsansatz, der die besonderen Abhängigkeitsbedingungen und die alltäglichen Lebensumstände

der betroffenen Frauen berücksichtigt.
Unsere Zielgruppe sind suchtmittelgefährdete und -abhängige Frauen (Alkohol, Medikamente und andere Drogen) sowie weibliche Angehörige und erwachsene Töchter von suchtmittelabhängigen Menschen.
Die Frauen werden in allen Phasen ihrer Sucht und Co-Abhängigkeit unterstützt und betreut. Die T. A. G. begleitet die Frauen auf dem Weg in eine unabhängige, ganzheitlich gesunde Lebensführung und leistet Hilfe zur Selbsthilfe.

Dazu bieten wir:
Information, Beratung, fachlich angeleitete Gesprächsgruppen, ambulante Entwöhnungs- und Nachsorgetherapie, Indikations- und Selbsthilfegruppen für Frauen/ Lesben, Information und Beratung für MultiplikatorInnen und andere Fachkräfte.
Wir unterliegen der Schweigepflicht, und die Anonymität wird auf Wunsch zugesichert.

## TAKUDAI – SCHULE FÜR KAMPFKUNST

Ganz unvermutet lässt sich auf dem Hinterhof der Torstraße 220 dieses kleine bescheidene Dojo finden, in dem Kampfkunst im traditionellen Sinne geübt wird. Seitdem die Schule nach Mitte wechselte, startete sie dort als reine Frauen-/Mädchenschule für Shotokan-Karate. Mittlerweile trainieren neben den drei Frauen- und der einen Mädchengruppe auch eine Schwulen-Karategruppe und eine gemischte Kung-Fu-Gruppe – zu unterschiedlichen Zeiten.
Die Schule bietet eine authentische, schlichte Atmosphäre, in der intensives Training zum Bedürfnis werden kann. Die Auseinandersetzung mit sich selbst steht im Vordergrund, fernab von Leistungsvorstellungen, die an Sportunterricht erinnern.
Das Dojo ist offen für Lesben jeden Alters, die nicht nur unter sich sein wollen und müssen.

## TOWANDA

Raus aus den Federn! Rauf auf's Motorrad! Ab ins Grüne!
Zwölf Lesben mit Spaß am Motorradfahren machen ab und zu gemeinsame Ausfahrten ins Berliner Umland und treffen sich zum Klönen jeden 2. Donnerstag im Monat um 19 Uhr in der Begine. „Manchmal schafft es ein Teil der Gruppe, sich mehrere Tage außerhalb Berlins zu vergnügen – auch mit dem Motorrad!"
Highlight ist seit fünf Jahren die sommerliche Orientierungsfahrt, die das TOWANDA-Team in „schweiß- und lustvoller Arbeit" vorbereitet. 40, 60, 80, 100 Motorräder preschen los. „Wenn du in den Rückspiegel guckst und siehst die vielen Motorräder und weißt, dass es alles Frauen, meist Lesben sind, ist das ein tolles Gefühl."

## YACHAD BERLIN E.V. – JÜDISCHE LESBEN UND SCHWULE

Yachad ist Hebräisch und heißt „gemeinsam". Wir sind eine Gruppe lesbischer, schwuler, bisexueller und transsexueller Jüdinnen und Juden und ihrer FreundInnen. Im Alter zwischen 20 und Ende 60, arbeiten wir in allen Berufszweigen, kommen beispielsweise aus der ehemaligen Sowjetunion, Polen, Ungarn, USA, Israel oder Deutschland und haben daher unterschiedliche traditionelle und religiöse Hintergründe.
Yachad gibt allen die Möglichkeit, eine individuelle Einstellung zu ihrem Juden-

tum und ihrer Homosexualität auszudrücken. Trotz unterschiedlicher Herkunft und Tradition wollen wir unsere schwule, lesbische, bisexuelle, transsexuelle und jüdische Identität stärken.
Zu unseren Zielen und Inhalten gehören Erfahrungsaustausch durch regelmäßige Treffen, Gespräche, Diskussionen und gemeinsame Aktivitäten; Präsenz und Sichtbarkeit in der Öffentlichkeit als ein Teil der jüdischen Gemeinschaft; Zusammenarbeit mit Gruppen und Initiativen gegen Antisemitismus, Rassismus, Gewalt gegen Lesben und Schwule; Coming-out-Hilfe; Initiierung und Unterstützung kultureller Projekte und Veranstaltungen; Zusammenarbeit und Informationsaustausch mit jüdischen und schwul/ lesbischen Gruppen im In- und Ausland; Gemeinsames Feiern und Gestalten religiöser Feste.
Wir hoffen, dass sich durch Yachad eine immer größere lebendige lesbische, schwule, bisexuelle und transsexuelle jüdische Gemeinschaft bildet, die für Angehörige und FreundInnen offen ist. Mit dieser Gemeinschaft wollen wir unsere Ziele weiterentwickeln und neue Ideen einbringen.

# *Berliner Lesbenliteratur zum Weiterlesen*


Barnes, Djuna: *„Löschung“*,
Erzählung in: Leidenschaft.
Berlin 1986

Berlin Museum: *Eldorado.*
Homosexuelle Frauen und Männer in Berlin 1850-1950;
Ausstellungskatalog. Berlin 1984

Berr, Annette:
*Nachts sind alle Katzen breit.*
Erzählungen aus Berlin-Kreuzberg.
Hamburg 1986

Billig, Susanne:
*Ein gieriger Ort.* Roman. Berlin 2000

Brunst, Claudia:
*Spätere Heirat ausgeschlossen.*
Kreuzberger Geschichten aus einem gleichgeschlechtlichem Paradies. Berlin 1996

Bührmann, Traude:
*Flüge über Moabiter Mauern.*
Erzählung. Berlin 1987

Dies.: *„U-Bahn-Triptychon“*
und andere Geschichten in: Die Staubstraße nach Matala.
Berlin 1994

Ermert, Michi und Ipek Ipekçioglu:
*Aise ist verliebt in Anja;*
Broschüre der Lesbenberatung.
Berlin 1992

Fessel, Karen-Susan:
*Abends mit Beleuchtung.*
Tübingen 1994

Dies.: *Bilder von ihr.*
Roman. München 1999

Dies.: *Was ich Moira nicht sage.*
Erzählungen. Berlin 1998

Fischer, Erica: *Aimée und Jaguar.*
Eine Liebesgeschichte 1943.
Köln 1994 und München 1998

Gutsche, Kerstin:
*Ich ahnungsloser Engel.*
Lesbenprotokolle. Berlin 1991

Köpfer, Anne und Eike Stedefeldt:
*Wie das Leben so schielt.*
Geschichten. Berlin 1997

Lef, Maik:
*„n' Abend du Schöne...bergerin!*
Lesben-Leben 'im Westen von Berlin' in den zwanziger Jahren“
in: Ich bin meine eigene Frauenbewegung; Katalog vom Kunstamt Schöneberg. Berlin 1994

Meißner-Johannknecht, Doris:
*Amor kam in Leinenschuhen.*
Recklinghausen 1993

Meyer, Adele (Hrg.):
*Lila Nächte.*
Die Damenclubs der Zwanziger Jahre. Berlin 1994

Moosdorf, Johanna:
*Die Freundinnen.*
Frankfurt 1977

Rollin, Marie-Simone: *Die Berliner Idylle, L'idylle berlinoise.*
Tübingen 1989

Schade, Waltraud: *„Schönebergerinnen auf dem Weg zur Selbstbestimmung“*
in: Ich bin meine eigene Frauenbewegung; Katalog vom Kunstamt Schöneberg. Berlin 1994

Schoppmann, Claudia:
*Zeit der Maskierung,*
Lebensgeschichten lesbischer Frauen im „Dritten Reich“. Berlin 1993

Streit, Monica: *Issi Marocco.*
Kurzgeschichten. Berlin 1982

Weirauch, Anna E.: *Der Skorpion.*
Maroldsweisach 1992

# *Adressen nach Rubriken*

INHALT



Aus Platzgründen sind alle Telefonnummern ohne Vorwahl angegeben. Vorwahl Berlin: 030.

BILDUNGS- UND BERATUNGSZENTRUM RAUPE UND SCHMETTERLING -
Frauen in der Lebensmitte
Pariser Str. 3 · 10719 Berlin
Tel.: 883 73 13 u. 883 69 29
Fax: 883 26 13
www.raupeundschmetterling.de
*Büro: Mo, Di, Do, Fr 10-12 Uhr; Di 17-19 Uhr; kein ausgesprochenes Lesbenprojekt, aber sie sind auch dabei*

RUT - RAD UND TAT E.V.
Schillerpromenade 1 · 12049 Berlin
Tel./Fax: 621 47 53
*Geöffnet: Mi 17-18, Do 17-19 Uhr, Fr 16-19 Uhr · Büro: Di, Mi, Fr 10-13 Uhr; offene Initiative lesbischer Frauen; ab 18 Uhr Veranstaltungen; Beratung nach Absprache; rolligerecht*

SAFIA - Lesben organisieren ihr Alter
Tel.: 771 16 32 (Ingrid Klebon);
Fax: 892 11 98 (Doli Hilbert):
*Stammtisch jeden 3. Mittwoch im Monat in der Begine, 19 Uhr*





ABBEY
Kopernikusstr. 3 · 10245 Berlin
Tel.: 7 80 05 08
*Café Kneipe Bar: Geöffnet täglich 16-24 Uhr; mixed*

AD LIBITUM
Simon-Dach-Str. 36· 10245 Berlin
Tel.: 29 00 08 72
*Schwul-lesbische Bar*

ANDERES UFER
Hauptstr. 157 · 10823 Berlin
Tel.: 7 80 05 08
*Geöffnet: täglich 11-2 Uhr; nicht rolligerecht; Sprachen: Franz., Engl.*

BEGINE Café Bistro Bar
Potsdamer Str. 139 · 10783 Berlin
Tel.: 215 43 25
www.begine.de
*Geöffnet: Mo-Sa 17-1 Uhr, So 12-24 Uhr; ausschließlich für Frauen; regelmäßig Partys; nicht rolligerecht; Sprachen: Franz., Engl., Span.*

BELLEVUE
Flensburger Str. 11-13 · 10557 Berlin · Tel.: 3922561
www.bellevue-berlin.de
*Mixed; teilweise rolligerecht; Sprachen: Engl., Span.*

BURGFRIEDEN
Greifenhagener Str. 31 · 10439 Berlin
*Vorwiegend schwul*

CAFÉ AM SENEFELDER PLATZ
Schönhauser Allee 173 · 10119 Berlin · Tel.: 449 66 05; *mixed*

CAFÉ AMSTERDAM
Gleimstr. 24 · 10437 Berlin
Tel.: 448 07 92; *mixed, auch Pension*

CAFÉ ANAL
Muskauerstr. 15 · 10997 Berlin
Tel.: 618 70 64; *mixed*

CAFÉ BERIO
Maaßenstr. 7 · 10783 Berlin
Tel.: 216 19 46; *Geöffnet: tägl. 8-1 Uhr mixed; nicht rolligerecht; viele Sprachen*

CAFÉ CRALLE
Hochstädter Str. 10a · 13347 Berlin
Tel.: 455 30 01; *Geöffnet: Mo 20-2 Uhr; Di-Fr 11-2 Uhr; Sa+So ab 10 Uhr; teilweise rolligerecht*

CAFÉ ECKE SCHÖNHAUSER
Kastanienallee 2a · 10435 Berlin
Tel.: 448 33 31; *vorwiegend schwul*

CAFÉ IF
Kopernikusstr. 23, 2. HH · 10245 Bln. · Tel.: 29 66 85 07; *Café des Jugendnetzwerk Lambda Berlin e.V.; schwul-lesbisch; monatl. wechselnde Ausstellungen*

CAFÉ / BISTRO MANSTEIN
Witzlebenstr. 32 · 14057 Berlin
*Geöffnet: 10-22 Uhr*

CAFÉ MELITTA SUNDSTRÖM
Mehringdamm 61 · Tel.: 692 44 14
*Geöffnet: tägl. 14-4 Uhr; schwul-lesbisches Café mit Buchladen; rolligerecht*

CAFÉ POSITHIV
Alvenslebenstr. 26 · 10783 Berlin
Tel.: 216 86 54; *Geöffnet: Di-Fr, So 15-23 Uhr; Sa 18 Uhr open end; schwul-lesbisch; rolligerecht*

CAFÉ RIX
Karl-Marx-Str. 141 · 12043 Berlin
Tel.: 686 90 20; *Geöffnet: tägl. 10-1 Uhr; mixed; rolligerecht*

CAFÉ SAVARIN
Kulmer Str. 17 · 10783 Berlin
Tel.: 216 38 64; *Geöffnet: tägl. 10-24 Uhr; mixed; teilweise rolligerecht*

CAFÉ SAVIGNY
Grolmannstr. 53/54 · 10623 Berlin
Tel.: 312 81 95; *Geöffnet: tägl. 9-1 Uhr; mixed*

CAFÉ SEIDENFADEN
Dircksenstr. 47 · 10178 Berlin (Mitte)
Tel.: 283 27 83; *Geöffnet: Mo-Fr 11-21 Uhr, So 13-19 Uhr; nur für Frauen; alkohol- und drogenfrei; rolligerecht; Sprachen: Engl.*

CAFÉ VOLTAIRE
Stuttgarter Platz 14 · 10627 Berlin
Tel.: 324-50 28; *Geöffnet: rund um die Uhr; mixed - das Homo-Publikum trifft sich gerne in der 1. Etage*

GLOSS
Rosa-Luxemburg-Platz 14 · 10119 Berlin
*Kneipenlokal der Volksbühne, junge linke Szene*

HAFEN
Motzstr. 19 · 10777 Berlin
Tel.: 211 41 18; *mixed*

HARLEKIN
Schaperstr. 12-13 · 10719 Berlin
Tel.: 218 25 79; *Schwul-lesbisch*

HT
Kopernikusstr. 23 · 10245 Berlin
Tel.: 29 00 49 65; *Geöffnet: Mo-Fr 17-2 Uhr; Sa + So ab 10 Uhr; schwul-lesbisch; tolle Fensterplätze, großer Tresen*

IMAGE
Jägerstr. 67 · 10117 Berlin
Tel.: 20 45 25 80; *gemischt, rolligerecht*

LOLA
Kopernikusstr. 3 · 10245 Berlin
*Spanisches Café/Kneipe · Geöffnet: Mo-So ab 18 Uhr; Kino & Live-Musik; mixed*

MUVUCA
Gneisenaustr. 2a · 10961 Berlin
Tel.: 6 93 58 00
*Afrobrasilianisches Kulturkollektiv, geöffnet. tägl. ab 16 Uhr bis open end*

NEUE BAR Cocktail Bar
Knesebeckstr. 16 · 10623 Berlin
Tel.: 31 50 30 62; *Geöffnet: tägl. außer Montag 17 Uhr bis open end; im Sommer ab 12 Uhr Mittagstisch; Straßenterrasse; Sprachen: Engl.*

OFFENBAR
Schreinerstr. 5 · 10247 Berlin
Tel.: 46 09 30; *Geöffnet: tägl. 10-2 Uhr; Di + Mi besonders viele Lesben und Schwule*

ROSES
Oranienstr. 187 · 10999 Berlin
Tel.: 615 65 70; *schwul-lesbisch*

SCHESELONG
Wilsnacker Str. 61 · 10559 Berlin
Tel.: 394 2223; *Geöffnet: tägl. Mo-Sa 17-1 Uhr, So 11-23 Uhr*

SCHOKO-CAFÉ
Mariannenstr. 6 · 10997 Berlin
Tel.: 615 15 61; *Frauencafé; regelmäßig Frauen/Lesbenpartys*

SCHWARZES CAFÉ
Kantstr. 148 · 10623 Berlin
Tel.: 313 80 38; *Geöffnet: rund um die Uhr; mixed*

SHAMBALA
Greifenhagener Str. 12 ·
10437 Berlin
Tel.: 447 62 26; *Geöffnet: Di-Sa 18-3 Uhr, So-Mo 18-1 Uhr*

STONEWALL
Otto-Suhr-Allee 125 · 10585 Berlin
Tel.: 34 70 55 30
*Geöffnet: tägl. 16-2 Uhr; Bar, Bistro; schwul-lesbisch*

TTT TEETEATHÉ SALON UND CAFÉ
Goltzstr. 2 · 10781 Berlin
Tel.: 217 522 40; *Geöffnet: Mo-Sa 9-24 Uhr, So ab 10 Uhr; mixed; rauchfrei; rollstuhlgerecht*

TRUXA
Wühlischstr. 30 · 10777 Berlin
Tel.: 29 00 30 85
*Schwullesbisches Café-Bar-Bistro*

WINDOWS
Martin-Luther-Str. 22/Ecke Motzstr.
10777 Berlin · Tel.: 214 23 94
*Geöffnet: Mo-Fr 15-3 Uhr, Sa+So 14-3 Uhr; mixed*

WOWEREIZ
Wühlischstr. 30 · 10245 Berlin
*Gemischtes Café-Bar-Bistro*

X-B-LIEBIG
Liebigstr. 34 · 10247 Berlin
*Alternativ-Café aus der HausbesetzerInnenszene; Mo ab 19 Uhr Frauen/Lesbentag*

ZUFALL
Pfalzburger Str. 10 · 10179 Berlin
Tel.: 8832437; *auch Partys*

Restaurants

CAFÉ V

Lausitzer Platz 12 · 10999 Berlin
Tel.: 612 45 05; *Geöffnet: tägl. 10-2 Uhr; vegetarisch; mixed; rolligerecht*

KIEZKANTINE

Oderberger Straße 50 · 10435 Berlin
Telefon 4 48 44 84 · Fax 44 35 95 12
*speziell für Arbeitslose und SozialhilfeempfängerInnen*
*Geöffnet: Mo-Fr 8 Uhr bis 17 Uhr*

LOCUS Bar/Bistro

Marheinekeplatz 4 · 10961 Berlin
Tel.: 691 56 37; *Geöffnet: tägl. 10-2 Uhr; mexikanische Gerichte; teilweise rolligerecht*

NATURAL-MENTE

Schustehrusstr. 26 · 10585 Berlin
Tel.: 341 41 66
*Makrobiotisch - vegetarische Spezialitäten und frischer Fisch*

SCHALL & RAUCH

Gleimstr. 23 · 10437 Berlin
Tel.: 443 39 70 *Geöffnet: tägl. 9-? Uhr; internationale Küche; schwul-lesbisch; rolligeeignet; Sprachen: Engl., Russ.*

Z

Friesenstr. 12 · 10965 Berlin
Tel.: 692 27 16; *Geöffnet: tägl. 17-1 Uhr; griechische Spezialitäten; warme Küche bis 22.30 Uhr*

BEHÖRDEN

BBV FRIEDRICHSHAIN

Unterausschuss Kommunale Schwulen- und Lesbenpolitik · Gleichstellungsbeauftragte Kirsten Gurske
Tel.: 23 24 24 59
Fax: 23 24 21 37

FACHBEREICH FÜR GLEICHGESCHLECHTLICHE LEBENSWEISEN

Senatsverwaltung für Schule, Jugend und Sport · Frau Lela Lähnemann
Beuthstr. 8 · 10117 Berlin
Tel.: 90 26 56 06

ADAM-BUCHLADEN
Gleimstr. 23 · 10437 Berlin
Tel.: 448 07 67
www.adam-buchladen.de
*Geöffnet: Mo-Fr 10-20 Uhr; Sa 11-16 Uhr; rolligeeignet*

ADHARA BÜCHERTEMPEL
Pestalozzistr. 35 · 10627 Berlin
Tel./Fax: 312 24 62
www.adhara.de
*Geöffnet: Mo-Fr 10-19 Uhr; Sa 10-15 Uhr*

AKAZIEN-BUCHHANDLUNG
Akazienstr. 26 · 10823 Berlin
Tel.: 788 12 78; *Geöffnet: Mo-Mi 10-19 Uhr; Do + Fr 10-20 Uhr; Sa 10-16 Uhr; rolligerecht*

ANAGRAMM
Mehringdamm 50 · 10961 Berlin
Tel.: 785 95 10
www.anagramm-buch.de
*Geöffnet: Mo-Fr 9-18.30 Uhr; Sa 10-14 Uhr; rolligerecht*

ANAKOLUTH
Berlin-Carré · Karl-Liebknecht-Str. 13 · 10178 Berlin · Tel.: 24 72 69 03
Fax: 24 72 69 04
www.anakoluth.de
*Geöffnet: Mo-Fr 10-20 Uhr; Sa 10-16 Uhr*

BELLE ET TRISTE
Amsterdamer Str. 27 · 13347 Berlin
Tel.: 455 67 01

BUCHHANDLUNG BORN
Pestalozzistr. 4 10625 Berlin
Tel.: 318 69 16 66
*Frauenbücher und Belletristik*

CHRONIKA
Bergmannstr. 26 · 10961 Berlin
Tel.: 693 42 69; www.chronika.de
*Geöffnet: Mo-Fr 10-19 Uhr; Sa 10-15 Uhr*

DANTE CONNECTION
Oranienstr. 165a · 10999 Berlin
Tel.: 615 76 58; *Geöffnet: Mo-Fr 10.30-19 Uhr; Sa 10.30-16 Uhr; Schwerpunkt ital. Literatur; rolligerecht*

LA FEMME – LIVRES POUR ELLE
Immanuelkirchstr. 22 · 10405 Berlin
*Geöffnet: Di-Fr 10-19 Uhr; Sa 10-16 Uhr; Mo: Jour D´amour*

LA LUNA EROTIKHAUS
Anklamer Str. 38 · 10115 Berlin
Tel.: 44 32 84 88

LESEN & LESEN LASSEN
Wühlischstr. 30 · 10245 Berlin
Tel.: 2 91 53 82

LUSTWANDEL EROTIKBUCHLADEN
Raumerstr. 20 10437 Berlin
Tel.: 44 04 08 06
www.lustwandel.de
*Geöffnet: Mo-Fr 12-20 Uhr; Sa 10-16 Uhr*

MARGA SCHOELLER BÜCHERSTUBE
Knesebeckstr. 33 · 10623 Berlin
Tel.: 881 11 12 · Fax: 881 84 79
*Geöffnet: Mo, Di, Mi 9.30-19 Uhr, Do 9.30-20 Uhr; Sa 9.30-16 Uhr; auch engl. Bücher; rolligerecht*

OH 21
Oranienstr. 21 · 10999 Berlin
Tel.: 615 22 26
*Linker Buchladen mit lesbischem Sortiment*

PRINZ EISENHERZ
Bleibtreustr. 52 · 10623 Berlin
Tel.: 313 99 36 · Fax: 313 17 95
www.prinz-eisenherz.com
*Öffnungszeiten: Mo-Fr 10-19 Uhr, Sa 10-16 Uhr; schwuler Buchladen auch für Lesben; auch ausländisches Sortiment; rolligeeignet*

SCHWARZE RISSE
Gneisenaustr. 2a (Mehringhof)
10961 Berlin · Tel.: 692 87 79
Fax: 691 94 63
*Geöffnet: Mo-Fr 10-18.30 Uhr; Sa 11-14 Uhr*

SCHWARZE RISSE
Kastanienallee 85 · 10435 Berlin
Tel.: 440 91 58
www.schwarzerisse.de
*Geöffnet: Mo-Fr 11-19 Uhr; Sa 11-14 Uhr*



DIENSTLEISTUNGEN
JEGLICHER ART

IMAGIE LEBENS-UND UNTERNEHMENSBERATUNG
Brigitta Schilk
Anklamer Str. 38 · 10115 Berlin
Tel.: 44 35 87 03 · Fax: 44 35 87 05
www.imagie.de
*Büro: Mo-Fr 11-18 Uhr*
*Regionales Branchenbuch für Unternehmerinnen; Treffen lesbischer Unternehmerinnen und Freiberuflerinnen*

AMINDOBÉ MALERLADEN
Pücklerstr. 30 · 10997 Berlin
Tel.: 611 34 17
www.malerladen-berlin.de
*Geöffnet: Mo-Fr 9.30-18.30 Uhr; Sa 10-14 Uhr*

BÄUERINNEN GBR Gemüse im Abo
Steinhöfelerstr. 15 · 15518 Buchholz
Tel.: 033636-50 76
www.bauerinnen.de

COMPANIA FRAUENKULTURSERVICE
Anklamer Str. 38 · 10115 Berlin ·
Tel.: 44 35 87 03; Fax: 44 35 87 05;
*Büro: Mo-Fr 8.30-17.30 Uhr · Subschlepping - Termine und Treffpunkte: Jeden 1. Fr (gerader Monat) Charlottenburg (S-Bahn Savignyplatz Ausgang Bleibtreustr.); Jeden 1. Fr (ungerader Monat) Prenzlauer Berg (U2 Schönhauser Allee, Beginn der Kopenhagener Str.); Jeden 2. Fr (Monate 1,2,4,5,7,8,10, 11) Schöneberg (U7 Eisenacher Str., Ausg. Akazienstr.); Jeden 2. Fr (Monate 3,6,9, 12) Kreuzberg 61 (U1/U6 Hallesches Tor, Ausg. Mehringplatz, Säule); Jeden 3. Fr Kreuzberg 36 (U1/U8 Kottbusser Tor, Adalbertstr., Stadtbibliothek); Jeden 4. Fr Mitte (S-Bahn Hackescher Markt, ausg. West, Standuhr); Jeden 5. Fr Friedrichshain (U5 Frankfurter Tor, Ausg. Petersburger Str., Standuhr).*

CLUB ROSA
Fürbringerstr. 2 · 10961 Berlin
Tel.: 693 66 66; *Escort-Service für Frauen*

FINANZKONTOR - ANNE WULF
Kulmbacher Str. 15 · 10777 Berlin
Tel.: 21 47 47-90 · Fax: 21 47 47-92
*Finanzberatung, Vermittlung, Betreuung*

GOLDRAUSCH FRAUENNETZWERK E.V.
Finanzierungsnetzwerk
Potsdamer Str. 139 · 10783 Berlin
Tel: 215 75 54
*Büro: Mi 16-19, Fr 11-14 Uhr*

YVONNE KOLAGBODI
LOCKS-SPEZIALISTIN
Beratung zu Kunst und Kultur Afrikas
Tel.: 61 62 59 39
E-Mail: ykolagbodi@aol.com
www.kolame-afroshop.de
*Termine nach Vereinbarung*

KULTURBÜRO ÄTNA
SABINE KÜSTER
Simon-Dach-Str. 36 · 10245 Berlin
Tel.: 29 00 30 96
kuester-aetna@gmx.de
*Kulturkonzepte, Kulturmanagement, Künstlerauswahl, Locations, Specials*

M+K BESTATTUNGEN
Claudia Marschner
Fidicinstr. 42 · 10965 Berlin
Tel.: 694 09 731

MOMO - AUFTRAGSBÜRO
Dr. Marlies Grüning
Habersaathstr. 32 · 10115 Berlin
Tel.: 0700-momonetz
www.momonetz.de
*Vermittlung von Dienstleistungen aller Art; allgemeine Infos und MOMO-Informationsblatt erhältlich*



WEIBERWIRTSCHAFT
Anklamer Str. 38 · 10115 Berlin
Tel.: 440 22 30 · Fax: 440 22 344
www.weiberwirtschaft.de

ANSPRECHPARTNER der Berliner
Polizei für gleichgeschlechtliche
Lebensweisen - LKA 1415
Uwe Löher, Zimmer 1395
Columbiadamm 4 · 12101 Berlin
Tel.: 69 93 46 73

FRAUENKRISENTELEFON
Tel.: 615 42 43 und 615 75 96
*Notruf und Beratung für vergewaltigte und belästigte Frauen und Mädchen*
*Tel.: 251 28 28*

LARA
Krisen- und Beratungszentrum für vergewaltigte Frauen
Tempelhofer Ufer 14 · 10963 Berlin
Tel.: 216 88 88 und 216 30 21
Fax: 216 80 61
www.lara-berlin.de
*Mo-Fr 9-19 Uhr*

WILDWASSER - Arbeitsgemeinschaft gegen sexuellen Missbrauch an Mädchen e.V.
Mehringdamm 50, 2. OG · 10961 Berlin · Tel.: 76 50 17
Beratungsstelle
Dircksenstr. 74 · 10178 Berlin
Tel.: 282 44 27
*Geöffnet: Mo, Di, Fr 10-13, Do 14-17, Mi 16-19 Uhr; Zufluchtswohnungen für Mädchen: Tel./Fax: 861 84 45; rund um die Uhr erreichbar*



ALICE-SALOMON-FACHHOCH-SCHULE für Sozialarbeit und Sozialpädagogik
Lesben- und Frauenreferat im AStA
Alice-Salomon-Platz 5 · 12627 Berlin
Tel.: 99 24 54 14

BÜCHERFRAUEN e.V.
Women in Publishing
Merseburger Str. 4 · 10823 Berlin
Tel.: 788 69 66

EMMA GOLDMANN INSTITUT
c/o Leah C. Czollek
Karl-Marx-Str. 43 12043 Berlin
Tel.: 613 073 11
*Fort-und Weiterbildung: Interkulturelle Dialoge, Feministische Forschungsgemeinschaft*

DENKWIDERSTAND
Irene Beyer/Christiane Leidinger
Graefestr. 16 · 10967 Berlin
Tel./Fax: 69 50 80 43
cleid@zedat.fu-berlin.de
irene.beyer@gmx.de
*Autonomes Projekt politischer Bildung und Wissenschaft mit dem Schwerpunkt lesbisch-feministischer Bewegungs- und Theoriegeschichte*

DURCHBLICK GMBH
Frauencomputerschule
Anklamer Str. 38 · 10115 Berlin
Tel.: 448 47 88; *Büro: Mo-Fr 9-13 Uhr*

FEMINISTISCHES FRAUEN-BILDUNGS ZENTRUM FFBIZ
Danckelmannstr. 15 und 47
14059 Berlin · www.ffbiz.de
Tel.: 322 10 35; *Geöffnet: Di + Do 10-13 Uhr, Do 17-19 Uhr*

FREIE UNIVERSITÄT
Lesben- und Frauenreferat im AStA
Kiebitzweg 23 · 14195 Berlin
Tel.: 83 90 91-0

FRAUENCOMPUTERZENTRUM
Cuvrystr. 1 · 10997 Berlin
Tel.: 617 97 00

GEW - AG lesbische Lehrerinnen, Wissenschaftlerinnen, Erzieherinnnen der GEW *siehe Rubrik Zentren, Arbeitsgruppen...*

GOLDNETZ E.V. WEITERBILDUNGSPROJEKTE
Dircksenstr. 47 · 10178 Berlin
Tel.: 283 20 10/11 · Fax: 283 27 77

HUMBOLDT-UNIVERSITÄT
MUTVILLA - lesbisch-schwule Interessenvertretung
Unter den Linden 6 · 10117 Berlin
Tel.: 45 80 47 71

KOMBI - Kommunikation und Bildung vom anderen Ufer
*siehe Rubrik Teens & Twens*

SPRACHWERKSTATT MONIKA MITTAG
Anklamer Str. 38 · 10115 Berlin
Tel.: 44 34 05 59 · Fax: 44 34 09 93

TECHNISCHE FACHHOCHSCHULE
Lesben- und Schwulenreferat im AStA · Luxemburger Str. 10 · 13353 Berlin · Tel.: 45 04 25 25

TECHNISCHE UNIVERSITÄT
Referat für Lesben und Schwule - autonom im AStA
Marchstr. 6 · 10587 Berlin
Tel.: 314 27 701

WIRKSTOFF E.V.
Rheinsberger Str. 74-77
10115 Berlin · Tel.: 440 22 50
Fax: 44 02 25 11
*Mobbingberatung, Seminare zu Kommunikation, EDV, Management u.v.m.*

ARTEMIS
Fürbringerstr. 6 · 10961 Berlin
Tel.: 694 44 84

DIE BESTEN VOM ANDEREN UFER
Ohlauer Str. 40 · 10999 Berlin
Tel.: 612 73 19
*Geöffnet: Di-Fr 10-20 Uhr, Sa 10-14 Uhr*

MARIANNE GRAFF
Bremer Str. 71 · 10551 Berlin
Tel.: 395 18 97
*Geöffnet: Mo-Fr 8.30-19 Uhr, Sa 8-14 Uhr*

YVONNE KOLAGBODI
LOCKS-SPEZIALISTIN
*siehe unter Dienstleistungen*

MARY M.
Heimstr. 19 · 10965 Berlin
Tel.: 694 06 77
*Geöffnet: Di-Fr 11-19 Uhr, Sa 11-15 Uhr*

ARSENAL
Potsdamer Str. 2 · 10785 Berlin
Tel.: 269 55 100
www.fdk-berlin.de
*Frauen-Film-Events & Lesbenfilmfestival*

BABYLON MITTE (Foyer)
Rosa-Luxemburg-Str. 30 · 10178 Berlin · Tel.: 242 50 76
*Programmkino, auch schwul-lesbische Filme*

BLOW UP
Immanuelkirchstr. 14 · 10405 Berlin
Tel.: 442 86 42 *Kinotage: Mo, Di, Mi*
*Programmkino, auch schwullesbische Filme*

EISZEIT
Zeughofstr. 20 · 10997 Berlin
Tel.: 611 60 16

INTERNATIONAL
Karl-Marx-Allee 33 · 10178 Berlin
Tel.: 24 75 60 11 *Kinotage: Di, Mi*
*MonGay@International - Das schwul-lesbische Kultkino jeden Mo um 22.30 Uhr*

LESBENFILMFESTIVAL BERLIN
Glogauer Str. 21 · 10999 Berlin
Tel./Fax: 852 23 05 oder 461 66 28
*e-mail: lffberlin@hotmail.com*
*Findet immer Ende Okt./Anfang Nov. statt*

TILSITER LICHTSPIELE
Richard-Sorge-Str. 25A · 10249 Berlin · Tel.: 426 81 29

XENON
Kolonnenstr. 5-6 · 10827 Berlin
Tel.: 782 88 50
www.xenon-kino.de
*Kinotag: Mi*
*Kino mit schwul-lesbischem Schwerpunkt, z.B. der lesbischen Filmreihe Dykescreen*



AHOI
Kunst- und Kulturvermittlung
Lilienthalstr. 16 · 10965 Berlin
Tel.: 691 33 84 · Fax: 691 33 84

ATELIER FRAUENFORMAT
Hohenstaufenstr. 22, 4. OG
10779 Berlin
Tel.: 0177-563 18 44 oder 445 88 51 (R. Uhlig) oder 691 85 46 (R. Kuschke)

TOBACCO BROWN
Designerin
Luckenwalder Str. 2 · 10963 Berlin
Tel./Fax: 25 79 75 52
*Möbeldesign, Inneneinrichtung, Set-Design*

CASPAR - BIANCA
c/o Tänzer Monbijoustr. 4b, 10117 Berlin, Fon&Fax: 0 30-2 82 89 08
Anfragen, Infos über e-mail:
caspar-bianca@gmx.de
für Buchungen:
e-mail: GesaPank@t-online.de
CD Bestellung unter:
0341-8 61 23 88

ZARIAMMA HARAT
Bildende Künstlerin & Schriftstellerin
Luckenwalder Str. 1 · 10963 Berlin
Tel.: 25 79 88 08 · *e-mail.: zaria@berlin.snafu.de · Malerei, Grafik, Übersetzungen (Engl-Dt.)*

DEBORAH MOSES-SANKS
Fotografin
Wassertorstr. 1 · 10969 Berlin
Tel.: 61 20 19 11

INGRID RAFAEL
Malerin & Zeichnerin
Katzbachstr. 27 · 10965 Berlin
Tel.: 785 79 44
*Workshops und Kurse: Experimentelles Malen, Aktzeichnen und -malen, Drucktechniken, künstlerische Stadterkundungen; übernimmt auch diverse Aufträge und verleiht Bilder gegen Gebühr und Versicherung.*

SILBERBLICK - FOTOWERKSTATT
Köpenicker Str. 187/188 · 10997 Berlin
Tel.: 61 28 68 39
*Dunkelkammer und Studio können gemietet werden.*

IRIS IRENE STÖBER
Freischaffende Künstlerin
Nordhauser Str. 37 · 10589 Berlin
Tel.: 34 90 27 45
*e-mail: irstoeber@web.de*
*Bildende Kunst, Zeichnung, Animation, Neue Medien, Webdesign, Projekte u. Auftragsarbeiten*

BARBARA THÖNE
Bildende Künstlerin
Schöneberger Str. 6a · 10963 Berlin
Tel: 262 65 96
*Kreativkurse und privater Einzelunterricht in Zeichnen und Malen*

BLATTGOLD – DER MONATLICHE ÜBERBLICK FÜR FRAUEN
Monumentenstr. 27 · 10965 Berlin
Tel.: 7 86 85 47, 2 15 66 28 · Fax: 7 86 62 15
blattgold.berlin@snafu.de
www.blattgold-berlin.de
*Nachrichten aus Kultur und Politik und alle Hauptstadttermine für Frauen*

BLSJ BUND LESBISCHER & SCHWULER JOURNALISTINNEN E.V.
Postfach 30 42 04 · 10724 Berlin
Tel.: 23 55 39 32
*info@gaymedia.de*
*http://www.gaymedia.de*
*Bundesweite Vernetzung von homosexuellen MedienmacherInnen aus Print, Rundfunk, Fernsehen, Online und Öffentlichkeitsarbeit; vergibt jährlich einen Medienpreis für herausragende Beitäge über schwul-lesbische Lebenswelten*

DIE ANDERE WELT
Postfach 350151 · 10210 Berlin
Tel.: 29 44 90 52
*Monatliche schwul-lesbische Zeitschrift*

EDITION LIT.
Monumentenstr. 27 · 10965 Berlin
Tel.: 786 85 47 · Fax: 786 62 15
*Verlag, Druckherstellung und MedienService*

KRUG & SCHADENBERG
Heimstr. 19 · 10965 Berlin
Tel.: 694 12 43 · Fax: 694 12 31
*Lesbischer Verlag*

LESBISCH-SCHWULE PRESSESCHAU
Mehringdamm 61 · 10961 Berlin
Tel.: 69 40 17 23

ORLANDA FRAUENVERLAG
Zossener Str. 55-58 · 10961 Berlin
Tel.: 216 29 60 · Fax: 215 39 58
post@orlanda.de · www.orlanda.de

QUERVERLAG
Akazienstr. 25 · 10827 Berlin
Tel.: 78 70 23 39 · Fax: 788 49 50
www.querverlag.de

QUEER CITY – ON AIR – DAS SCHWULLESBISCHE RADIO
auf 92,6 (Offener Kanal)
Tel.: 442 75 29
*Redaktionen: Lila Zone und Studio Gabi jeden 4. Sa und So 20-21 Uhr, Wiederholung Mo; KNACKpunkt – das lesbisch-schwule Magazin jeden 1. und 3. So sowie lesbisch-schwules Thema jeden 1. Mo im Monat*

SCHLIPS E.V.
Greifswalderstr. · 10405 Berlin
Tel.: 42 08 50 90
www.schlips.org
*Schwul-lesbische Nachrichtenagentur*

SIEGESSÄULE
Verlag Reiner Jackwerth
Kulmer Str. 20a · 10783 Berlin
Tel.: 23 55 39-0 · Fax: 23 55 39 19
*Monatliche schwul-lesbische Programmzeitschrift; liegt kostenlos aus*

TEDDY E.V.
Katzlerstr. 3 · 10829 Berlin
Tel.: 2 15 74 30 · Fax: 217 26 92
www.teddyaward.org
*Förderverein lesbisch-schwuler Filmpreis*

WEIBBLICK
im Internet virtuell unter
www.weibblick.de

DAS VERBORGENE MUSEUM E.V.
Schlüterstr. 70 · 10625 Berlin
Tel.: 313 36 56; *Geöffnet: Do-Fr 15-19 Uhr; Sa + So 12-16 Uhr; Verein zur Dokumentation der Kunst von Frauen; vorgestellt werden die Werke von bislang im Verborgenen gebliebenen oder vergessenen Künstlerinnen*

FFBIZ E.V.
*siehe Rubrik Frauenbildung & -kultur*

GRAUZONE
Schliemannstr. 23 · 10437 Berlin
Tel.: 44 71 08 16 · Fax: 44 34 16 13
*Geöffnet: nach telefonischer Absprache; Dokumentationsstelle zur nichtstaatlichen Frauenbewegung in der DDR*

GRÜNDERZEITMUSEUM
im Gutshaus Mahlsdorf
Hultschiner Damm 333
12623 Berlin · Tel.: 567 83 29
*Geöffnet: Mi+So 10-18 Uhr*

HEX LIBRIS
Frauenbibliothek und Archiv im EWA e. V. Frauenzentrum
Prenzlauer Allee 6 · 10405 Berlin
Tel.: 442 55 42
*Geöffnet: Di 16-19, Do 15-18 Uhr und nach Vereinbarung*

KÄTHE-KOLLWITZ-MUSEUM
Fasanenstr. 24 · 10719 Berlin
Tel.: 882 52 10
*Geöffnet: tägl. 11-18 Uhr außer Di*

LESBISCH-SCHWULES PRESSEARCHIV
Mehringdamm 61 · 10961 Berlin
Tel.: 69 40 17 23 *Geöffnet: Sa 17.30-18.30 Uhr und nach tel. Absprache*

LILA ARCHIV
Choriner Str. 9 · 10119 Berlin
Tel.: 449 22 89 · Fax: 448 57 13
*Sammlung von Dokumenten zur Stellung der Geschlechter in der Gesellschaft (Umzug zum Jahresende 2002)*

SCHWULES MUSEUM E. V.
Mehringdamm 61, HH, erster Aufgang
10961 Berlin · Tel.: 69599050
www.schwulesmuseum.de
*Geöffnet: tägl. außer Di 14-18 Uhr, Sa 14-19 Uhr; Sa 17 Uhr (Führungen); Mi-So 14-18 Uhr (Bibliothek u. Archiv)*

SPINNBODEN - LESBENARCHIV UND BIBLIOTHEK E. V.
Anklamer Str. 38 · 10115 Berlin
Tel.: 448 58 48
spinnboden@spinnboden.de
www.spinnboden.de
*Geöffnet: Mi + Fr 14-19 Uhr und nach Vereinbarung*

LÄRM & LUST
Frauenmusikzentrum
Schwedenstr. 14 · 13357 Berlin
Tel.: 784 72 97 (Lizzy)

FRANZISKA NÜRNBERGER
Goltzstr. 15 · 10781 Berlin
Tel.: 21 75 67 71
*Musikerin, Atem- und Stimmlehrerin*

LOUEY & AMY
Musikerinnen
Weserstr. 32 · 12045 Berlin
Tel.: 6 24 69 54
*siehe auch „Sweet Inspiration" unter „Spirituelles, Kirche, Chöre"*

ACKERKELLER
Ackerstr. 12, HH · 10115 Berlin
Tel.: 208 74 18
www.ackerkeller.de
*Schwul-lesbisch; Disco auch spez. für junge Lesben Di und Fr ab 22 Uhr; Frauen unter sich, 2. und letzter Sa ab 22 Uhr*

BAR JEDER VERNUNFT
Schaperstr. 24 · 10719 Berlin
Tel.: 8 83 15 82
*Gelegentlich schwul-lesbische Events*

CLUB CULTURE HOUZE
Görlitzer Str. 71 · 10997 Berlin
Tel.: 61 70 96 79 *Mixed*

DIE BUSCHE
Mühlenstr. 11-12 · 10243 Berlin
Tel.: 296 08 00
www.diebusche.de
*Geöffnet: Mi + So 21.30-5 Uhr; Fr 21.30-6 Uhr; Sa 22-6 Uhr; älteste Homo-Disco im Osten; schwul-lesbisch.*

DIVEN ATTACKS PARTYS
CHICKS UNITED
Tel.: 28 39 00 65

EWA-FRAUENZENTRUM E.V.
Prenzlauer Allee 6 · 10405 Berlin
Tel.: 4 42 55 42
*Geöffnet: Mo-Fr 10-18 Uhr, Frauen - und Kindercafé mit Galerie Mo-Do 18-23 Uhr, jeden Samstag ab 22 Uhr Disco für Frauen/Lesben; Freitags Lesbenfrühstück und Lesbendisco*

HAUS DER KULTUREN DER WELT
John-Foster-Dulles-Allee 10
10557 Berlin *Mixed; gelegentlich schwul-lesbische Events*

HEINRICHS TANZBAR
Großgörschenstr./Ecke Steinmetzstr.
10783 Berlin
*Mixed; Mittwochs Frauenabend*

KALKSCHEUNE
Johannisstr. 2 · 10117 Berlin
Tel.: 28 39 00 65
*Mixed; gelegentlich schwul-lesbische Events, Diven-Attack-Partys.*

KATO
im U-Bahnhof Schlesisches Tor
10997 Berlin · Tel.: 611 23 39
*Mixed; gelegentlich schwul-lesbische Events*

KIT-KAT-CLUB
Glogauer Str. 2 · 10999 Berlin
Tel.: 611 38 33 *Mixed; Fetischclub mit Dresscode.*

KULTURBRAUEREI
Knaackstr. 97 · 10437 Berlin
Tel.: 443 15 0
*Gelegentlich schwul-lesbische Events*

MUDD CLUB
Große Hamburger Str. 17
10115 Berlin · Tel.: 27 59 49 99
*Gays, Drags & Friends are welcome!*

OXYMORON Salon & Club
Hackesche Höfe ·
Rosenthaler Str. 40/41 · 10178 Berlin · Tel.: 28 39 18 86
*Mixed; auf Ankündigungen achten.*

PE
Kalckreuthstr. 10 · 10777 Berlin
Tel.: 218 75 33; *Geöffnet: tägl. ab 21 Uhr; ehemals „Pour Elle“, gemischt*

PUSSYCAT
Kalckreuthstr. 7 · 10777 Berlin
Tel.: 213 35 86; *schwul-lesbisch; rolli-geeignet; Sprachen: Engl.*

SAGE CLUB
Köpenicker Str. 76/Ecke Brückenstr.
10179 Berlin · Tel.: 278 50 52;
*mixed*

SO 36
Oranienstr. 190 · 10999 Berlin
Tel.: 614 01 306; *mixed; schwul-lesbische „Hungrige-Herzen"-Party Mi ab 22 Uhr, davor jeden 1. Mi im Monat „Deep Stage Nine" mit Frauenbands; „Jane Bond"-Frauenparty jeden 3. Fr; alle drei Monate „Love joins" mit Herzblatt-Show*

STARLIGHTS
at Mama's Lounge
Spreewaldplatz 2 · 10999 Berlin
*multisexuelle Vibes*
*jeden So ab 21 Uhr*

TERMINAL DANCE CLUB
Columbiadamm 8 (Flughafen Tempelhof) · 12099 Berlin
Tel.: 69 04 13 67 *schwul-lesbisch*

TRÄNENPALAST
Reichtagsufer 17 · 10117 Berlin
Tel.: 238 62 11
www.traenenpalast.de
*Gelegentlich schwul-lesbische Events*

UFA FABRIK
Viktoriastr. 10-18 · 12105 Berlin
Tel.: 75 50 30
*Gelegentlich schwul-lesbische Events*

PER DRAHTESEL DURCH DIE STADT

FAHRRAD KULT(O)UR KREUZBERG
Waldemarstr. 81 · 10997 Berlin
Tel.: 61 70 96 52 · Fax: 61 70 96 52
www.ffk-so36.de
Fahrradtouren, Reparaturen, Hollandräder

FAHRRADLADEN MEHRINGHOF
Gneisenaustr. 2a · 10961 Berlin
Tel.: 691 60 27 *Reparaturen*

FAHRRADSTATIONEN
Fahrradverleih
Rosenthaler Str. 40/41, Hackesche Höfe · 10178 Berlin · *Geöffnet: Mo-Fr 10-19 Uhr, Sa 10-16 Uhr*
Auguststr. 29, im Plattenbau · 10119 Berlin · *Geöffnet: Mo-Fr 10-19 Uhr, Sa 10-15 Uhr*
Bergmannstr. 9 · 10961 Berlin · *Geöffnet: Mo-Fr 10-19 Uhr, Sa 10-15* Uhr
Bahnhof Friedrichstraße
Friedrichstr. 141/142 · 10117 Berlin
*Geöffnet: tägl. 8-20 Uhr*
Zentrale Reservierung: 28 38 48 48
*Umfangreiches Tourenangebot in Berlin und Brandenburg*

FAHRRAD-GRUPPE FÜR LESBEN AB 40
*Kontakte für Fahrrad-Ausflüge:*
*Ingrid Klebon, Tel.: 7 71 16 77*
*Christel, Tel.: 69 16 90*
*Claudia, Tel.: 455 27 27*

VELOPHIL
Alt Moabit 72 · 10555 Berlin
Tel.: 39 90 21 16
www.velophil.de
*Reparaturen*

## PSYCHOLOGIE & GESUNDHEIT
### Ärztinnen, Heilpraktikerinnen & Gesundheitsdienste

BRUSTKREBSINITIATIVE
Nachbarschaftszentrum Schöneberg
Holsteinische Str. 30 · 12161 Berlin
Tel.: 85 99 51 31 · Fax: 85 99 51 21
bki@brustkrebs.net
www.brustkrebs.net

DR. MED. KATRIN BARTELS
Ärztin für Frauenheilkunde und Geburtshilfe · Teltower Damm 25
14169 Berlin-Zehlendorf
Tel.: 811 83 14 · Fax: 811 83 15
*Sprechst.: Mo-Fr (außer Do) 9-12 Uhr, Mo+Di 16-18 Uhr, Do 14-18 Uhr; Terminvereinbarungen, außer in Notfällen.*

GEMEINSCHAFTSPRAXIS FRAUENÄRZTINNEN
*Dr. med. Regina Lutterbeck*
*Dr. med. Maria Ossenbrink*
*Dr. med. Ulrike Schöneck*
Welser Str. 5-7 · 10777 Berlin
Tel.: 214 20 79 · Fax: 217 79 58
*Sprechst.: Mo, Di, Do 8-19 Uhr; Mi 14-19 Uhr, Fr. 8-14 Uhr; Sprachen: Engl., Franz., Ital.*

HEILPRAKTIKERIN
MARLIES BOLLOW
PRAXIS FÜR CHINESISCHE MEDIZIN
Oderbergstr. 7/I · 10435 Berlin
Tel.: 443 56 930 · Fax 448 29 11
*Kostenlose Beratung*

HEILPRAKTIKERIN
CLEMENTINA RABUFFETTI
Bundesallee 187 · 10717 Berlin
Tel.: 781 39 04

LACHESIS E.V.
Berufsverband für Heilpraktikerinnen und Verein von Frauen zur Förderung der Naturheilkunde - Regionalbüro Ost
Verena Becker
Kaiserdamm 4 · 14057 Berlin
Tel.: 32 60 76 00

PULSATRULLA
Naturheilkunde, Astrologische Beratung
Adalbertstr. 76 · 10997 Berlin
Tel.: 615 45 43; *Kostenlose Beratung*

BERLINER AIDS-HILFE E.V.
Meinekestr. 12 · 10719 Berlin
Tel.: 885 64 00
www.berlin.aidshilfe.de
*Geöffnet: Mo-Do 12-18 Uhr, Fr 12-15 Uhr; Telefonberatung tägl. 10-24 Uhr.*

FEMINISTISCHES FRAUENGESUND-HEITSZENTRUM FFGZ E.V.
Bamberger Str. 51 · 10777 Berlin
Tel.: 213 95 97 · Fax: 214 19 27
www.ffgz.de
*e-mail: ffgz@berlinet.de*
*Geöffnet: Di-Do 10-13 Uhr, Do 17-19 Uhr*

LESBENBERATUNG E.V.
*Hilfe bei HIV und Aids*
*siehe Rubrik Zentren*

T.A.G. SUCHTBERATUNGSSTELLE FÜR FRAUEN
Merseburger Str. 3 · 10823 Berlin
Tel.: 782 89 89 · Fax: 78 71 29 85
E-mail: tag@anti-drogen-verein.de
*Geöffnet: Mo 15-17 Uhr, Mi 15-18 Uhr, Do+Fr 10-12 Uhr*
*Träger Anti-Drogen-Verein*

ALEXANDER-TECHNIK
Veronika Liebau
Elisenstr. 19 · 12169 Berlin
Tel.: 793 73 73 · Fax: 78 76 23 53

AQUARIANA
Am Tempelhofer Berg 7d · 10965 Berlin · Tel.: 69 80 81-19
www.aquariana.de
*Praxis- und Seminarzentrum für inneres Wachstum, Heilung und kreative Gestaltung.*

KERSTIN ENGLER, Dipl.- Psychologin
PRAXIS FÜR PSYCHOTHERAPIE
Baruther Str. 21 · 10961 Berlin
Tel.: 6 94 85 44; *Einzel- und Paarberatung (lesbische Paare), Coming-Out-Beratung, Supervision*

FRAUENPRAXIS OCEANA
Muthesiusstr. 28 · 12163 Berlin
Tel.: 792 00 92; *Körper- und Psychotherapie.*

FRAUENTRAUM E.V.
Wartburgstr. 9 · 10823 Berlin
Tel.: 782 82 65; *Geöffnet: Mo 12-13 Uhr, Mi 17-18 Uhr, Fr 10.30-11.30 Uhr; Selbsthilfe, Therapie, Fortbildung; kostenlose Beratung nach Voranmeldung.*

PSIFF E. V.
Therapiezentrum für Frauen
Kufsteiner Str. 16 · 10825 Berlin
Tel.: 854 24 34; *Geöffnet: Do 10-13 Uhr; Beratung kostenlos und ohne Voranmeldung.*

SHIATSU-ZENTRUM
Edith Storch
Oranienstr. 163 · 10969 Berlin
Tel.: 615 16 86

SPHINX
Wartburgstr. 10 · 10823 Berlin
Tel./Fax: 784 31 37
*Frauenspezifische Beratung, Therapie, Lesbenspezifische Einzel- und Paarberatung.*

MONICA STREIT Diplom-Psychologin
Tel.: 78 89 97 55; *Lesbische Paarprobleme, Schreibblockaden u.a.*

TUBFF E. V.
Therapie und Beratung für Frauen
Mommsenstr. 52
10629 Berlin · Tel.: 323 50 39
*Geöffnet: Mo 11-12 Uhr, Mi 18-19 Uhr; auch Rechtsberatung möglich*

AHGATA
Paul-Lincke-Ufer 7 · 10999 Berlin
Tel.: 44 05 26 00 · Fax: 44 05 26 20
*Büro für Prozessvorbereitung und -Begleitung*

ANWÄLTINNENBÜRO
Dircksenstr. 47 · 10178 Berlin
Tel.: 28 38 41 26 · Fax: 28 38 41 27
*ates.partnerinnen@ t-online.de*
*Büro: Mo-Do 9-12 Uhr u. 14-17 Uhr, Fr 9-14 Uhr*

ANWÄLTINNENBÜRO
Kottbusser Damm 72 · 10967 Berlin
Tel.: 691 80 11
*Büro: Mo, Di, Do 10-13 Uhr und 15-18 Uhr, Fr 10-13 Uhr; Schwerpunkte u. a. Ehe- und Familienrecht für Frauen*

ANWALTSKANZLEI
Schönhauser Allee 146 · 10435 Berlin · Tel.: 44 68 44-0
*Schwerpunkte u. a. schwul-lesbisches Familien- und Erbrecht*

ALEXANDRA GOY
Bayerischer Platz 7 · 10779 Berlin
Tel.: 854 92 24 · Fax: 854 94 24

ANNE KLEIN & LAETITIA ORSCHEL
Xantener Str. 8 · 10707 Berlin
Tel.: 881 80 88 · Fax: 883 82 74

RECHSTANWÄLTINNEN
Apostel-Paulus-Str. 35 · 10823 Berlin · Tel.: 78 70 83 03 *Büro: Mo-Fr 10-13 Uhr; Mo, Di, Do 15-18 Uhr*

GESINE REISERT Rechtsanwältin
Berliner Str. 9 · 10715 Berlin
Tel.: 85 72 77 40 · Fax: 85 72 77 41
e-mail: reisert_gropple@t-online.de



ATELIERHOF WERENZHAIN
Hauptstraße 76 · 03253 Werenzhain
atelierhof@elbe-elster-land.de
www.atelierhof-werenzhain.de
*Mai-November, sonntags 15-18 Uhr und nach telefonischer Vereinbarung; bietet für Künstlerinnen und kreative Frauen Sommerateliers, Workshops, Ausstellungen; außerdem Erholungsort und für Feste zu mieten*

FRAUENBILDUNGSSTÄTTE FRANZENHOF
16269 Wriezener Höhe
Tel.: 03 34 56-7 15 22
Fax: 03 34 56-7 00 51
info@franzenhof.de
www.franzenhof.de
Bürozeiten: Mo-Fr 10-14 Uhr
*Erholungs- und Tagungshaus mit vielen Angeboten*

FRAUENPENSION EMMA
Ahrenshoop/Ostsee · Fregestr. 65
12159 Berlin · Tel.: 851 45 76

FRAUEN UNTERWEGS
Potsdamer Str. 139 · 10783 Berlin
Tel.: 215 10 22 · Fax: 216 98 52
*Geöffnet: Mo-Fr 10-14 Uhr, Mo-Do 17-19 Uhr*

MILU REISEN
Budapester Str. 31 · 10787 Berlin
Tel.: 217 64 88
www.milu-reisen.de

MOVIN' QUEER BERLIN
Liegnitzer Str. 5 · 10999 Berlin
Tel.: 618 69 55
www.movinqueer.de

MITFAHRZENTRALEN
Tel.: 19 444; 19 420; 19 440

NORDVENTURE/ZUBI E.V.
c/o Susanne Kaiser
Apostel-Paulus-Straße 17 · 10825 Berlin
Tel./Fax: 78 71 54 00
*e-mail: nordventure@gmx.de*
*Outdoor-Frauenreisen: Kanu-Abenteuertouren durch die naturbelassene Seelandschaft im schwedischen Vörmland; Eigenes Kanu-Camp direkt am See, wo sich auch Gruppen einmieten können; außerdem Frauen-Motorradtouren durch die atemberaubenden Berg- und Fjordlandschaften Norwegens sowie Jugendtouren mit Kanu, Trekking & Draisine.*

OVER THE RAINBOW
Knesebeckstr. 89 10623 Berlin
Tel.: 318 05 80, Fax: 318 05 88
www.overtherainbow.de

*Die Öffnungszeiten der Frauensaunen in den einzelnen Stadtteil-Schwimmbädern bitte dort erfragen; Service-Hotline der Berliner Bäderbetriebe: 01803-102020 (8-20 Uhr).*

ESOTERIK-SAUNA
Lützowstr. 106 · 10785 Berlin
Tel.: 262 28 27
*Allgemein beliebt!*
*Mo Frauentag 16-23 Uhr*

HAMAM-TÜRKISCHES BAD FÜR FRAUEN
Mariannenstr. 6 (HH) · 10997 Berlin
Tel.: 615 14 64 · *Geöffnet: Sept.-April Mo 15-23 Uhr, Di-So 12-23 Uhr, im Sommer Öffnungszeiten erfragen*

HALLENBAD
Krumme Str. 9 · 10585 Berlin
Tel.: 34 38 38 65
*Alte Halle, warmes Wasser garantiert; Mo 17-20 Uhr Frauenschwimmen; Mo und Do 9-23.30 Uhr Frauensauna.*

SULTAN HAMAM
Bülowstr. 57 10783 Berlin Tel.: 21 75 33 75 Fax: 21 75 05 45
*Geöffnet: tägl. 12-23 Uhr, Di, Do, Fr, Sa für Frauen, Mi, So Familientag*
*Erholungszentrum mit Baderäumen, Dampfbad, Sauna, Massagen, Kosmetik, Café und VitaminBar*

*Strandbäder gibt's u.a. am Wannsee, am Müggelsee und an der Jungfernheide.*

## Naturkostläden & Märkte

ÖKO-MÄRKTE:
Chamissoplatz,
Kreuzberg: Sa 8-13 Uhr
Lausitzer Platz, Kreuzberg:
Fr 12-18 Uhr
Leopoldplatz, Wedding:
Di 10-16, Fr 12-18 Uhr
Kollwitzplatz, Prenzlauer Berg:
Sa 11-18 Uhr

ALLES FLIESST - ÖKOLOGISCHE WEINE UND MEHR
Lausitzer Straße 1 · 10999 Berlin ·
Tel./Fax: 6127011

DER MILCHLADEN
Dresdener Str. 20 · 10999 Berlin
Tel.: 615 72 72

HAFERSTICH
Belziger Str. 23 · 10823 Berlin
Tel.: 782 00 98

HIMMEL & ERDE
Skalitzer Str. 46 · 10999 Berlin
Tel.: 611 60 41

KRAUT UND RÜBEN
Oranienstr. 15 · 10999 Berlin
Tel.: 614 10 75 · Fax: 614 10 75

NATÜRLICHE NATURKOST
Gneisenaustr. 16 · 10961 Berlin
Tel.: 693 01 48

## Mode, Kosmetik, Geschenke

BELLADONNA
Naturkosmetik
Bergmannstr. 101 · 10961 Berlin
Tel.: 694 37 31
www.bella-donna.de
*Geöffnet: Mo-Fr 10-19 Uhr, Sa 10-16 Uhr*

CRELLINE HAUTE NATURE
Crellestr. 48 · 10827 Berlin
Tel.: 782 89 30

GANGART SCHUHE
Mommsenstr. 45 · 10629 Berlin
Tel.: 323 46 84

RIO - MODESCHMUCK-DESIGN
Bleibtreustr. 52 · 10625 Berlin
Tel.: 313 31 52

## Sextoys & more

LA LUNA EROTIKHAUS
siehe Buchhandlungen

PLAYSTIXX
Waldemarstr. 24 · 10999 Berlin
Tel.: 612 24 10; *Geöffnet: Do 14-18 Uhr und nach Vereinbarung*

SCHWARZE MODE BERLIN
Grunewaldstr. 91 · 10823 Berlin
Tel.: 784 59 22
www.schwarze-mode.de
*Erotische Bücher, Fetishwear*

SEXCLUSIVITÄTEN Laura Meritt
Fürbringer Str. 2 · 10961 Berlin
Tel.: 693 66 66 *Sextoys, Accessoires, Dienstleistungen, Beratung, Workshops*

CHRISTUSGEMEINDE
Wartenburgstr. 7 · 10993 Berlin
Tel.: 215 80 01

EVANGELISCHE ADVENT-KIRCHENGEMEINDE
Danziger Str. 201-203 · 10407 Berlin
Tel.: 436 21 30
*Schwul-lesbisches Treffen jeden 2. und 4. Dienstag ab 18.30 Uhr*

KIRCHE POSITHIV
Herbatstr. 4-6 · 14057 Berlin
Tel.: 32 67 18 02
*Ev. Gemeinde am Lietzensee; Pastorin Dorothea Strauß*

LABRITUALE - FEMINISTISCHE SPIRITUALITÄT
Anklamer Str. 38 · 10115 Berlin
Tel.: 44 35 87 04
*Rituale, Feste im Jahreskreis, Trauerzeremonien*

LUK LESBEN UND KIRCHE
c/o Frauen- und Familienarbeit
Haus der Kirche
Goethestr. 26-30 · 10625 Berlin
Tel.: 852 12 51 (Rosie) oder
3 24 93 69 (Marion Meier)
www.stadt.gay-web.de/luk
*Die Treffen finden meistens am ersten Montag im Monat um 20 Uhr statt, Termine bitte telefonisch erfragen*

DAS EGALITÄRE MINJAN
*Kontakt: egalitaer_minjan@iname.com*

ÖKUMENISCHE ARBEITSGRUPPE
Homosexuelle und Kirche e.V.
Thomas Beckmann
Johannisberger Str. 15a · 14197 Berlin
Tel.: 822 93 21 und 897 24 019

VERSÖHNUNGSKIRCHE E.V
Kolk 8 · 13597 Berlin
Tel.: 662 13 95
*Freie ev. Kirche (nicht nur) für Lesben und Schwule*

## Chöre

LESBENCHOR IM AUFBAU
Double X
Kreuzbergstr. 62 · 10965 Berlin
Kontakt: Maria 782 59 94;
*Proben Do 20-22 Uhr*

FRAUEN/LESBENCHOR FÜR WOMEN OF COLOR
Naunynritze
Naunynstr. 63 · 10997 Berlin
Kontakt: Yvonne 56 82 99 06;
*Proben Di 20 Uhr*

SWEET INSPIRATION
Schwullesbischer Chor
Martin-Luther-Kirche · Fuldastr. 50, Berlin-Neukölln
*Kontakt: Amy 624 69 54 u. 0171-704 93 03*

Frauen- und Lesbensport

AUßER ATEM-FRAUENSPORT
Hauptstr. 8 · 10827 Berlin
Tel.: 782 79 79
www.ausser-atem-frauensport.com
*Beratung und Anmeldung: Mo, Mi, Do: 9.30-12 Uhr, Mo-Fr: 16-22 Uhr*

BERLINER REGENBOGEN-FORELLEN, lesbisch-schwuler Schwimmverein e.V.
Tel.: 855 72 32 (Antje)
www.regenbogenforellen.de

FRAUENSPORT im TU-Hochschulsport
Straße des 17. Juni 135 · 10623 Berlin · Tel.: 314-25 076 (Doris Schmidt) · *Sekretariat: Mo, Di, Do, Fr 9-12.30, Mi 14.30-17 Uhr:*

FRAUENSPORT und KAMPFKUNST e. V. · Warschauer Str. 79 · 10243 Berlin · Tel./Fax: 49 86 27 13
*Gemeinsames Training für Frauen/Lesben mit und ohne Behinderung.*

PIN UP LS BERLIN-BOWLING
für Schwule und Lesben
Tel.: 280 77 08 (Seven Giesler)
*Termin: Mi 19-21.30 bei Berolina Bowling am Nollendorfplatz.*

REITERINNENSTAMMTISCH
Begine · Potsdamer Str. 139
Kontakt: Manuela Bachnik,
Tel.: 4 56 30 44

SCHOKO-SPORT
Tanz und Bewegung für Frauen e.V.
Naunynstr. 72 · 10997 Berlin
Tel.: 615 53 91
*Büro: Di, Fr 12-16, Mi 12-18 Uhr; Veranstaltungsräume in der Mariannenstr. 6; nicht rollizugänglich.*

SEITENWECHSEL-FRAUEN/LESBEN
Sportverein Berlin e.V.
Kulmer Str. 20a, HH, 4. OG,
10783 Berlin · Tel.: 215 90 00
www.seitenwechsel-berlin.de
*Büro: Di 17-19.30 Uhr, Do 12-14 Uhr.*

SYNCHRONSCHWIMMEN
im Stadtbad Tiergarten, Seydlitzstr. 7 donnerstags ab 21 Uhr Kontakt:
*Ralph Lorenz Tel.: 213 77 91*

SWISS-TRAINING Fitness
Alboinstr. 36-42 · 12103 Berlin
Tel.: 754 15 91

VORSPIEL-SPORTVEREIN
für Schwule und Lesben e.V.
Friedrich-Ludwig-Jahn-Sportpark
Cantianstr. 24 · 10437 Berlin
Tel.: 44 05 77 40
*e-mail: vorspiel@t-online.de*
*Büro: Mo 17-20, Do 10-13 Uhr.*

WILDE SÄUE
Lesbisches Softball Team,
Kontakt und Infos: Tel.: 28 04 72 54 Odile, Tel. 44 34 14 24 Marlene

## Kampfkunst & Selbstverteidigung

AIKIDO-FRAUEN DOJO
Clarissa Henke
Lahnstr. 75 · 12055 Berlin
Tel.: 776 16 92; *Training: Mi, Do, So 19-20.30 Uhr; kostenlose Probestunden.*

SELBSTVERTEIDIGUNG FÜR FRAUEN E.V.
Hauptstr. 9, HH, 5. OG · 10827 Berlin · Tel.: 781 94 32
www.svf-berlin.de
*Info und Beratung: Di-Do 15-19 Uhr; Angebot: Ju Jitsu, Wen Do, bewegtes und stilles Qi Gong, Wado Ryu-Karate, Tae Kwon Do sowie Selbstverteidigung und Karate ab 40; auch spez. Angebote für Mädchen; auf Anfrage rollizugänglich; Sprachen: Engl., Span., Ital.*

SHURI-RYU BERLIN
Schule für Selbstverteidigung und Kampfkunst für Frauen und Mädchen mit und ohne Behinderung
Amendestr. 79 · 13409 Berlin
Tel.: 495 08 82 *e-mail: plshuriblu@compuserve.com*
*Rolligerecht; Sprachen: Gebärdensprache, Engl.*



## Standard, Latein, Salsa & Merengue

BIGGI GARTEN & MARION SCHMIDT
SCHOKO-SPORT, *siehe Frauen- & Lesbensport* · Tel.: 615 53 91
*Standard/Latein-Kurse, Abschlussbälle, Salsa-Wochenenden (Biggi Garten), Kreistänze (Marion Schmidt).*

EIKE SEEANNER
Badener Ring 40f · 12101 Berlin
Tel.: 78 99 14 50
*e-mail: eikeSee@t-online.de*
*Standard/Latein und Tango Argentino im DoubleX, Kreuzbergstr. 62 (auch Kurse für junge Frauen) und im Kulturhaus Spandau, Mauerstr. 6; Tanztee und Übungstermine in der Begine und im DoubleX.*

KATHARINA EBERSTEIN
Begine, *siehe unter Rubrik Bars, Cafés...* Tel.: 215 43 25

RUT, *siehe unter Rubrik 40, 50, 60 und älter* · Tel.: 621 47 53 *Standard/ Latein-Kurse, auch für ältere Frauen.*

ULRIKE ALBRECHT
WALZERLINKSGESTRICKT
Am Tempelhofer Berg 7d · 10965 Berlin · Tel.: 695 05 000
*Diva-Dancing-Kurse, auch Bälle und Tanztees.*

## Tango Argentino

KERSTIN HÜBNER & ANDREA SCHLINKERT
Lobeckstr. 73 · 10969 Berlin
Tel.: 615 83 93
*Tango, Milonga, Vals in der Begine und im Querhaus, Muskauerstr. 24.*

KATHRIN HOHMANN · STEPHANIE EICHLER - SCHOKO-SPORT,
*siehe Frauen- & Lesbensport* ·
Tel.: 615 53 91

ULRIKE SCHLADEBACH
FLIEGENDES THEATER
Hasenheide 54 · 10967 Berlin
Tel.: 692 21 00
JUDITH PREUSS
WALZERLINKSGESTRICKT,
*siehe unten*

## Schwullesbische Tanzkurse & Tanztees

BEGINE
*siehe Rubrik Bars, Cafés...*
Tel.: 215 43 25 *Mo 19-20 Uhr kostenlose Einführung in Standard. Anschließend wird weitergetanzt.*
TANZSCHULE BEBOP
Mehringdamm 33, Gewerbehof, Aufgang 3 · 10961 Berlin
Tel.: 694 11 01
TANZSCHULE WALZERLINKSGESTRICKT
Am Tempelhofer Berg 7d · 10965 Berlin · Tel.: 69 50 50 00
www.walzerlinksgestrickt.de
TANZSCHULE TRAUMTÄNZER
Columbiadamm 8 (im Flughafen Tempelhof) · 12101 Berlin
Tel.: 69 04 13 67
PINK BALLROOM, Gay Dance Project
Tel.: 61 30 41 39 (Christian Bärens), 88 67 91 17 (Dirk Heinemann)
TANZSCHULE MAXIXE
Ele Busch
Obentrautstr. 60-62 · 10963 Berlin
Tel.: 78 70 78 70
www.tanzschule-maxixe.de
TANZSCHULE CHACHACHA
Westfälische Str. 49 · 10711 Berlin
Tel.: 892 36 10
„CAFÉ FATAL" IM SO36
*siehe Rubrik Partys & Tanzen*
Tel.: 61 40 13 06
*So ab 19 Uhr mit anschließendem Tanztee.*

## TEENS UND TWENS

ACKERKELLER
*siehe Rubrik Party & Tanzen*
DOUBLE X
Kreuzbergstr. 62 · 10965 Berlin
Tel.: 53 65 93 21, Fax: 53 65 93 20
*Geöffnet: Di-Sa 15-20 Uhr*
*Kultur- und Kommuniktionszentrum für Mädchen und Frauen aller Kulturen; Musikbands, Übungsräume, Workshops, Hausaufgabenbetreuung, Tischtennis;*
*Coming-Out-Gruppe Fr 17.30 Uhr; jeden 2. Sa offener Nachmittag für junge Lesben; Info und Anmeldung bei Jutta und Gabriele*
FACHBEREICH FÜR GLEICHGESCHLECHTLICHE LEBENSWEISEN
*siehe Rubrik Behörden*
Tel.: 90 26-56 06
GLEICH & GLEICH E.V.
Matternstr. 16 · 10249 Berlin
Tel.: 420 20 415
*Betreutes Jugendwohnen für lesbische und schwule Jugendliche ab 15 Jahren*
JUGENDNETZWERK LAMBDA BERLIN E.V.
Kopernikusstr. 23, 2. HH, 3. OG
10245 Berlin · Tel.: 282 79 90
*Beratungstelefon in&out: 29 66 85 88;*
*Mo, Mi, Fr 18-20 Uhr; Programm für junge Lesben und Schwule bis 27; lesbisch-schwules Sommercamp, Discos und Elterngruppen; Bibliothek: Mo-Fr 10-19 Uhr)*

KOMBI - KOMMUNIKATION UND BILDUNG VOM ANDEREN UFER
Kluckstr. 11 · 10785 Berlin
Tel.: 215 37 42 · Fax: 26 55 66 34
*Lesbisch-schwule Jugendarbeit; Ansprechpartnerin Andrea Graf*

SELBSTVERTEIDIGUNG FÜR FRAUEN E.V.
*siehe Rubrik Sport, Kampfkunst...*
Tel.: 781 94 32
*Kampfkunst für Mädchen: Ju Jutsu/Judo ab 8 J., Fr 16-17 Uhr; Karate ab 13 J., Mi 16-17 Uhr*

SONNTAGSCLUB E.V.
*siehe Rubrik Zentren, Arbeitsgruppen...*
*Lesbisch-schwule Jugendgruppe: Mo 18 Uhr*

WILDWASSER E.V.
*Beratung für sexuell missbrauchte Mädchen · siehe Rubrik Erste und zweite Hilfe*

ARTEMISIA FRAUENHOTEL
Brandenburgische Str. 18 · 10707 Berlin
Tel.: 873 89 05 · Fax: 861 86 53
*Seminarraum für Veranstaltungen, auf Wunsch mit Barservice und Buffet; nicht rollstuhlgerecht.*

BED & BREAKFAST
Privatzimmervermittlung
Motzstr. 5 · 10777 Berlin
Tel.: 215 16 66
*Büro: tägl. 17.30-21.00 Uhr*

CAFÉ AMSTERDAM
siehe unter Bars, Cafés…

CAMPINSKI e.V. Frauencampingplatz
Am Alten Forsthaus 1
14828 Reppinichen/Borgsdorf
Tel.: 033847-405 37 oder in Berlin 621 24 79

DIE FABRIK - HOSTEL
Schlesische Str. 18 · 10997 Berlin
Tel.: 611 71 16
*Geöffnet: rund um die Uhr; nicht rolligerecht*

HOTEL DELTA BERLIN
Pohlstr. 58 · 10785 Berlin
Tel.: 20 00 20

INTERMEZZO HOTEL FÜR FRAUEN
An der Kolonnade 14 · 10117 Berlin
Tel.: 22 48 90 96 · Fax: 22 48 90 97
*rolligerecht*

## ZENTREN, ARBEITSGRUPPEN, VEREINE & PARTEIEN

### Frauen- & Lesbenzentren

EVAS ARCHE E.V.
Ökumenisches Frauenzentrum
Große Hamburger Str. 28
10115 Berlin · Tel. 282 74 35

EWA e.V. Frauenzentrum
Prenzlauer Allee 6 · 10405 Berlin
Tel.: 442 55 42 · Fax: 442 80 23
www.ewa-frauen-zentrum.de
*Geöffnet: Mo-Fr 10-18 Uhr; Frauen- und Kindercafé mit Galerie: Mo-Do 18-23 Uhr; breites Veranstaltungsprogramm, regelmäßige Disco; montags Selbstverteidigungskurse für Frauen und Mädchen*

FLOTTE LOTTE Kommunikations- und Lernzentrum für Frauen
Senftenberger Ring 12 · 13439 Berlin · Tel.: 416 70 11

FRAUENKREISE Sozialkulturelles, feministisches Projekt der Lila Offensive e. V. · Mulackstr. 31/32, im Hof · 10119 Berlin
Tel./Fax: 280 61 85
*Büro: Di-Do 10-15 Uhr*

FRIEDA FRAUENZENTRUM E.V.
Veranstaltungsort: Proskauer Str. 7
10247 Berlin · Tel.: 422 42 76
Geschäftsstelle:
Warschauer Str. 23 · 10243 Berlin
Tel.: 29 66 46 90 · Fax: 29 66 46 91
*Frühstück für Lesben und Frauen Fr 11-13.30; offener Lesbenabend Fr 20 Uhr bis open end (einmal im Monat mit speziellem Videoangebot); Frauen/Lesbenbibliothek geöffnet: Mo 15-19 Uhr; Di, Do, Fr 9-19 Uhr*

FRAUENTREFF AM AMALIENPARK
Breite Str. 2 · 13187 · Berlin
Tel.: 47 53 39 18

FRAUENTREFFPUNKT SCHMIEDE
Richardplatz 28 · 12055 Berlin
Tel.: 681 85 57

FRAUENZENTRUM PAULA PANKE
E.V. · Schulstr. 6 · 13187 Berlin
Tel.: 485 47 20
*Büro: Mo 10-14 Uhr; Di, Do 14-16 Uhr, bietet auch Frauen-Zufluchtswohnungen*

LESBENBERATUNG
Kulmer Str. 20a · 10783 Berlin
Tel.: 215 20 00 · Fax: 217 27 53
www.lesbenberatung-berlin.de
*Bürozeiten: Di, Do 16-19 Uhr, Fr 14-17 Uhr; Junglesbentelefon: Mi 16-17 Uhr; Junglesbentreff: Mi 17-19 Uhr; Beratung vor Ort und telefonisch; Coming-Out-Gruppe, Café und Infoveranstaltungen; nicht rolligeeignet, Beratung aber in entsprechenden Räumen möglich; Beratung auf deutsch und persisch*

MILES
Katzbachstr. 5 · 10965 Berlin
Tel.: 44 00 82 40
www.lsvd.de
*schwul-lesbische Migrantinnen, hier trifft sich auch die Gruppe binationaler Paare*

RUT - RAD UND TAT E.V.
*siehe Rubrik 40, 50, 60 und älter*

SCHOKO-FABRIK
Naunynstr. 72 · 10997 Berlin
Tel./Fax: 615 29 99
*Büro: Mo-Do 10-14 Uhr; nicht rollizugänglich; Sprachen: Engl., Franz., Türk.*

SONNTAGSCLUB E.V.
Greifenhagener Str. 28 ·
10437 Berlin
Tel.: 449 75 90 · Fax: 448 54 57
*e-mail: info@sonntags-club.de*
*www.sonntags-club.de*
*Geöffnet: Mo-Do 16-23 Uhr, Fr-So 18-24 Uhr; Berliner Vereinigung lesbischer, schwuler, bi- und transsexueller BürgerInnen; Lesbisch-schwule Jugendgruppe: Mo 18 Uhr*

S.U.S.I.
Interkulturelles Frauenzentrum
Linienstr. 138 · 10115 Berlin
Tel.: 283 52 32 · Fax: 282 66 27
*Geöffnet: werktags außer Mi 10-18*

## Arbeitsgruppen

ALLGEMEINE HOMOSEXUELLE ARBEITSGEMEINSCHAFT (AHA) E.V.
Mehringdamm 61 · 10961 Berlin
Tel.: 692 36 00

AG LESBISCHE LEHRERINNEN, Wissenschaftlerinnen und Erzieherinnen in der GEW, Jutta Cassau
Husemannstr. 7 · 10435 Berlin
Tel.: 440 94 93 (priv.) und 601 20 64 (dienstl.)

AMUSO
Kontaktadresse: Lesbenberatung
lesmigras@lesbenberatung-berlin.de

ARBEITSKREIS AUTONOMER FRAUENPROJEKTE E. V.
c/o Arkasu · Oranienstr. 25 · 10999 Berlin · Tel./Fax: 622 28 92
*Büro: Do 14-16 Uhr*

ARBEITSKREIS HOMOSEXUELLER FRAUEN UND MÄNNER IN DER GEWERKSCHAFT HBV
Am Köllnischen Park 2 ·
10179 Berlin · Tel.: 791 59 09

ARBEITSKREIS LESBEN UND SCHWULE IN SCHULE UND JUGENDARBEIT
Beuthstr. 6-8 · 10117 Berlin
Tel.: 90 26 56 06

ARBEITSKREIS LESBEN UND SCHWULE IN DER ÖTV BERLIN
c/o Klaus Timm
Bundesallee 127 · 12161 Berlin
Tel.: 852 53 90 und 86 52 12 46
*Treffen jeden 1. Fr im Monat 18 Uhr im ÖTV-Haus, Engeldamm 70, 10179 Berlin; Tel.: 27 87 73 25*

HOMOSEXUELLER ARBEITSKREIS POLIZEI BERLIN BRANDENBURG
Postfach 35 04 12 · 10213 Berlin
Tel.: 622 27 04

LESMIGRAS
Kontaktadresse: Lesbenberatung
lesmigras@lesbenberatung-berlin.de

LESBISCH-SCHWULES STADTFEST BERLIN
Fuggerstr. 7 · 10777 Berlin
Tel.: 21 47 35 86
www.gay-stadtfest.de

### Parteien

Bündnis 90/Die Grünen:
Landesgeschäftsstelle Oranienstr. 25 · 10999 Berlin
Tel.: 61 50 05-0
*Treffen des Lesbenbereichs: letzter Di im Monat, 20 Uhr*

CDU: Lesben und Schwule in der Union
Regionalsprecher Ost
Tel.: 32 10 38 67

FDP: Arbeitskreis neue Lebensformen
Thomas Platzek
Tel.: 01 73-6 06 57 83

PDS: Bundesarbeitsgemeinschaft Two in One
Kleine Alexanderstr. 28
10178 Berlin
Tel.: 281 41 69

SPD: Schwusos
Kristin Fussan ·
Tel.: 01 75-9 30 85 93

## Vereine & Gruppen

ADEFRA
c/o Stein
Dudenstr. 38 · 10965 Berlin
Tel.: 789 136 98
*Schwarze Frauen in Deutschland; Treffen jeden 1. Mo im Monat im Muvuca*

AMNESTY INTERNATIONAL GRUPPE AI 2918
Postfach 35 04 49
10213 Berlin
Tel.: 796 28 74
Fax: 796 53 40
www.amnesty.de/de/2918
*Gegen Menschenrechtsverletzungen aufgrund sexueller Identität*

AUTOFEMINISTA E.V.
Prinzenallee 68 · 13359 Berlin
Tel.: 494 25 97
www.autofeminista.de
*KFZ-Selbsthilfewerkstatt für Frauen*

BISEXUELLES NETZWERK BINE E.V.
Postfach 61 02 14 · 10923 Berlin
Tel.: 211 74 05
www.bine.net

ELLEDORADO - lesbisch-schwuler Förderkreis e.V.
Postfach 30 22 26 10753 Berlin

HYDRA E.V.
Hurenvereinigung
Köpenicker Str. 187/188 · 10997 Berlin · Tel.: 611 00 23

INDONESISCHE SCHWULEN-UND LESBENGRUPPE
Tel.: 88 68 34 60

LONG YANG CLUB BERLIN
Interessengemeinschaft schwuler, lesbischer und transsexueller Asiaten und deren Freunde
Perleberger Str. 7 · 10559 Berlin
Tel.: 627 38 138

SCHÖNE AUSSICHTEN – VERBAND SELBSTÄNDIGER FRAUEN E.V.
Regionalverband Berlin
Anklamer Str. 38 · 10115 Berlin
Tel.: 44 35 87 03
Fax: 44 35 87 05
berlin@schoeneaussichten.de
www.schoeneaussichten.de
*Unternehmerinnentreff, jeden 2. Mittwoch im Monat 20 Uhr, Ort bitte erfragen*

VERBAND LESBISCHER UND SCHWULER PSYCHOLOGINNEN UND THERAPEUTINNEN
Tel.: 449 53 19

YACHAD BERLIN E.V.
Tel.: 771 78 34 und 791 76 18 (Gidon) · Berliner Verein jüdischer Lesben und Schwuler

# Die Autorinnen

SEYRAN ATES, 1963 in Istanbul geboren, ist Rechtsanwältin und lebt seit 1969 in Berlin. 1998 hat sie sich mit zwei deutschen Kolleginnen selbständig gemacht und unterhält mit ihnen eine Kanzlei in Berlin-Mitte.

ERIKA BAIERL, Jahrgang 1963, Bäckerin, Reisebusfahrerin und leidenschaftliche Bio-Weinhändlerin, weil es einfach Spaß macht mit biologischen Weinen zu überzeugen. Das „Bio" ist ihr an den Weinen sehr wichtig: Das Leben in Kreisläufen sehen.

AHIMA BEERLAGE, Jahrgang 1960, lebt seit 1987 in Berlin, arbeitete beim lesbisch-schwulen Radioprogramm „Eldoradio" mit, hob die „Queer-Party" im SO36 aus der Taufe und ist freie Journalistin und Autorin. Ihr erster Roman „Sterne im Bauch" erschien 1998. Zwei Erzählungen von ihr sind in den erotischen Anthologien „Verführungen" und „Augenblicke" veröffentlicht.

TRAUDE BÜHRMANN feiert 2003 ihre 30-jähriges *Berlin-Affair*: heiß verwegen auf immer und ewig unterkühlt innig distanziert verbunden... Unterbrochen durch eine langjährige *Paris-Affair* verfolgt sie wieder mit Interesse die Wandlungen dieser Stadt besonders des lesbischen Berlins.

CASPAR GUTSCHE wurde am 9. Nov. 1961 in Potsdam geboren, bewegt sich seit 34 Jahren in Berlin auf ihrer eigenen Art entsprechenden Wegen. Sie ist Kabarettistin und Herausgeberin von „Ich ahnungsloser Engel. Lesbenprotokolle." Berlin 1991.

IPEK IPEKÇIOGLU, 1972 geboren, studierte Sozialpädagogik und Sozialarbeit in Berlin. „Zur Situation lesbischer Migrantinnen der zweiten Generation aus der Türkei" war das Thema ihrer Diplomarbeit, zu dem sie auch Vorträge hält. Bislang ist sie in Jugendarbeit-Projekten tätig. Sie ist Mitredakteurin der von der Lesbenberatung herausgegebenen Broschüre „Ayse ist verliebt in Anja" und hat einige Artikel veröffentlicht. Außerdem arbeitet sie als Djane.

SUSANNE KAISER, freie Journalistin & Moderatorin, ehemalige Redakteurin und Chefin vom Dienst der taz, schreibt, schwätzt, layoutet und managt diverse Projekte. Sie ist als homosexuelle Medienlobbyistin für den „Bund lesbischer & schwuler JournalistInnen" unterwegs und organisiert Motorrad- und Kanureisen.

MANUELA KAY, 1964 in Berlin geboren, hatte ihr Coming-out mit 15 Jahren. Mit 16 besuchte sie zum ersten Mal eine Lesbenbar in Berlin (pour elle) und ist seitdem kontinuierliche Szenegängerin. Sie ist freie Journalistin und Redakteurin des schwullesbischen Berliner Stadtmagazins Siegessäule. Mitheruasgeberin des Lesbensexbuches „Schöner kommen" und Autorin des Ratgebers für Lesben „Diese Liebe nehm ich mir".

BARBARA KELLER, Historikerin und Literaturwissenschaftlerin, arbeitet als freie Journalistin für verschiedene Berliner Zeitschriften und Zeitungen, u.a. die Berliner Morgenpost, Tip und Zitty. Nachdem sie schon als Sachbearbeiterin, Kaltmamsell, Raumpflegerin und Telegrammbotin tätig war, beschäftigt sie sich heute gerne mit Theater und Literatur und veröffentlichte eine Erzählung in der Anthologie „Erde, tu dich auf!" (Ullstein)

ILSE KOKULA, über 30 Jahre in der Lesben-, Frauen, Friedenspolitik engagiert, ist seit 23 Jahren aktives Mitglied im Arbeitskreis Lesben und Schwule in der ÖTV Berlin. Vor 13 Jahren war sie die erste Mitarbeiterin im damaligen „Referat für gleichgeschlechtliche Lebensweisen" und baute die Stelle auf und aus. Die promovierte Sozialwissenschaftlerin schrieb und gab mehrere Bücher sowie Broschüren zur Lesbenforschung und Lesbenpolitik heraus. Seit fünf Jahren ist sie in der Senatsverwaltung für Schule, Jugend und Sport für die Bereiche Jugendschutz und kulturelle Jugendarbeit zuständig.

SUE MALUWA-BRUCE, psychologische Beraterin, arbeitet in ihrer Heimat Zimbabwe mit Menschen, die an AIDS erkrankt sind. In Zusammenarbeit mit verschiedenen zimbabwischen AIDS-Organisationen bietet sie den Betroffenen moralische Unterstützung, Berufsplanung und finanzielle Hilfen. Außerdem berät sie Lesben und gewährt denen Unterschlupf, die ihre Familien aufgrund der sie bedrohenden Homophobie verlassen mussten. Sue Maluwa-Bruce und Beate Kunath stellten 2001 ihren Film „Forbidden Fruit" auf der Berlinale vor und erhielten dafür den Preis der Teddy-Jury.

ANITA MEIER, 1958 in Lausanne geboren, ist Performancekünstlerin und tanzt auf unterschiedlichen Bällen, auch mal mit Pendeln, Steinen oder Vokalen, am liebsten zu Tangomusik.

LAURA MÉRITT, linguistische Feministin & Sexpertin, betreibt seit zehn Jahren „Sexclusivitäten", ist aber als „Böse Möse" in der Huren-, Frauen-, Lesbenbewegung aktiv und arbeitet z.Zt. an einem Buch über das Gesprächsverhalten von Frauen beim Thema Sex. Zu ihren zahlreichen Veröffentlichungen gehören „Animösitäten & Sexkapaden" und „Das lesbische Auge" (als Mitherausgeberin), beide im Konkursbuch Verlag erschienen.

ADELE MEYER, geboren im Rheinland, seit 1982 in Berlin, gelernte Werbewirtin, redigiert, gestaltet und druckt u.a. „Blattgold" – seit vielen Jahren gemeinsam mit Christa Müller, mit der sie auch den Verlag Edition Lit.europe betreibt. Sie glaubt an gut gemachte Werbung, an das Gute im Menschen und an die unumgängliche Einsicht in den Feminismus weltweit. Eines Tages.

GIOVANNA PADOVA, 1974 in der Nähe von Neapel geboren, erforscht und genießt das Leben als dyke. Sie organisiert Megadyke-Partys, dreht Videofilme mit ihren Freundinnen und träumt davon, bald zum Musikfestival in Michigan zu fahren ...

DANIA V. RAFFAY, 1951 in München geboren, erkrankte im Alter von drei Jahren an Polio und lebt seit 1972 in Berlin. Sie ist Diplom-Soziologin und arbeitet seit fast zwanzig Jahren als Beraterin in verschiedenen Bereichen zum Thema Behinderung in allen Lebenslagen. Sie erlebte die Anfänge der Frauen- und Lesbenbewegung, und zelebriert alljährlich zusammen mit ebenfalls behinderten Lesben und Schwulen die „Freakshow“ im Freien Tagungshaus Waldschlösschen e.V. Dort werden Theaterworkshops, erotische Fotos und ein Film gemacht.

SUZETTE ROBICHON TRITON, trotzkistische Aktivistin & Journalistin, seit den Siebzigern lesbenpolitisch engagiert. Interessiert an den lebens-, Ausdrucks- und Kampfformen lesbischer Gruppen in der ganzen Welt, arbeitet sie zur Zeit über die Geschichte der Lesbenbewegung(en) in Frankreich. Als wahrer Bücherwurm häuft sie in ihrer winzigen Wohnung stapelweise Bücher an und kann es nicht lassen, immer noch mehr bei den *bouquinisten* zu holen.

CORNELIA SAXE, born in the Sixties in Berlin, ist Autorin, Literaturwissenschaftlerin, Textarbeiterin und Salonexpertin.

SAMANTHA MARIA SCHMIDT, geboren in Berlin, Filmwissenschaftlerin, Filmemacherin und Kamerafrau. Zu ihren Forschungs- und Videoarbeiten gehören „Die Pfoten bleiben über dem Laken! Ein lesbisch-feministischer Streifzug durch 40 Frauengefängnisfilme“, „Tanten, Tunten, kesse Väter – Travestie im Kino“ und „LESBENEROTIK UND LESBENSEX IM KINO“. Zu letzterem wird auch ein Buch erscheinen.

DR. URSULA SILLGE, Jahrgang 1946, machte eine Ausbildung in der Landwirtschaft bis zum Diplom an der Humboldt Universität. Später absolvierte sie ein Soziologie-Studium und promovierte in Kulturgeschichte. Sie gründete und leitet sowohl den Sonntags-Club als auch das Lila Archiv.

LEO TESCH, 1956 in Ost-Berlin geboren, ist gelernte Fernmeldemechanikerin und war viele Jahre in diesem Beruf tätig. Nach dem Studium zur Diplomkulturwissenschaftlerin war sie Mitarbeiterin bei verschiedenen Zeitschriftenredaktionen, u.a. bei WEIBBLICK. Seit 18 Jahren beschäftigt sie sich neben dem Schreiben von Rezensionen und Beiträgen zu Lebensart- und Weisen von Frauen mit dem Medium Fotografie. Wesentliche fotohandwerkliche Grundlagen erlernte sie von F. Borchert und der Fotografin Ursula Kelm. Seit 1994 arbeitet sie auch mit Stein und nimmt dazu an Kursen der Freien Kunstschule Berlin teil. Mehr dazu unter: www.art-l-tesch.de

Der Verlag dankt Barbara Scheel, Dozentin für Kulturwissenschaften und Stadtführerin bei Compania (Tel.: 392 91 47) sowie Julia Gerber, Pädagogin und ebenfalls für Compania als Stadtführerin tätig (Tel.: 47 03 29 78).

## Bildnachweis

Seite 21, 65, 77, 178/179, 187, 189, 190 © Annett Ahrends
Seite 133 © Seyran Ates
Seite 136 © Krista Beinstein
Seite 37 © Blattgold
Seite 15, 23, 26, 27, 29, 60, 81 © Traude Bührmann
Seite 69, 230 © Ines De Nil
Seite 119 (Porträt Christiane Hahn) © Barbara Dietl
Seite 221 © Petra Gall
Seite 229 © Tille Ganz
Seite 40/41, 201© Zariamma Harat
Seite 86 © Silke Helmerdig
Seite 159, 225 © Ipek Ipekçioglu
Seite 208-211 © Susanne Kaiser
Seite 177 © Sabine Karko
Seite 108, 142 © Barbara Keller
Seite 135 © Mahide Lein
Seite 89 © Fahrradgruppe für Lesben ab 40
Seite 75 (Mahide Lein & Djatou Touré)© Sue Maluwa-Bruce
Seite 47, 183, 186 aus: „Lila Nächte“, hg. von Adele Meyer, Berlin 1994
Seite 148 © Joerg Metzner
Seite 105, 116/117, 203, 231 © Heike Overberg
Seite 58 (großes Foto) © Ingrid Pape
Seite 197 © Janne Peters
Seite 106/107, 145, 215, 223 © Hucky Porzner
Seite 129 © Ingrid Rafael
Seite 98, 141 © Nelly Rau-Häring
Seite 9 © Suzette Robichon Triton
Seite 17 © Andrea Saif Fertowsy
Seite 207, 220 © Dagmar Schultz
Seite 93 © Marian Stefanowski, Freunde der Deutschen Kinemathek
Seite 155 © Sonntags-Club
Seite 7, 59 (Porträt Roswitha Baumeister) 167 © Kristina Strauß
Seite 113 © TAKUDAI-Schule für Kampfkunst
Seite 171 © Leo Tesch
Seite 221 (Tania & Mahide) © Susanne Thieke
Seite 173-175 © Rita Thomas
Seite 53, 56, 99 © Ullstein Bilderdienst
Seite 73 Leihgabe von Cornelia Saxe
Seite 19, 45 © VG Bild-Kunst, Bonn 1999
Seite 216 © Anja Weber
Seite 125 © Ute Weller
Seite 48, 83, 194 © Ruth Westerwelle
Seite 50/51 © Rolf Zöllner

Die Deutsche Bibliothek – CIP-Einheitsaufnahme
**Lesbisches Berlin:** die Stadtbegleiterin / Traude Bührmann (Hg.) -
2. Aufl. – Berlin : Orlanda Frauenverlag, 2002
ISBN 3-929823-89-6

2. Auflage 2002



Lektorat: Ekpenyong Ani
Umschlaggestaltung: Kerstin Bigalke, Berlin
Verwendete Coverfotos: Anett Ahrends, Traude Bührmann, Barbara Herrenkind, Kristina Strauß
Anzeigengestaltung: Aletta Lübbers, Berlin
Herstellung: Anna Mandalka
Innengestaltung: Marc Berger, Berlin
Druck: Motiv Offset, Berlin – Istanbul